国家职业资格培训教材
技能型人才培训用书

汽车修理工（中级）

第2版

国家职业资格培训教材编审委员会　组编

祖国海　主编

机 械 工 业 出 版 社

本书是依据《国家职业标准》对中级汽车修理工的知识要求和技能要求，按照岗位培训需要的原则编写的。本书的主要内容包括：发动机结构与维修、底盘结构与维修、电气设备结构与维修、汽车二级维护、汽车故障诊断与排除。本书还附有大量的知识要求试题和技能要求试题，以便于企业培训、考核和读者自测自查。

本书主要用作企业培训、职业技能鉴定培训的教材，也可作为技校、中职、各种短训班的教学用书，还可供有关工人自学使用。

图书在版编目（CIP）数据

汽车修理工：中级/祖国海主编．—2 版．—北京：机械工业出版社，2012.5（2023.8 重印）
国家职业资格培训教材
ISBN 978-7-111-38012-2

Ⅰ．①汽⋯　Ⅱ．①祖⋯　Ⅲ．①汽车—车辆修理—技术培训—教材　Ⅳ．①U472.4

中国版本图书馆 CIP 数据核字（2012）第 066096 号

机械工业出版社（北京市百万庄大街 22 号　邮政编码 100037）
策划编辑：陈玉芝　责任编辑：陈玉芝　王华庆
版式设计：霍永明　责任校对：刘秀芝
责任印制：邹　敏
北京富资园科技发展有限公司印刷
2023 年 8 月第 2 版第 12 次印刷
169mm×239mm・18.25 印张・353 千字
标准书号：ISBN 978-7-111-38012-2
定价：39.80 元

凡购本书，如有缺页、倒页、脱页，由本社发行部调换

电话服务　　　　　　　　网络服务
客服电话：010-88361066　机 工 官 网：www.cmpbook.com
　　　　　010-88379833　机 工 官 博：weibo.com/cmp1952
　　　　　010-68326294　金　书　网：www.golden-book.com
封底无防伪标均为盗版　　机工教育服务网：www.cmpedu.com

国家职业资格培训教材(第2版)
编审委员会

主　　任　王瑞祥
副 主 任　李　奇　郝广发　杨仁江　施　斌
委　　员　(按姓氏笔画排序)
　　　　　　王兆晶　王昌庚　田力飞　田常礼　刘云龙
　　　　　　刘书芳　刘亚琴　李双双　李春明　李俊玲
　　　　　　李家柱　李晓明　李超群　李援瑛　吴茂林
　　　　　　张安宁　张吉国　张凯良　张敬柱　陈建民
　　　　　　周新模　杨君伟　杨柳青　周立雪　段书民
　　　　　　荆宏智　柳吉荣　徐　斌
总 策 划　荆宏智　李俊玲　张敬柱
本书主编　祖国海
本书参编　杨　旭　周志刚　随礼辉　高宏伟　张吉国
本书主审　李春声

第 2 版 序

在"十五"末期,为贯彻落实"全国职业教育工作会议"和"全国再就业会议"精神,加快培养一大批高素质的技能型人才,机械工业出版社精心策划了与原劳动和社会保障部《国家职业标准》配套的《国家职业资格培训教材》。这套教材涵盖41个职业工种,共172种,有十几个省、自治区、直辖市相关行业的200多名工程技术人员、教师、技师和高级技师等从事技能培训和鉴定的专家参加编写。教材出版后,以其兼顾岗位培训和鉴定培训需要,理论、技能、题库合一,便于自检自测的特点,受到全国各级培训、鉴定部门和广大技术工人的欢迎,基本满足了培训、鉴定和读者自学的需要,在"十一五"期间为培养技能人才发挥了重要作用,本套教材也因此成为国家职业资格鉴定考证培训及企业员工培训的品牌教材。

2010年,《国家中长期人才发展规划纲要(2010—2020年)》、《国家中长期教育改革和发展规划纲要(2010—2020年)》、《关于加强职业培训促就业的意见》相继颁布和出台,2012年1月,国务院批转了七部委联合制定的《促进就业规划(2011—2015年)》,在这些规划和意见中,都重点阐述了加大职业技能培训力度、加快技能人才培养的重要意义,以及相应的配套政策和措施。为适应这一新形势,同时也鉴于第1版教材所涉及的许多知识、技术、工艺、标准等已发生了变化的实际情况,我们经过深入调研,并在充分听取了广大读者和业界专家意见的基础上,决定对已经出版的《国家职业资格培训教材》进行修订。本次修订,仍以原有的大部分作者为班底,并保持原有的"以技能为主线,理论、技能、题库合一"的编写模式,重点在以下几个方面进行了改进:

1. 新增紧缺职业工种——为满足社会需求,又开发了一批近几年比较紧缺的以及新增的职业工种教材,使本套教材覆盖的职业工种更加广泛。

2. 紧跟国家职业标准——按照最新颁布的《国家职业技能标准》(或《国家职业标准》)规定的工作内容和技能要求重新整合、补充和完善内容,涵盖职业标准中所要求的知识点和技能点。

3. 提炼重点知识技能——在内容的选择上,以"够用"为原则,提炼出应重点掌握的必需专业知识和技能,删减了不必要的理论知识,使内容更加精练。

4. 补充更新技术内容——紧密结合最新技术发展,删除了陈旧过时的内容,补充了新的技术内容。

第2版 序

5. 同步最新技术标准——对原教材中按旧技术标准编写的内容进行更新，所有内容均与最新的技术标准同步。

6. 精选技能鉴定题库——按鉴定要求精选了职业技能鉴定试题，试题贴近教材、贴近国家试题库的考点，更具典型性、代表性、通用性和实用性。

7. 配备免费电子教案——为方便培训教学，我们为本套教材开发配备了配套的电子教案，免费赠送给选用本套教材的机构和教师。

8. 配备操作实景光盘——根据读者需要，部分教材配备了操作实景光盘。

一言概之，经过精心修订，第2版教材在保留了第1版精华的同时，内容更加精练、可靠、实用，针对性更强，更能满足社会需求和读者需要。全套教材既可作为各级职业技能鉴定培训机构、企业培训部门的考前培训教材，又可作为读者考前复习和自测使用的复习用书，也可供职业技能鉴定部门在鉴定命题时参考，还可作为职业技术院校、技工院校、各种短训班的专业课教材。

在本套教材的调研、策划、编写过程中，得到了许多企业、鉴定培训机构有关领导、专家的大力支持和帮助，在此表示衷心的感谢！

虽然我们已经尽了最大努力，但是教材中仍难免存在不足之处，恳请专家和广大读者批评指正。

国家职业资格培训教材第2版编审委员会

第1版 序一

当前和今后一个时期，是我国全面建设小康社会、开创中国特色社会主义事业新局面的重要战略机遇期。建设小康社会需要科技创新，离不开技能人才。"全国人才工作会议"、"全国职教工作会议"都强调要把"提高技术工人素质、培养高技能人才"作为重要任务来抓。当今世界，谁掌握了先进的科学技术并拥有大量技术娴熟、手艺高超的技能人才，谁就能生产出高质量的产品，创出自己的名牌；谁就能在激烈的市场竞争中立于不败之地。我国有近一亿技术工人，他们是社会物质财富的直接创造者。技术工人的劳动，是科技成果转化为生产力的关键环节，是经济发展的重要基础。

科学技术是财富，操作技能也是财富，而且是重要的财富。中华全国总工会始终把提高劳动者素质作为一项重要任务，在职工中开展的"当好主力军，建功'十一五'，和谐奔小康"竞赛中，全国各级工会特别是各级工会职工技协组织注重加强职工技能开发，实施群众性经济技术创新工程，坚持从行业和企业实际出发，广泛开展岗位练兵、技术比赛、技术革新、技术协作等活动，不断提高职工的技术技能和操作水平，涌现出一大批掌握高超技能的能工巧匠。他们以自己的勤劳和智慧，在推动企业技术进步，促进产品更新换代和升级中发挥了积极的作用。

欣闻机械工业出版社配合新的《国家职业标准》为技术工人编写了这套涵盖41个职业的172种"国家职业资格培训教材"。这套教材由全国各地技能培训和考评专家编写，具有权威性和代表性；将理论与技能有机结合，并紧紧围绕《国家职业标准》的知识点和技能鉴定点编写，实用性、针对性强，既有必备的理论和技能知识，又有考核鉴定的理论和技能题库及答案，编排科学，便于培训和检测。

这套教材的出版非常及时，为培养技能型人才做了一件大好事，我相信这套教材一定会为我们培养更多更好的高技能人才做出贡献！

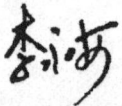

（李永安　中国职工技术协会常务副会长）

第1版 序二

为贯彻"全国职业教育工作会议"和"全国再就业会议"精神,全面推进技能振兴计划和高技能人才培养工程,加快培养一大批高素质的技能型人才,我们精心策划了这套与劳动和社会保障部最新颁布的《国家职业标准》配套的《国家职业资格培训教材》。

进入21世纪,我国制造业在世界上所占的比重越来越大,随着我国逐渐成为"世界制造业中心"进程的加快,制造业的主力军——技能人才,尤其是高级技能人才的严重缺乏已成为制约我国制造业快速发展的瓶颈,高级蓝领出现断层的消息屡屡见诸报端。据统计,我国技术工人中高级以上技工只占3.5%,与发达国家40%的比例相去甚远。为此,国务院先后召开了"全国职业教育工作会议"和"全国再就业会议",提出了"三年50万新技师的培养计划",强调各地、各行业、各企业、各职业院校等要大力开展职业技术培训,以培训促就业,全面提高技术工人的素质。

技术工人密集的机械行业历来高度重视技术工人的职业技能培训工作,尤其是技术工人培训教材的基础建设工作,并在几十年的实践中积累了丰富的教材建设经验。作为机械行业的专业出版社,机械工业出版社在"七五"、"八五"、"九五"期间,先后组织编写出版了"机械工人技术理论培训教材"149种,"机械工人操作技能培训教材"85种,"机械工人职业技能培训教材"66种,"机械工业技师考评培训教材"22种,以及配套的习题集、试题库和各种辅导性教材约800种,基本满足了机械行业技术工人培训的需要。这些教材以其针对性、实用性强,覆盖面广,层次齐备,成龙配套等特点,受到全国各级培训、鉴定和考工部门和技术工人的欢迎。

2000年以来,我国相继颁布了《中华人民共和国职业分类大典》和新的《国家职业标准》,其中对我国职业技术工人的工种、等级、职业的活动范围、工作内容、技能要求和知识水平等根据实际需要进行了重新界定,将国家职业资格分为5个等级:初级(5级)、中级(4级)、高级(3级)、技师(2级)、高级技师(1级)。为与新的《国家职业标准》配套,更好地满足当前各级职业培训和技术工人考工取证的需要,我们精心策划编写了这套《国家职业资格培训教材》。

这套教材是依据劳动和社会保障部最新颁布的《国家职业标准》编写的,

为满足各级培训考工部门和广大读者的需要,这次共编写了41个职业的172种教材。在职业选择上,除机电行业通用职业外,还选择了建筑、汽车、家电等其他相近行业的热门职业。每个职业按《国家职业标准》规定的工作内容和技能要求编写初级、中级、高级、技师(含高级技师)四本教材,各等级合理衔接、步步提升,为高技能人才培养搭建了科学的阶梯型培训架构。为满足实际培训的需要,对多工种共同需求的基础知识我们还分别编写了《机械制图》、《机械基础》、《电工常识》、《电工基础》、《建筑装饰识图》等近20种公共基础教材。

在编写原则上,依据《国家职业标准》又不拘泥于《国家职业标准》是我们这套教材的创新。为满足沿海制造业发达地区对技能人才细分市场的需要,我们对模具、制冷、电梯等社会需求量大又已单独培训和考核的职业,从相应的职业标准中剥离出来单独编写了针对性较强的培训教材。

为满足培训、鉴定、考工和读者自学的需要,在编写时我们考虑了教材的配套性。教材的章首有培训要点,章末配复习思考题,书末有与之配套的试题库和答案,以及便于自检自测的理论和技能模拟试卷,同时还根据需求为20多种教材配制了VCD光盘。

为扩大教材的覆盖面和体现教材的权威性,我们组织了上海、江苏、广东、广西、北京、山东、吉林、河北、四川、内蒙古等地相关行业从事技能培训和考工的200多名专家、工程技术人员、教师、技师和高级技师参加编写。

这套教材在编写过程中力求突出"新"字,做到"知识新、工艺新、技术新、设备新、标准新";增强实用性,重在教会读者掌握必需的专业知识和技能,是企业培训部门、各级职业技能鉴定培训机构、再就业和农民工培训机构的理想教材,也可作为技工学校、职业高中、各种短训班的专业课教材。

在这套教材的调研、策划、编写过程中,曾经得到广东省职业技能鉴定中心、上海市职业技能鉴定中心、江苏省机械工业联合会、中国第一汽车集团公司以及北京、上海、广东、广西、江苏、山东、河北、内蒙古等地许多企业和技工学校的有关领导、专家、工程技术人员、教师、技师和高级技师的大力支持和帮助,在此谨向为本套教材的策划、编写和出版付出艰辛劳动的全体人员表示衷心的感谢!

教材中难免存在不足之处,诚恳希望从事职业教育的专家和广大读者不吝赐教,批评指正。我们真诚希望与您携手,共同打造职业培训教材的精品。

国家职业资格培训教材编审委员会

前　言

《汽车修理工（中级）》自2006年出版以来，已重印多次，得到了广大读者的认可与好评。但在其使用过程中，我们也发现了一些问题，如理论的推导过程过于详细，可使用性不太高；所涉及的技术、工艺、标准、名词术语等已发生了变化。另外，近几年汽车新技术得到了迅速发展，相关的新技术、新知识不断涌现。因此，我们组织相关专家对第1版教材进行了修订，以使其更能满足读者的要求。

本教材在修订过程中，以满足岗位培训需要为宗旨，以实用、够用为原则，以技能为主线，使理论为技能服务，并将理论知识和操作技能结合起来，有机地融于一体。第2版教材的主要特点是：

1. 内容先进。本教材在强调实用性、典型性的前提下，充分重视内容的先进性，尽可能反映与本职业相关联的新技术、新工艺、新设备、新材料和新方法，并采用法定计量单位和最新名词术语，能充分满足职业资格培训的需要。

2. 最大限度地体现技能培训特色。本教材以最新《国家职业标准》为依据，以职业技能鉴定要求为尺度，以满足本职业对从业人员的要求为目标，以岗位技能需求为出发点，按照《国家职业标准》对中级汽车修理工的技能要求确定核心技能模块，编写每一个技能训练单元所需掌握的相关知识、技能训练、试题库、模拟试卷等。

3. 服务目标明确。本教材主要用于企业培训和职业技能鉴定培训，也可作为技校、中职院校以及各种短训班的教学用书，还可供有关工人自学使用。

本教材由祖国海主编，杨旭、周志刚、隋礼辉、高宏伟、张吉国参加编写，李春声主审。

由于编者水平有限，书中难免存在缺点和不足之处，恳请广大读者批评指正！

编　者

目 录

第 2 版序
第 1 版序一
第 1 版序二
前言

第一章 发动机结构与检修 ………………………………………… 1
  第一节 发动机结构专业知识 ………………………………… 1
    一、曲柄连杆机构 ……………………………………… 1
    二、配气机构 …………………………………………… 7
    三、燃油系 ……………………………………………… 9
    四、冷却系 ……………………………………………… 15
    五、润滑系 ……………………………………………… 17
    六、点火系 ……………………………………………… 18
    七、起动系 ……………………………………………… 23
    八、汽车电控单元 ……………………………………… 29
    九、汽车常用传感器 …………………………………… 31
  第二节 发动机检修技能训练 ………………………………… 40
    训练 1 曲轴几何误差的检测 ………………………… 40
    训练 2 凸轮轴几何误差的检测 ……………………… 44
    训练 3 连杆弯曲、扭曲的检测 ……………………… 45
    训练 4 气缸磨损程度及圆度、圆柱度误差的检测 … 46
    训练 5 气缸盖平面度误差的检测 …………………… 47
    训练 6 气缸体同轴度、垂直度误差的检测 ………… 48
    训练 7 曲轴轴向间隙的检测 ………………………… 49
    训练 8 活塞环的检测 ………………………………… 50
    训练 9 检测、选配活塞 ……………………………… 51
    训练 10 检测喷油器 …………………………………… 52
    训练 11 检测怠速控制阀 ……………………………… 55
    训练 12 检测进气温度传感器 ………………………… 57

训练13 检测冷却液温度传感器 ·· 58
  训练14 检测节气门位置传感器 ·· 59
  训练15 气缸盖的装配与调整 ·· 61
 复习思考题 ··· 62

第二章 底盘结构与检修 ·· 63
 第一节 底盘结构专业知识 ··· 63
  一、传动系 ·· 63
  二、行驶系 ·· 87
  三、转向系 ·· 94
  四、制动系 ·· 97
 第二节 底盘检修技能训练 ··· 104
  训练1 离合器的检修 ·· 104
  训练2 手动变速器的检修 ·· 106
  训练3 自动变速器油压试验 ··· 111
  训练4 自动变速器失速试验 ··· 112
  训练5 自动变速器时滞试验 ··· 113
  训练6 机械转向器的检修 ·· 114
  训练7 鼓式制动器的检修 ·· 116
  训练8 盘式制动器的检修 ·· 117
  训练9 双管路式气压制动阀的检修 ·· 118
  训练10 液压制动总泵的检修 ·· 119
  训练11 驻车制动器的检修 ··· 121
  训练12 主减速器主、从动锥齿轮啮合间隙的检查与调整 ············· 123
 复习思考题 ·· 124

第三章 电气设备结构与检修 ·· 125
 第一节 电气设备结构专业知识 ·· 125
  一、发电机结构 ··· 125
  二、空调结构 ·· 128
  三、电气仪表 ·· 132
 第二节 电气设备检修技能训练 ·· 133
  训练1 蓄电池的充电 ·· 133
  训练2 起动机的检修 ·· 134
  训练3 发电机的检修 ·· 140

训练4　空调系统压力的检查 143
训练5　空调系统制冷剂的补充 146
复习思考题 148

第四章　汽车二级维护 149

第一节　汽车二级维护专业知识 149
一、发动机二级维护 149
二、底盘二级维护 151
三、电气设备二级维护 154

第二节　汽车二级维护技能训练 158
训练1　点火提前角的检测 158
训练2　发动机功率的测试 159
训练3　气缸压缩压力的检测 160
训练4　进气歧管真空度的检测 161
训练5　汽油机燃油压力的检测 163
训练6　柴油机喷油压力的检测 164
训练7　发动机尾气排放的检测 165
训练8　前轮前束的检查和调整 167
训练9　车轮动平衡的检测 168
复习思考题 169

第五章　汽车故障诊断与排除 171

第一节　汽车故障诊断与排除专业知识 171
一、汽车故障诊断方法及步骤 171
二、排除发动机常见故障必备的专业知识 173
三、诊断发动机异响故障必备的专业知识 174
四、排除底盘常见故障必备的专业知识 176

第二节　汽车故障诊断与排除技能训练 180
训练1　诊断与排除发动机起动困难故障 180
训练2　诊断与排除发动机怠速不稳故障 181
训练3　诊断与排除发动机爆燃故障 182
训练4　诊断与排除发动机功率不足故障 183
训练5　诊断与排除连杆轴承异响故障 184
训练6　诊断与排除正时齿轮（或齿带、链条）异响故障 185
训练7　诊断与排除气门异响故障 187

训练 8	诊断与排除发动机温度过高故障	188
训练 9	诊断与排除发动机缺火（个别气缸不点火）故障	189
训练 10	诊断与排除离合器异响故障	190
训练 11	诊断与排除变速器异响故障	191
训练 12	诊断与排除转向沉重故障	192
训练 13	诊断与排除制动跑偏故障	194
训练 14	诊断与排除液压制动失效故障	195
训练 15	诊断与排除由前轮定位引起的轮胎异常磨损故障	196
训练 16	诊断与排除起动机转动无力故障	197
训练 17	诊断与排除高压无火故障	198
训练 18	诊断与排除发电机异响故障	199
训练 19	诊断与排除电喇叭不响故障	200
训练 20	诊断与排除空调压缩机不运转故障	201

复习思考题 ·· 202

试题库 ·· 203

知识要求试题 ·· 203
  一、选择题　试题（203）　　答案（267）
  二、判断题　试题（226）　　答案（268）
技能要求试题 ·· 229
模拟试卷样例 ·· 248
  一、选择题　试题（248）　　答案（269）
  二、判断题　试题（260）　　答案（269）

参考文献 ·· 270

目录

第一章

发动机结构与检修

> **培训学习目标** 通过本章的学习，掌握发动机结构与检修的专业知识，为工作中能够解决实际问题打下良好的基础。

◈◈◈ 第一节　发动机结构专业知识

一、曲柄连杆机构

曲柄连杆机构是将燃料燃烧后施加在活塞顶上的膨胀压力转变为推动曲轴旋转的转矩，向外输出动力。曲柄连杆机构一般由机体组、活塞连杆组和曲轴飞轮组三部分组成。

1. 机体组

机体组主要由气缸体、气缸盖、气缸垫和油底壳等部件组成。

（1）气缸体　气缸体是发动机各个机构和系统的装配基体，是发动机中最重要的一个部件。气缸体有水冷式气缸体和风冷式气缸体。

水冷式气缸体一般与上曲轴箱铸成一体。气缸体上部排列出所有气缸，气缸周围的空腔相互连通构成水套。气缸体下半部分是用来支撑曲轴的曲轴箱。

气缸体有直列、V型和水平对置三种形式，在汽车上常用直列式，如图1-1所示。

气缸体下部的结构有一般式、龙门式和隧道式三种形式，如图1-2所示。

风冷式气缸体和曲轴箱采用分体式结构，将气缸体和曲轴箱分开铸造，然后再装配到一起。气缸体和气缸盖的外表面铸有许多散热片，用以保证充分散热。气缸体的冷却方式如图1-3所示。

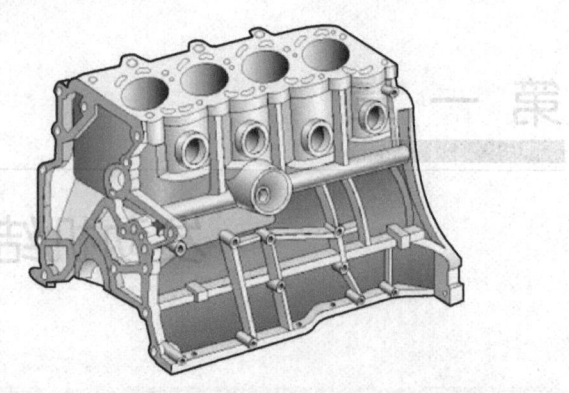

图1-1 直列式气缸体结构

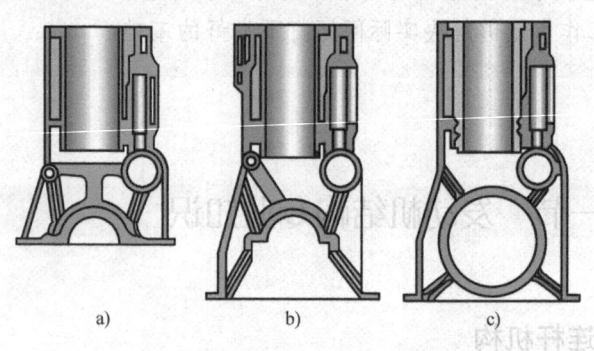

图1-2 气缸体(曲轴箱)的三种结构形式
a) 一般式 b) 龙门式 c) 隧道式

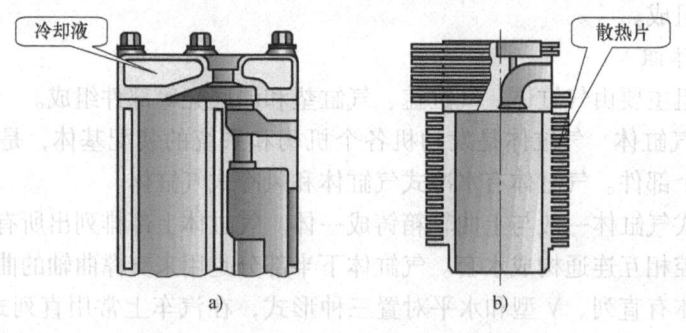

图1-3 气缸体的冷却方式
a) 水冷 b) 风冷

气缸体的材料一般为灰铸铁,为提高气缸的耐磨性,有时在铸铁中加入少量合金元素如镍、钼、铬、磷等。但实际上除了与活塞配合的气缸壁表面外,其他部分对耐磨性要求并不高。考虑材料上的经济性,广泛采用在气缸体内镶入气缸套的方法来形成气缸工作表面。这样,气缸套可用耐磨性较好的合金铸铁或合金钢制造,以延长气缸的使用寿命,而气缸体可用价格较低的普通铸铁或铝合金等材料制造。

气缸套有干式和湿式两种,其结构如图 1-4 所示。

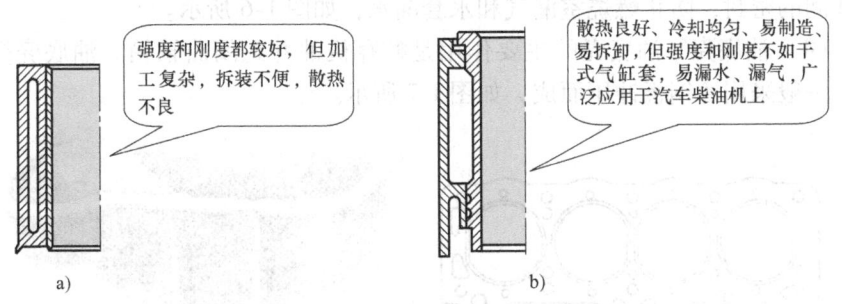

图 1-4　气缸套的结构

a)　干式　b)　湿式

干式气缸套外表面不直接与冷却液接触,其壁厚一般为 1~3mm。气缸套外表面与其装配的气缸体内表面采用过盈配合。

湿式气缸套外表面直接与冷却液接触,冷却效果好。其壁厚比干式气缸套厚,一般为 5~9mm。

(2)　气缸盖　气缸盖的主要作用是封闭气缸上部,与活塞顶部和气缸壁一起构成燃烧室,如图 1-5 所示。

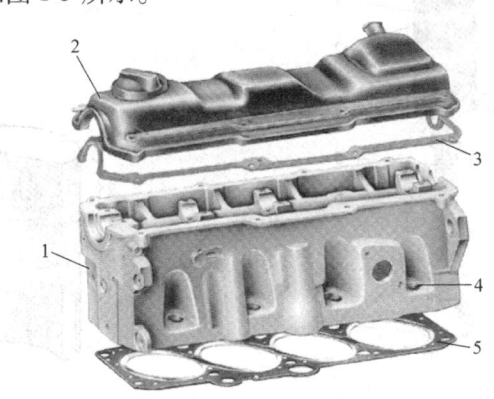

图 1-5　气缸盖

1—气缸盖　2—气缸盖罩　3—衬垫　4—火花塞孔　5—气缸垫

一般水冷式发动机的气缸盖内铸有水套,气缸盖下端面与气缸体上端面间所对应的水套是相通的,利用水循环来冷却燃烧室壁等的高温部分;风冷式发动机的气缸盖上铸有许多散热片,靠增大散热面积来降低燃烧室的温度。

发动机的气缸盖上应有进排气门座、气门导管孔和进排气通道等。

汽油机气缸盖上还应有火花塞孔,而柴油机则设有安装喷油器的座孔。

(3) 气缸垫 气缸盖与气缸体之间装有气缸垫,其作用是保证气缸盖与气缸体间的密封,防止燃烧室漏气和水套漏水,如图1-6所示。

(4) 油底壳 油底壳的主要作用是贮存机油并封闭曲轴箱。油底壳受力很小,一般采用薄钢板冲压而成,如图1-7所示。

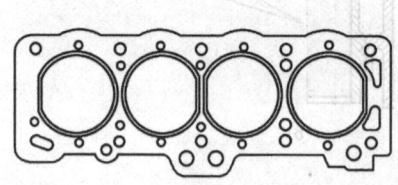

图1-6 气缸垫　　　　　　　　　　图1-7 油底壳

2. 活塞连杆组

活塞连杆组由活塞、活塞环、活塞销、连杆等主要机件组成,如图1-8所示。

(1) 活塞 活塞的作用是与气缸盖、气缸壁等共同组成燃烧室,并承受气缸中的气体压力,通过活塞销将作用力传给连杆,以推动曲轴旋转。

活塞可分为顶部、头部和裙部三部分,如图1-9所示。

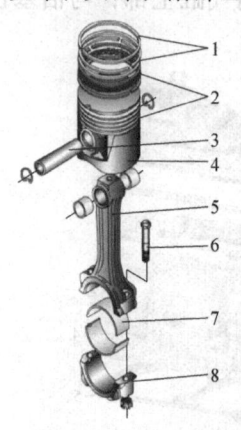

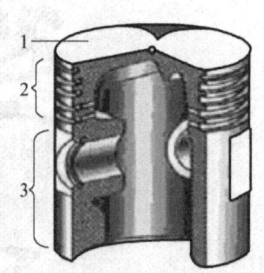

图1-8 活塞连杆组　　　　　　　　图1-9 活塞结构图
1—气环　2—油环　3—活塞销　4—活塞　　　1—顶部　2—头部　3—裙部
5—连杆　6—连杆螺栓　7—连杆轴瓦　8—连杆盖

1) 活塞顶部。活塞顶部是燃烧室的组成部分,其形状取决于燃烧室的形式。常见的活塞顶部形状有平顶式、凹顶式和凸顶式。

2）头部。活塞头部主要以活塞环槽为主，活塞环安装在活塞环槽内。汽油机一般有2~3道活塞环槽，上面的1~2道用来安装气环，实现气缸的密封；最下面的一道用来安装油环。在油环槽底面上钻有许多径向回油小孔，当活塞向下运动时，油环把气缸壁上多余的机油刮下来，使其经回油孔流回油底壳。

第一道环工作温度过高，且容易产生积炭，易出现过热卡死现象。

3）裙部。裙部起导向作用。

（2）活塞环　活塞环安装在活塞环槽内，用来密封活塞与气缸壁之间的间隙，防止窜气，同时使活塞往复运动更顺畅。活塞环分为气环和油环两种。

（3）活塞销　活塞销的作用是连接活塞和连杆小头，并将活塞所受的气体作用力传给连杆。

活塞销通常为空心圆柱体，有时也按等强度要求做成变截面管状体。活塞销一般采用低碳钢或低碳合金经渗碳制成。

活塞销与活塞销座孔和连杆小头衬套孔之间采用全浮式和半浮式连接。采用全浮式连接时，活塞销可以在孔内自由转动；采用半浮式连接时，活塞销与连杆小头之间为过盈配合，工作中不发生相对转动；活塞销与活塞销座孔之间为间隙配合。

（4）连杆　连杆的作用是将活塞承受的力传给曲轴，并使活塞的往复运动转变为曲轴的旋转运动。

连杆由连杆体、连杆盖、连杆螺栓和连杆轴瓦等零件组成，如图1-10所示。

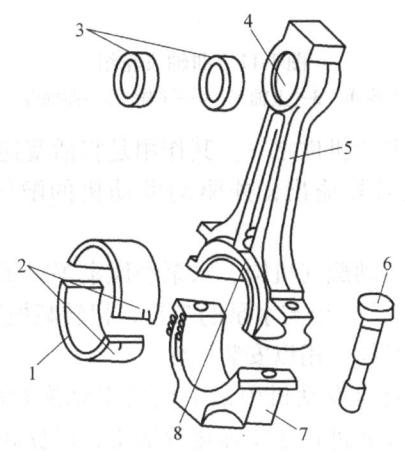

图1-10　连杆
1—连杆轴瓦　2—止推凸唇　3—减摩衬套　4—连杆小头
5—连杆杆身　6—连杆螺栓　7—连杆盖　8—连杆大头

连杆体可分为连杆小头、连杆杆身和连杆大头。连杆小头用来安装活塞销，以连接活塞。杆身通常做成"工"或"H"形断面，以求在满足强度和刚度要求的前提下减轻质量。

连杆大头与曲轴的连杆轴颈相连，一般做成分开式，与杆身切开的一半称为连杆盖，两者靠连杆螺栓联接为一体。

连杆轴瓦安装在连杆大头孔座中，与曲轴上的连杆轴颈装配在一起，是发动机中最重要的配合副之一。常用的减摩合金主要有巴氏合金、铜铅合金和铝基合金。

3. 曲轴飞轮组

曲轴飞轮组主要由曲轴和飞轮以及其他不同作用的零件和附件组成，如图 1-11 所示。

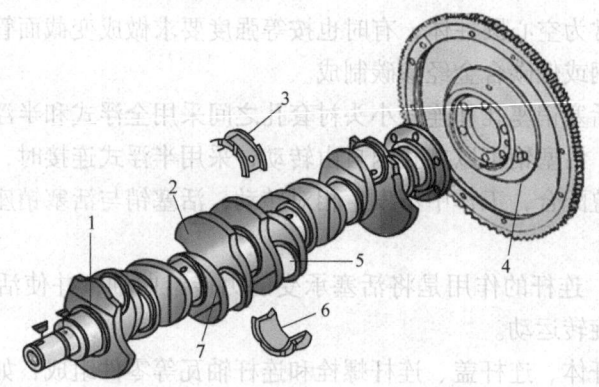

图 1-11 曲轴飞轮组
1—曲轴主轴颈 2—平衡重 3—上轴瓦 4—飞轮 5—曲柄臂 6—下轴瓦 7—曲柄

曲轴是发动机最重要的机件之一。其作用是将活塞连杆组传来的气体作用力转变成曲轴的旋转力矩对外输出，并驱动发动机的配气机构及其他辅助装置工作。

曲轴前端主要用来驱动配气机构、水泵和风扇等附属机构，前端轴上安装有正时齿轮（或齿形带轮）、风扇与水泵的带轮、扭转减振器以及起动爪等。

曲轴后端采用凸缘结构，用以安装飞轮。

曲轴主轴颈和曲柄臂是发动机中最关键的滑动配合副，一般均进行表面淬火，轴颈过渡圆角处还需要进行滚压强化等加工，以提高其疲劳强度。

曲轴的轴向定位一般采用止推片或翻边轴瓦。定位装置装在前端第一道主轴承处或中部某轴承处。

曲轴一般选用强度高、冲击韧度高和耐磨性能好的优质中碳结构钢、优质中碳合金钢锻造或高强度球墨铸铁铸造而成。

曲轴在装配前必须经过动平衡校验。对于不平衡的曲轴，常在其偏重的一侧配平衡重或在曲柄上钻去一部分以减轻质量，满足平衡的要求。

飞轮是一个转动惯量很大的圆盘，外缘上压有一个齿圈，与起动机的驱动齿轮啮合，供起动发动机时使用。

飞轮上通常还刻有第一缸点火正时记号，以便校准点火时刻。

多缸发动机的飞轮应与曲轴一起进行动平衡试验。为了保证在装卸过程中不破坏飞轮与曲轴间的装配关系，采用定位销或不对称螺栓布置方式，安装时应加以注意。

二、配气机构

配气机构的作用是按照发动机各气缸内工作循环和工作次序的要求，定时开启和关闭各气缸的进、排气门，使新鲜可燃混合气（汽油机）或空气（柴油机）得以及时进入气缸，并使废气及时从气缸排出。

配气机构的布置形式按凸轮轴的位置可以分为凸轮轴下置式、凸轮轴中置式和凸轮轴顶（上）置式；按传动方式可以分为齿轮传动、链传动和正时带（也叫同步带）传动。其中气门顶置、凸轮轴顶置式配气机构在现代汽车发动机上应用日益广泛（见图1-12），传动方式一般为正时带传动或链传动。

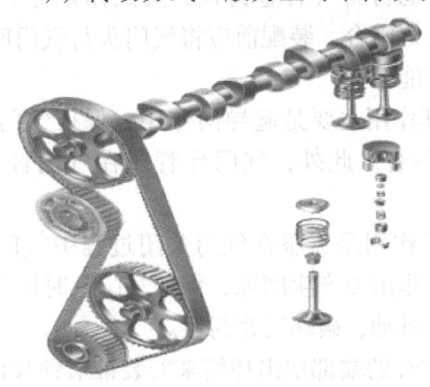

图 1-12　凸轮轴顶置式正时带传动布置形式

1. 配气机构的组成

配气机构由气门组和气门传动组组成。气门组包括气门、气门座、气门导管、气门弹簧、弹簧座及锁片等零件，如图1-13所示；气门传动组包括凸轮轴及正时带轮、挺柱等，如图1-14所示。

（1）气门　由头部和杆部组成，头部用来封闭气缸的进、排气通道，杆部则主要承担气门的运动导向。气门头部与气门座接触的工作面是与杆身同心的锥面，该密封锥面与气门顶平面的夹角为气门锥角。一般进气门锥角采用30°，排气门锥角采用45°。

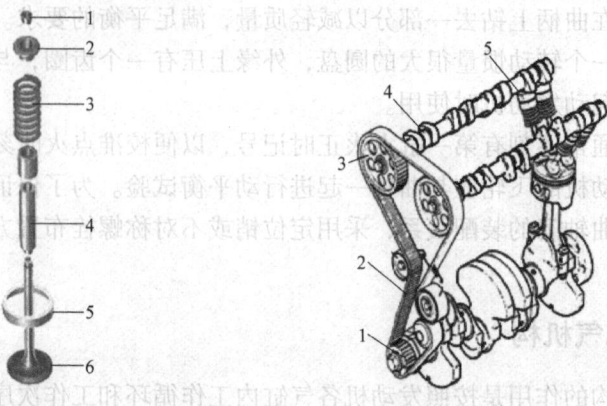

图1-13 气门组
1—锁片 2—弹簧座 3—气门弹簧
4—气门导管 5—气门座圈 6—气门

图1-14 气门传动组
1—曲轴正时带轮 2—齿形带
3—凸轮轴正时带轮 4—凸轮轴 5—液力挺柱

(2) 气门座 可在气缸盖上直接镗出,它与气门头部共同对气缸起密封作用,并接受气门传来的热量。因气门座在高温条件下工作,磨损严重,故有不少发动机的气门座用较好的材料(合金铸铁、奥氏体钢等)单独制作,然后镶嵌到气缸盖上。为保证良好密合,装配前应将气门头与气门座两者的密封锥面互相研磨。研磨好的零件不能互换。

(3) 气门导管 其作用主要是起导向作用,保证气门做直线往复运动,使气门与气门座能正确贴合。此外,气门导管还在气门杆与气缸盖之间起导热作用。

(4) 气门弹簧 其作用是克服在气门关闭过程中气门及传动件的惯性,防止各传动件之间因惯性作用而产生间隙,保证气门及时回位并紧密贴合,防止气门在发动机振动时发生跳动,破坏其密封性。

(5) 锁片 在气门杆的端部切出环槽来安装锥形锁片以固定弹簧座。

(6) 凸轮轴 凸轮轴上主要配置有各气缸的进、排气凸轮,用于使气门按一定的工作次序和配气相位及时开闭,并保证气门有足够的升程。由于凸轮受到气门间歇性开启的周期性冲击载荷作用,因此对凸轮表面要求耐磨,对凸轮轴要求有足够的韧性和刚度。

(7) 挺柱 凸轮轴顶置式配气机构中挺柱的作用是将凸轮的推力传给气门。现代发动机广泛采用液力挺柱,其特点是利用机油作为工作物质,利用机油的不可压缩性传递动力,当气门等部件受热伸长时,挺柱自动缩短,而当气门等部件冷缩时,挺柱自动伸长。液力挺柱消除了配气机构中的间隙,减小了各零件的冲击载荷和噪声,同时使凸轮轮廓可设计得较陡一些,使气门开启和关闭得更快,以减小进、排气阻力,改善发动机的换气质量,提高发动机的性能,特别是高速性能。

2. 配气机构的工作原理

在发动机工作时,曲轴通过正时带轮及齿形带驱动凸轮轴旋转,当凸轮轴转到凸轮的凸起部分时,顶下挺柱,挺柱压缩气门弹簧,使气门离座,即气门开启。当凸轮凸起部分滑过挺柱后,气门便在气门弹簧弹力的作用下上升而回位,即气门关闭。

3. 配气相位

配气相位就是用曲轴转角表示的进、排气门的实际开闭时刻和开启的持续时间。用曲轴转角的环形图来表示配气相位,这种图形称为配气相位图,如图1-15所示。

为了使发动机进气充分,排气彻底,进气门应在活塞上止点前开启而在下止点后关闭;同样,排气门应在下止点前开启而在上止点后关闭。配气相位角包括进气提前角、进气迟闭角、排气提前角、排气迟闭角、气门重叠角。使用中由于配气机构零部件的磨损、变形或安装和调整不当,都会使配气相位产生变化,应定期进行检查调整。

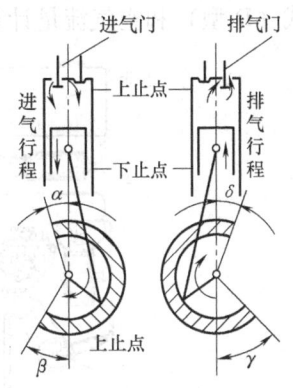

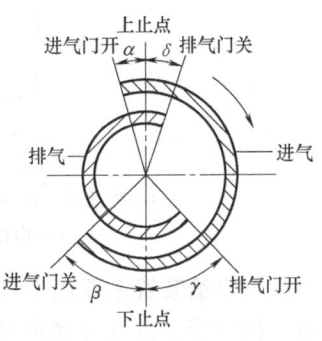

图1-15 配气相位图

传统的发动机按最常用工况设计配气相位。在配气相位确定好以后,配气相位角及气门升程便无法改变,而理想的配气相位应随着发动机的转速、载荷等因素的改变而改变,使发动机在高速时能提供较大的功率,在低速时能产生较大的转矩。为此,有些现代轿车的发动机采用可变气门控制系统。

三、燃油系

汽油发动机燃料供给系分为化油器式和电子喷射式。汽油机化油器式燃料供给系由燃油箱、燃油泵、滤清器、油管、化油器、进排气歧管、消声器等组成。目前,化油器已经被淘汰。

电子喷射式燃料供给系由两部分组成,一部分是空气供给系,另一部分是燃油供给系,如图1-16所示。

(一) 空气供给装置

空气供给装置的作用是控制并测量吸入发动机的空气量,提供形成可燃混合气所需的空气。电控汽油喷射系统按对空气量的检测方式不同可分为歧管压力计量式（D型）和空气流量计量式（L型）。

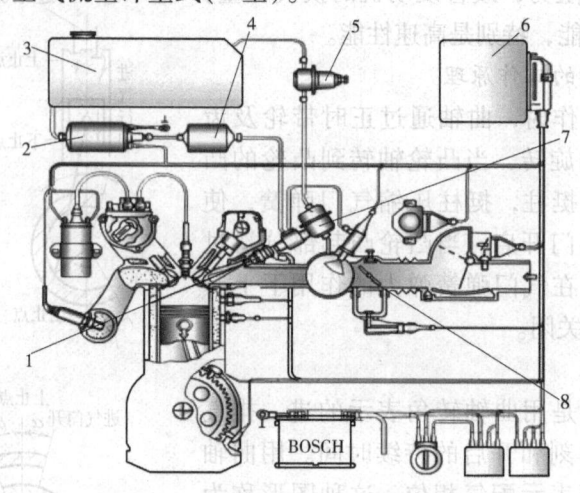

图1-16 电子喷射式燃料供给系
1—喷油器 2—燃油泵 3—油箱 4—滤清器 5—压力调节器
6—电控单元 7—油压调节器 8—节气门

空气供给装置主要由空气滤清器、空气计量计（或进气压力传感器）、节气门体、进气管、进气歧管和怠速控制阀等组成。发动机在运行时，空气经空气滤清器过滤，由空气流量计或进气压力传感器计量后，通过节气门体进入进气管，再分配到各进气歧管。在进气歧管内，空气与喷油器喷出的汽油混合后被吸入气缸内燃烧。怠速控制阀可根据发动机电子控制单元（ECU）指令对发动机怠速进行控制。发动机ECU利用传感器收集发动机的怠速运行状态、冷却液温度、空调开启使用情况、用电器载荷等信号，经综合比较、分析，最终输出指令使怠速控制阀对发动机的怠速进行控制。

1. 空气滤清器

空气滤清器的作用是清除流向发动机的空气中所含的尘土和砂粒，以减少气缸、活塞和活塞环的磨损，并可以在一定程度上降低发动机吸气行程中所产生的噪声。现代轿车常用干式纸滤芯空气滤清器。

现代轿车常用的干式纸滤芯空气滤清器壳体内装有纸滤芯，由经过树脂处理的微孔滤纸制成，滤芯的上下两端用塑料密封圈密封。当发动机工作时，空气由盖与外壳间的空隙进入，经纸质滤芯过滤，进入进气总管。

2. 空气流量计

空气流量计是测量发动机进气量的装置，也称为空气流量传感器，用于L型电子燃料注入系统（EFI）。它的作用是将吸入的空气量转换为电信号送给发动机的ECU。该电信号是发动机ECU确定发动机基本喷油量的重要信号之一。

根据测量原理的不同，常见的空气流量计有叶片式、卡门旋涡式和热式等。其中，热式空气流量计能测出空气质量流量，避免了由海拔（压力）引起的误差，并且其响应时间短，测量精度高，现已成为电控汽油喷射系统中较流行的空气流量计。

3. 节气门体

汽油机的功率调节采用量调节。驾驶人通过加速踏板控制节气门体上的节气门开度来改变发动机的进气量，进行发动机的功率调节。

节气门体上一般安装有节气门、节气门位置传感器和用于控制发动机怠速的怠速空气阀等部件。不同型号的节气门体如图 1-17 所示。

图 1-17　不同型号的节气门体

4. 进、排气管

进气管的作用是将可燃混合气送至发动机的各个气缸；排气管的作用是汇集各气缸燃烧后的废气，经排气管消声器排出。

进、排气管一般用铸铁制成。进气管也有用铝合金铸造的。进、排气管可铸成一体，也可分别铸出，用双头螺柱固定在气缸体上或气缸盖上。为防止漏气，其接合面装有石棉衬垫。进、排气管的各支管分别与进、排气门的通道相连。

排气消声器装在排气管口。其目的是消耗废气流的能量，并平衡气流的压力波动，以消除强烈的排气噪声。

废气在排入大气前，应用净化装置处理，以减少有害成分的排放。

陶瓷-蜂窝三元催化器可以将排气中的 CO、HC 和 NO_x 分别转化为 CO_2、H_2O 和 N_2 等无毒气体。因催化器对铅十分敏感，吸入的铅会降低催化功能，故应使用无铅汽油。

在发动机工作过程中，适时、适量地将部分废气再次引入气缸内，废气可将燃烧产生的部分热量吸收，降低气缸燃烧的最高温度，从而可抑制 NO_x 的生成量。EGR 阀（即废气再循环控制阀）安装在进气歧管和排气歧管之间的特殊通道中。控制 EGR 阀真空室中的真空度,即可控制阀门与阀座之间的开度,从而控制再循环废气量。

(二) 燃油供给系

燃油供给系(见图1-18)主要由电动燃油泵、燃油滤清器、喷油器、燃油压力调节器和燃油管路等组成。

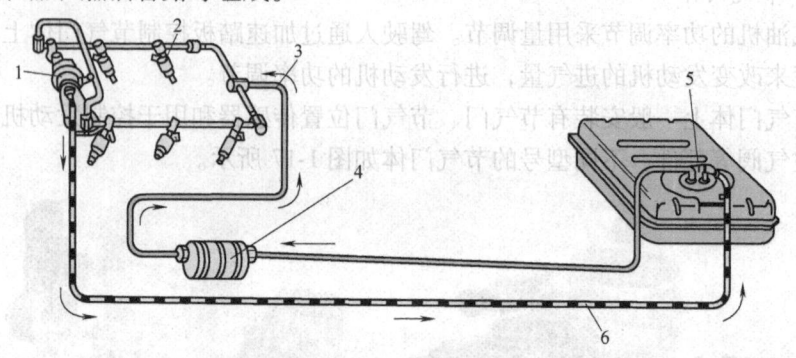

图1-18 燃油供给系

1—燃油压力调节器 2—喷油器 3—输油管路 4—燃油滤清器 5—电动燃油泵 6—回油管

1. 电动燃油泵

电动燃油泵的作用是供给各喷油器及冷起动喷油器所需要的燃油。电动燃油泵主要由油泵电动机、滚柱泵、单向阀、卸压阀、外壳、泵盖及滤网等组成,分为滚柱式燃油泵和齿轮式燃油泵。

(1) 滚柱式燃油泵 滚柱式燃油泵主要由直流电动机、滚柱式油泵、溢流阀和单向阀组成,如图1-19所示。

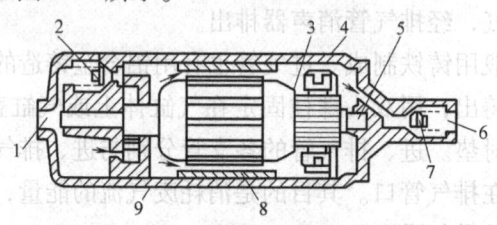

图1-19 滚柱式燃油泵

1—进油口 2—溢流阀 3—电枢 4—泵壳
5—电枢轴 6—出油口 7—单向阀 8—永久磁铁 9—泵体

滚柱式燃油泵的工作原理如图1-20所示。由转子、滚柱和泵体围成的腔室的容积随着转子的转动而发生变化,在容积由小变大的一侧燃油被吸入,在容积由大变小的一侧燃油被压出。起动时,只要起动开关起作用,燃油泵就一直工作。

第一章 发动机结构与检修

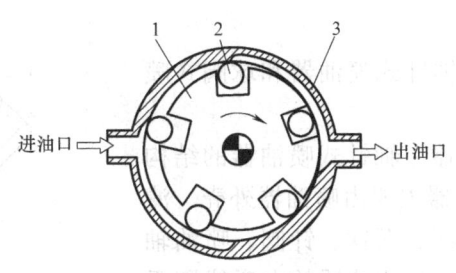

图1-20 滚柱式燃油泵的工作原理
1—盘形转子 2—滚柱 3—泵体

（2）齿轮式燃油泵 齿轮式燃油泵主要由直流电动机、主动齿轮、从动齿轮和辅助装置组成。主动齿轮与泵体（包括从动齿轮）偏心安装。另外，辅助装置包括溢流阀、单向阀、进油口和排油口等。

电动机转动时带动主动齿轮转动，主动齿轮又带动从动齿轮转动。由于主动齿轮与从动齿轮不同心，从而使主动齿轮的外齿、从动齿轮的内齿和两侧面的泵壳三者之间所包含的容积在进油处周期性地变大，在出油口处周期性地减小，使燃油从吸入口一侧吸入，从另一侧的排油口处压出。

2. 燃油压力调节器

燃油压力调节器安装在燃油分配管上。它是一种由膜片控制的溢流调节器，有一个金属外壳。一个膜片将其内部空间分成弹簧室和燃油室。燃油泵输送的燃油从进油口进入并充满燃油室，弹簧室经一根通气管与节气门后部的进气管相通，内有一根螺旋弹簧对膜片施加一个作用力。燃油室直接与供油管路相通，如图1-21所示。

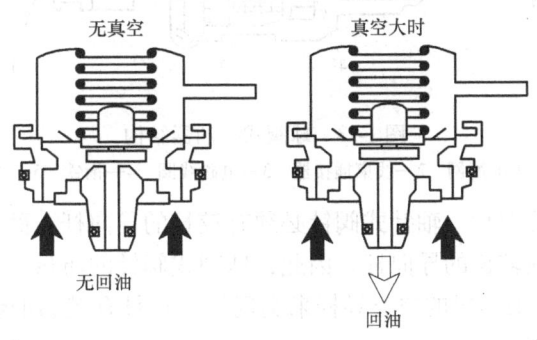

图1-21 燃油压力调节器

当输入的燃油压力高于弹簧预紧力与进气管压力之和时，燃油推动膜片，向上压缩弹簧，打开回油阀，部分燃油流回燃油箱，油压降低。当输入的燃油压力低于弹簧预紧力与进气管压力之和时，回油阀关闭，油压升高。

3. 喷油器

喷油器一般分为轴针式喷油器和球阀式喷油器两种类型。

（1）轴针式喷油器 轴针式喷油器的结构如图1-22所示。喷油器主要由喷油器外壳、滤网、电插头、电磁线圈、衔铁、针阀、喷油轴针、上下密封圈组成。当喷油器的电磁线圈无电流通过时，针阀在弹簧的作用下将喷油器的阀口关闭，喷油器不喷油。当电磁线圈通电时，线圈产生磁场，电磁吸力将铁心吸起使其上移，与铁心一体的针阀同时上移，喷油器的阀口被打开，燃油从精密的环形喷口以雾状喷出。

（2）球阀式喷油器 球阀式喷油器结构如图1-23所示。它与轴针式喷油器的主要区别在于阀针的结构。球阀式喷油器的阀针是由钢球、导杆和衔铁用激光焊接成整体的结构。

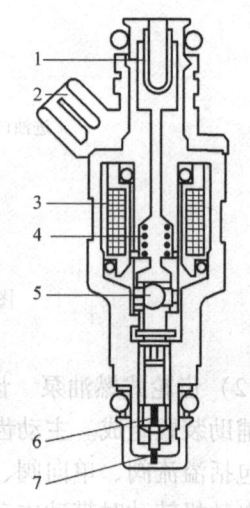

图1-22 轴针式喷油器
1—滤网 2—电插头
3—电磁线圈 4—回位弹簧
5—衔铁 6—针阀 7—喷油轴针

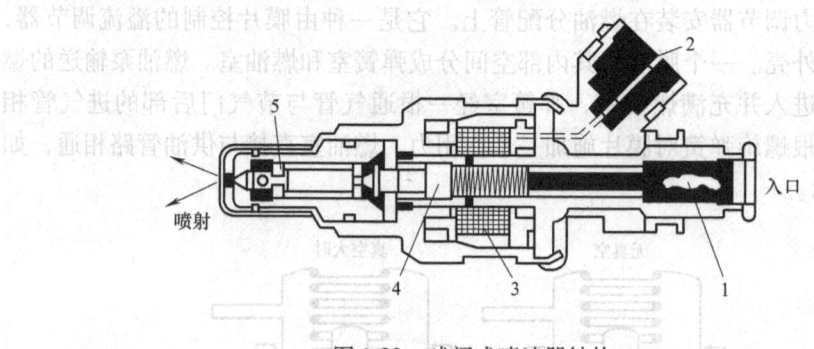

图1-23 球阀式喷油器结构
1—进油滤网 2—线束插接器 3—电磁线圈 4—衔铁 5—球阀

为了保证燃油密封，轴针式阀针必须有较长的导向杆，而球阀式针阀具有自动定心作用，无须较长的导向杆。因此，球阀式阀针的质量小，只有普通轴针式阀针的1/2，这是采用短的空心导杆来实现的，且具有较高的燃油密封能力，明显优于轴针式针阀。

当喷油脉冲输入电磁线圈时，产生电磁吸力，固定在阀针上的衔铁向上吸起，阀针离开阀座，燃油开始通过计量孔喷出。当喷油脉冲终止时，吸力消失，阀针在弹簧力的作用下返回阀座，于是喷油结束。因此，每次的喷油量取决于输入电磁线圈的电流脉冲宽度。

四、冷却系

冷却系的作用是将受热零件吸收的部分热量及时散发出去，保证发动机在最适宜的温度状态下工作。

（一）冷却系的结构

水冷发动机的冷却系（见图1-24）通常由散热器、水泵、风扇、储水箱和节温器等组成。

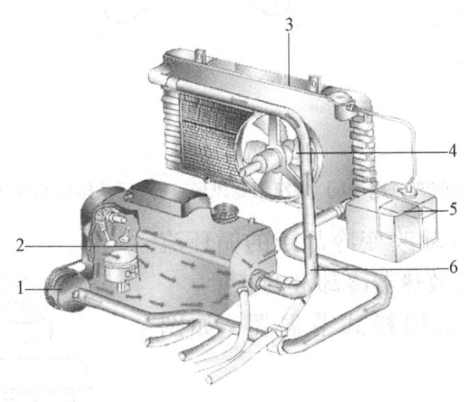

图1-24　水冷发动机冷却系的组成
1—水泵　2—冷却液　3—散热器　4—风扇　5—储水箱　6—水管

1. 散热器

散热器由上水室、散热器芯和下水室等组成，如图1-25所示。散热器安装在发动机前的车架横梁上。其作用是将冷却液在水套中所吸收的热量散发到大气中，使冷却液温度下降。

2. 水泵

汽车上广泛使用离心式水泵。水泵的结构紧凑、泵水量大，即使因故障而停止工作，也不妨碍冷却液在冷却系内部自然循环。

3. 风扇

风扇用来提高流经散热器空气的流速和风量，增强散热器的散热能力。

汽车上常使用的风扇为轴流式风扇，风扇叶片有三种形式，如图1-26所示。

4. 节温器

节温器的作用是根据发动机载荷大小和

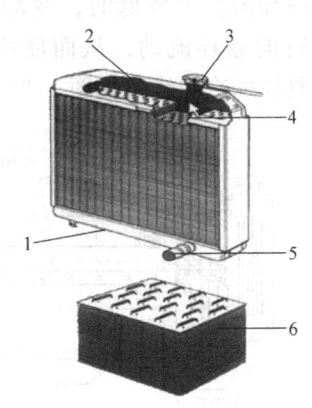

图1-25　散热器
1—下水室　2—上水室
3—散热器盖　4—进水管安装处
5—出水管口　6—散热器芯

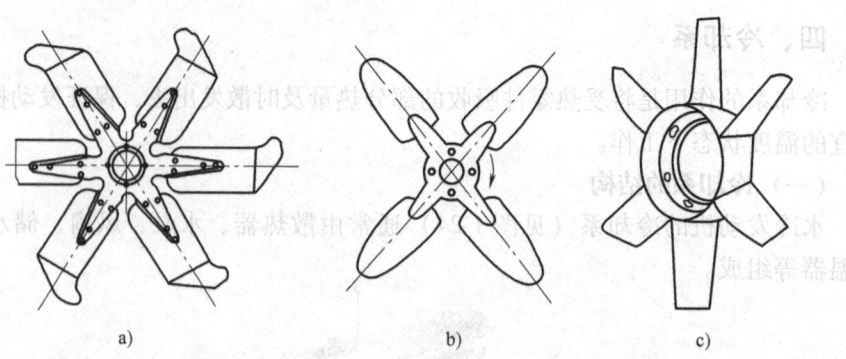

图 1-26 风扇
a) 叶尖前弯风扇　b) 尖窄根宽风扇　c) 尼龙压铸整体风扇

冷却液温度的高低,自动改变冷却液的循环流动路线,从而控制通过散热器冷却液的流量。

目前多数发动机采用蜡式节温器,如图 1-27 所示。

(二) 冷却线路

冷却液在冷却系内的循环流动路线有两条:一条为大循环路线,另一条为小循环路线。

所谓大循环是指当冷却液温度较高时,冷却液经过散热器进行的循环流动;小循环就是指当冷却液温度较低时,冷却液不经过散热器而进行的循环流动,从而使冷却液温度升高。两者具体的冷却线路如图 1-28 所示。

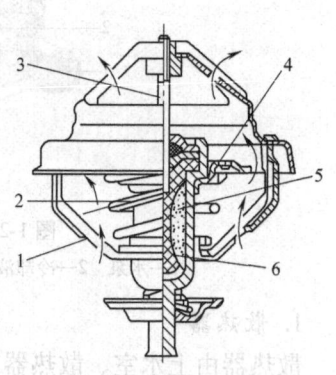

图 1-27 蜡式节温器
1—外壳　2—弹簧　3—推杆
4—主阀门　5—石蜡　6—胶管

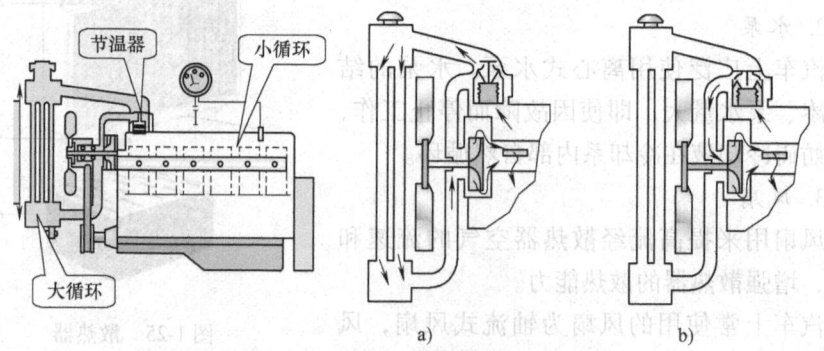

图 1-28 冷却线路
a) 大循环　b) 小循环

五、润滑系

1. 润滑系的作用

（1）润滑　润滑运动零件表面，减小摩擦阻力和磨损量，减小发动机的功率消耗。

（2）清洗　机油在润滑系内不断循环，清洗摩擦表面，带走磨屑和其他异物。

（3）冷却　机油在润滑系内循环，带走摩擦产生的热量，起到冷却作用。

（4）密封　在运动零件之间形成油膜，提高它们的密封性，有利于防止漏气或漏油。

（5）防锈蚀　在零件表面形成油膜，对零件表面起保护作用，防止腐蚀生锈。

2. 润滑方式

（1）压力润滑　利用机油泵将具有一定压力的机油源源不断地送往摩擦表面。例如，在曲轴主轴承、连杆轴承、凸轮轴轴承、摇臂等处形成油膜，以保证润滑。

（2）飞溅润滑　利用发动机工作时运动零件飞溅起来的油滴或油雾来润滑摩擦表面的润滑方式称为飞溅润滑。飞溅润滑可使裸露在外面承受载荷较轻的气缸壁、相对滑动速度较小的活塞销以及配气机构的凸轮表面、挺柱等得到润滑。

（3）定期润滑　对于载荷较小的发动机，辅助装置则只需定期、定量加注润滑脂进行润滑。近年来在发动机上采用含有耐磨润滑材料（如尼龙、二硫化钼等）的轴承来代替加注润滑脂的轴承。

3. 润滑系的组成

润滑系主要由集滤器、机油泵、机油滤清器、限压阀、旁通阀、机油压力传感器和主油道等组成。

（1）机油泵　机油泵将机油从油底壳中吸出，加压后不间断地输送到需要压力润滑的工作表面。

现代汽车发动机通常采用齿轮式机油泵，如图1-29所示。

（2）机油滤清器　为了保证滤清效果，一般使用多级滤清器，包括集滤器、粗滤器和细滤器。与主油道串联的滤清器一般为粗滤器；与主油道并联的滤清器一般为细滤器，过油量为10%～30%。

4. 曲轴箱通风

当发动机运转时，有少量工作混合气经过气缸壁进入曲轴箱内。进到曲轴箱内的汽油蒸气凝结后会将机油稀释，从而降低机油的黏度，使机油变质。采取曲轴箱通风方式可将水蒸气和汽油蒸气带出去或加以利用，有效防止机油变质。

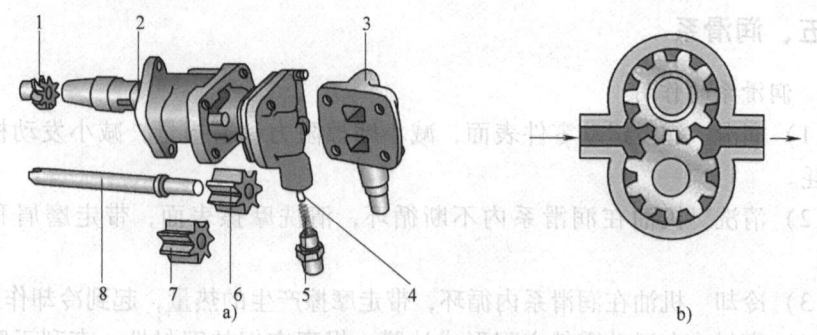

图 1-29 齿轮式机油泵
a) 结构　b) 工作原理
1—机油泵驱动齿轮　2—泵体　3—泵盖　4—限压阀　5—限压阀弹簧
6—主动齿轮　7—从动齿轮　8—主动齿轮轴

曲轴箱的通风方式有自然通风和强制通风（见图1-30）两种。

（1）自然通风　在曲轴箱连通的气门室盖或机油加注口处接出一根下垂的出气管，管口处切成斜口，切口的力与汽车行驶的方向相反。汽车的前进和冷却系风扇造成的气流作用使管内形成真空而将废气抽出，曲轴箱中的气体会直接导入大气中去。

（2）强制通风　进入曲轴箱内的新鲜混合气和废气在进气管真空作用下，经挺杆室、推杆孔进入气缸盖后罩盖内，再经过空气滤清器、管路、单向阀进入进气歧管，最后进入燃烧室燃烧。

为了降低曲轴箱通风抽出的机油量，除在气缸盖的后罩盖内装有挡油板外，在后罩盖上部还装有起油气分离作用的小滤清器，并在管路中串联安装曲轴箱通风单向阀。

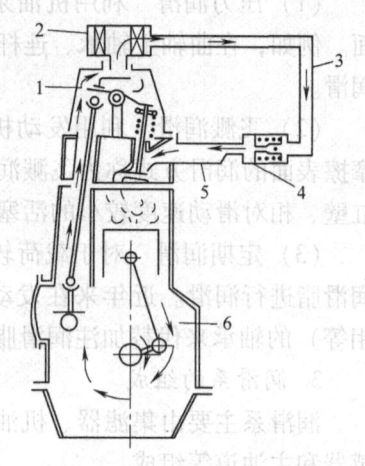

图 1-30　强制通风
1—气缸盖后罩盖　2—空气滤清器
3—通风管路　4—曲轴箱通风单向阀
5—进气管　6—曲轴箱

六、点火系

点火系的作用是将汽车电源供给的低压电转变为高压电，并按发动机的做功顺序和点火时间要求配送至各缸的火花塞，在火花塞间隙处产生火花，点燃可燃混合气。

点火系分传统点火系、电子点火系和微机控制点火系三种。

(一) 传统点火系

传统点火系主要由电源、点火开关、点火线圈、分电器、火花塞和高低压导线等组成，如图 1-31 所示。目前传统点火系已经被淘汰。

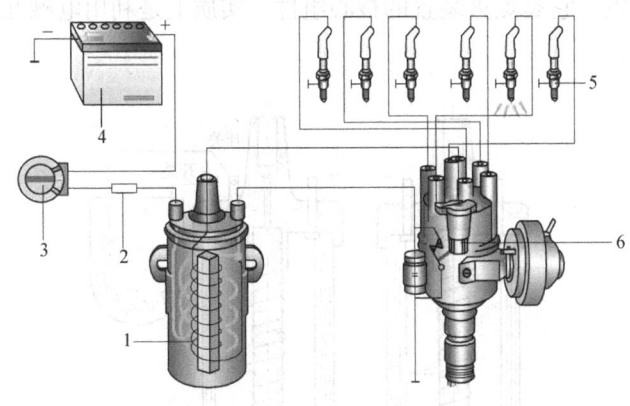

图 1-31　传统点火系的组成

1—点火线圈　2—电阻　3—点火开关
4—蓄电池　5—火花塞　6—分电器

(二) 电子点火系

电子点火系主要由电源、点火线圈、点火开关、分电器、火花塞、点火器及点火信号发生器等部件组成，如图 1-32 所示。

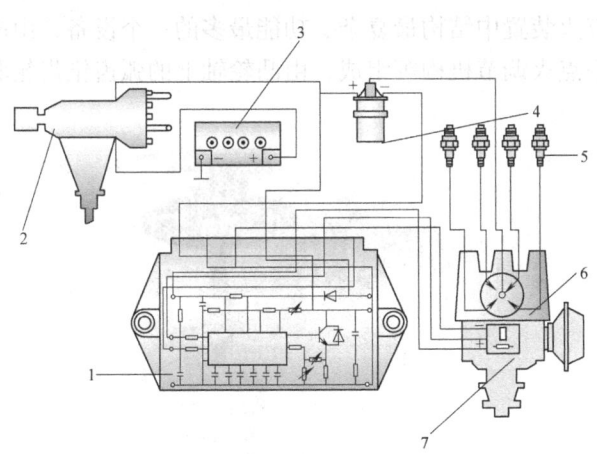

图 1-32　电子点火系

1—点火器　2—点火开关　3—蓄电池　4—点火线圈
5—火花塞　6—分电器　7—点火信号发生器

电子点火系采用点火信号发生器产生的信号控制点火系初级电路的接通和断开，从而达到点火的目的。

1. 点火线圈

点火线圈（见图1-33）的作用是将电源提供的低压电变成能击穿火花塞电极间隙的高压电。它是点火装置的核心组件，实质上是利用电磁互感原理制成的高倍率变压器。

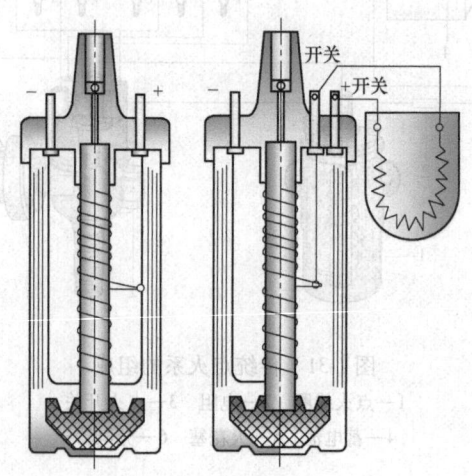

图1-33 点火线圈

2. 分电器

分电器是点火装置中结构最复杂、功能最多的一个设备，由配电器、点火信号发生器和真空点火调节机构等组成，由凸轮轴上的弧齿锥齿轮驱动，如图1-34所示。

图1-34 分电器

1—联轴器 2—真空点火调节机构 3—点火信号发生器 4—分火头 5—卡箍

第一章 发动机结构与检修

配电器由分火头和分电器盖组成。配电器的作用是将点火线圈产生的高压电按发动机的工作循序送至工作缸火花塞。

点火信号发生器（见图1-35）通常安装在分电器上。当分电器轴转动时，点火信号发生器产生电信号并送至点火器，点火器对电信号进行适当的处理，用以控制点火系初级电路的接通和断开，使点火线圈产生高压电。

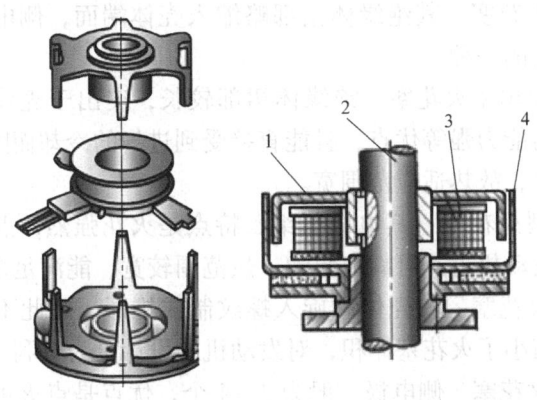

图1-35 点火信号发生器
1—爪形转子 2—分电器轴 3—传感线圈 4—爪形定子

目前，汽车上应用最为广泛的电子点火系按点火信号发生器的不同，主要分为电磁式、霍尔式和光电式等。

点火调节机构有真空式和离心式两种。真空式点火调节机构根据发动机载荷的变化自动调节点火提前角，使点火提前角随着发动机载荷的增大而减小；离心式点火调节机构根据发动机的转速变化自动调节点火提前角，使点火提前角随着发动机的转速提高而增大。

3. 火花塞

根据行业标准QC/T 430—2005《火花塞产品型号编制方法》的规定，火花塞型号由三部分组成：第一部分为单位或双位字母，用以表示火花塞的结构类型及主要形式尺寸；第二部分为阿拉伯数字，用以表示火花塞的热值，从热型到冷型，分别以1、2、3、4等表示；其余为第三部分，用字母和阿拉伯数字表示火花塞派生产品结构、发火端特性、材料特性及技术要求。在同一产品型号中，当需用两个字母表示时，按下列顺序排列：R为电阻型火花塞；B为半导体型火花塞；H为环状电极火花塞；Y为沿面放电型火花塞；F为半螺纹；E为绝缘体突出型点火位置3mm；L为绝缘体突出型点火位置4mm；K为绝缘体突出型点火位置5mm；Z为绝缘体突出型点火位置7mm；T为绝缘体突出型点火位置3mm以下；D为双侧极；J为三侧极；Q为四侧极；C为Ni-Cu复合电极；P为铂金电极；G为钇金电极；N为铱金电极；S为银电极；V为V形槽中心电极；U为U

形槽侧电极；X 为点火间隙 1.1mm 及以上。

例如：DF7REC2 型火花塞即为螺纹旋合长度 19mm，壳体六角对边 16mm，热值代号 7，螺纹规格 M12×1.25，带电阻，Ni-Cu 复合中心电极，快热结构，绝缘体突出型点火位置为 3mm 平座火花塞。

常用火花塞的类型：

（1）标准型火花塞　其绝缘体裙部略缩入壳体端面，侧电极在壳体端面以外，是使用最广泛的一种。

（2）绝缘体突出型火花塞　绝缘体裙部较长，突出于壳体端面以外。它具有吸热量大、抗污能力强等优点，且能直接受到进气的冷却而降低温度，因而也不易引起炽热点火，故热适应范围宽。

（3）细电极型火花塞　其电极很细，特点是火花强烈，点火能力好，在严寒季节也能保证发动机迅速可靠地起动，热范围较宽，能满足多种用途。

（4）锥座型火花塞　其壳体和旋入螺纹制成锥形，因此不用垫圈即可保持良好密封，从而缩小了火花塞体积，对发动机的设计更为有利。

（5）多极型火花塞　侧电极一般为 2～4 个，优点是点火可靠，间隙不需经常调整，故在电极容易烧蚀和火花塞间隙不能经常调节的一些汽油机上经常采用。

（6）沿面放电型火花塞　它是一种最冷型的火花塞，其中心电极与壳体端面之间的间隙是同心的。它必须与点火能量大、电压上升率快的电容放电型点火系配合使用，可完全避免火花塞"炽热点火"及电极"跨连"现象，即使在油污情况下也能正常发火。其缺点是可燃气体不易接近电极，故在混合气不足的情况下，不能充分发挥汽油机的功能。另外，由于点火能量增大，中心电极容易烧蚀。

此外，为了抑制汽车点火系对无线电的干扰，又生产了电阻型和屏蔽型火花塞。电阻型火花塞是在火花塞内装有 5～10kΩ 的电阻，屏蔽型火花塞是利用金属壳体把整个火花塞屏蔽密封起来。屏蔽型火花塞不仅可以防止无线电干扰，还可用于防水、防爆的场合。

（三）微机控制点火系

微机控制点火系的工作原理与电子点火系高压电的工作原理相同。与电子点火系相比，微机控制点火系所控制的点火提前角更接近发动机的理想点火提前角，在各种运行情况下，可使点火提前角获得复杂而精确的控制。在怠速时，最佳点火提前角在保证发动机运转平稳的前提下，使污染物的排放控制在最低限度；在部分载荷时，以经济性为控制目标，最佳点火提前角应保证发动机的最低燃油消耗量；在大载荷和加速工况时，以动力性为主，最佳点火提前角使发动机获得最大的输出转矩。

七、起动系

起动系一般由蓄电池、起动机、起动开关、起动继电器等组成,如图1-36所示。其中,蓄电池为起动机提供电能;起动机将电能转化为机械能,并输出转矩带动发动机运转;起动开关与点火开关(汽油发动机汽车)或电源开关(柴油发动机汽车)为一体,开关做成钥匙式,用来控制起动机工作;起动继电器是用来保护起动开关的。

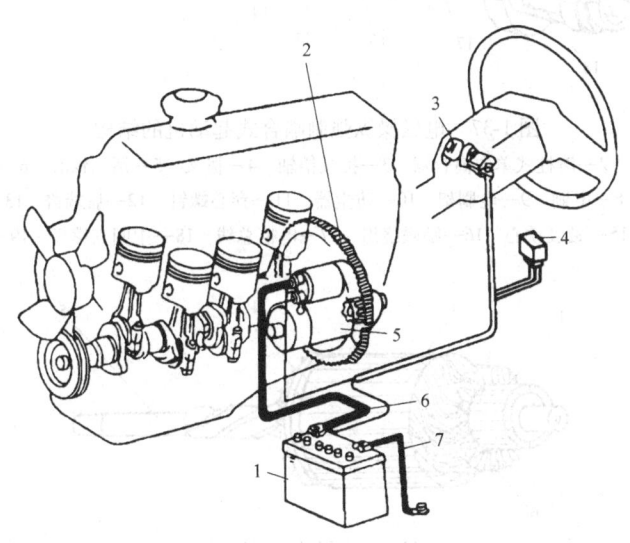

图1-36 起动系的组成与安装
1—蓄电池 2—飞轮 3—起动开关 4—起动继电器
5—起动机 6—起动机电缆 7—搭铁电缆

起动机是起动系中最主要的组成部件。

汽车用起动机由直流电动机、传动机构、控制装置三部分组成。汽车上广泛采用的起动机为电磁操纵强制啮合式起动机,如图1-37所示。

1. 直流电动机的结构

汽车用起动机的直流电动机一般为串励直流电动机,主要由电枢、换向器、磁极以及机壳等部件组成。

(1) 电枢与换向器 电枢由电枢轴、电枢铁心和电枢绕组等组成。电枢的结构如图1-38所示。

(2) 磁极 磁极由固定在机壳上的铁心和缠绕在铁心上的磁场绕组组成。磁场绕组的连接形式如图1-39所示。

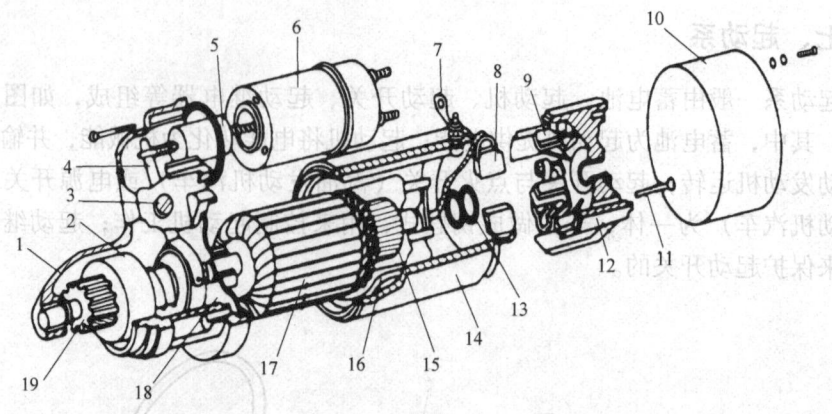

图 1-37 电磁操纵强制啮合式起动机的结构

1—前端盖 2—滚柱式单向离合器 3—拨叉销轴 4—拨叉 5—活动铁心 6—电磁开关 7—导电片 8—电刷 9—电刷架 10—防尘器 11—穿心螺钉 12—后端盖 13—止推垫圈 14—外壳 15—磁极铁心 16—励磁绕组 17—电枢总线 18—中间支撑板 19—驱动齿轮

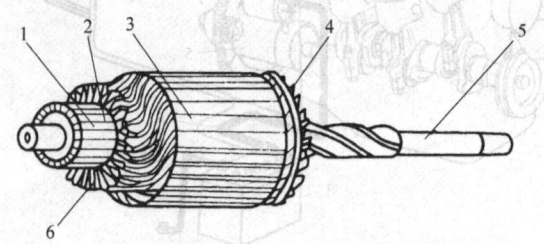

图 1-38 电枢的结构

1—换向器铜片 2—云母片 3—电枢铁心 4—电枢绕组 5—电枢轴 6—电枢绕组接线端

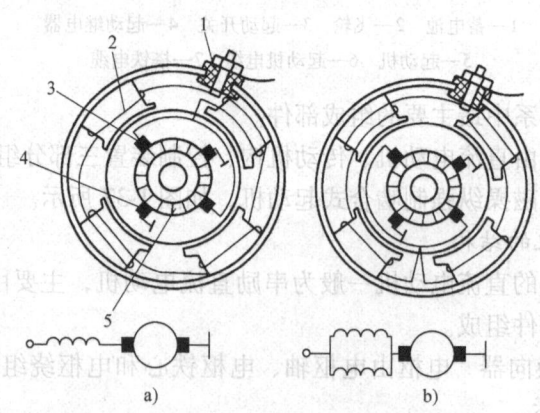

图 1-39 磁场绕组的连接形式

a) 四个磁场绕组相互串联 b) 两个磁场绕组串联后再并联

1—绝缘接线柱 2—磁场绕组 3—绝缘电刷 4—接地电刷 5—换向器

(3) 电刷及电刷架　电刷与电刷架的作用是将电流引入电动机，使电枢产生定向转动力矩。电刷一般用铜粉和石墨粉压制而成，以利于减小电阻及增加耐磨性。

2. 传动机构

在发动机起动时，起动机的驱动齿轮和发动机飞轮齿环啮合，将电动机的转矩传给飞轮；在发动机起动后，传动机构自动切断动力传递，防止电动机被发动机拖动超速旋转而损坏。

起动机的传动机构主要由离合器和传动拨叉两部分构成。

离合器将电动机的电磁转矩传递给发动机使之起动，同时又能在发动机起动后自动打滑，保护起动机不致损坏。常用的滚柱式单向离合器、摩擦片式单向离合器和弹簧式单向离合器等。

(1) 滚柱式单向离合器

1) 结构。如图1-40所示，驱动齿轮1与外壳2制成一体，十字块3与花键套筒6制成一体，在外壳2与十字块3形成的4个楔形槽中分别装有一套滚柱11与压帽弹簧12，花键套筒6外面装有移动衬套及缓冲弹簧8。整个离合器总成利用花键套筒6套在电枢轴的花键上，拨叉拨动移动衬套时，离合器总成可在电枢轴上做轴向移动，花键套筒6和十字块3都要随着电枢轴转动。

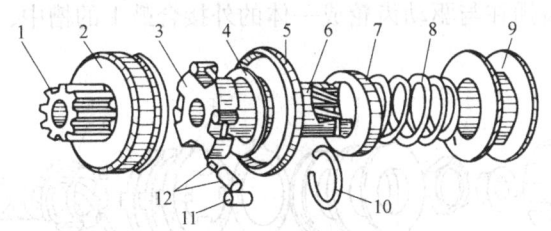

图1-40　滚柱式单向离合器的结构

1—驱动齿轮　2—外壳　3—十字块　4—垫圈　5—护盖　6—花键套筒
7—弹簧座　8—缓冲弹簧　9—拨叉环　10—卡簧　11—滚柱　12—压帽弹簧

2) 工作过程。如图1-40所示，在起动发动机时，拨叉环9使离合器总成沿电枢轴花键移动，开始时驱动齿轮1与发动机飞轮齿圈啮合，然后起动机通电旋转，转矩由花键套筒6传到十字块3，十字块3则随着电枢旋转，这时滚柱11在摩擦力的作用下滚入楔形槽的窄端卡死，迫使驱动齿轮1带动发动机飞轮旋转，起动发动机。

如图1-41所示，起动发动机后，由于飞轮转速升高，飞轮齿圈1变为主动轮，带动驱动齿轮2旋转，在摩擦力的作用下，滚柱5滚入楔形槽的较宽一端，于是滚柱5打滑，发动机动力不能传给电枢，起到分离作用，电枢只按自己的转速空转,避免了电枢超速飞散的危险。

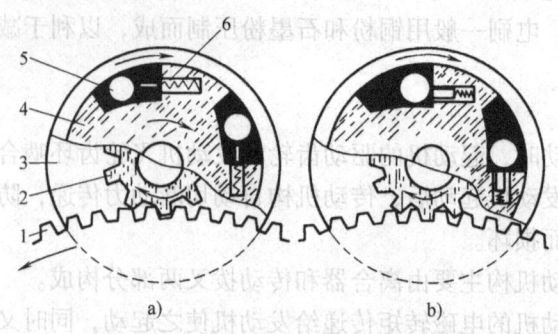

图1-41 滚柱式单向离合器工作原理
a) 发动机起动时 b) 发动机起动后
1—飞轮齿圈 2—驱动齿轮 3—外壳
4—十字块 5—滚柱 6—压帽弹簧

（2）摩擦片式单向离合器

1）结构。如图1-42所示,花键套筒6的外表面上有三线螺旋花键,套着内接合鼓5,内接合鼓5上有4道轴向槽,用来插放主动摩擦片8的内凸齿,被动摩擦片4的外凸齿插在与驱动齿轮成一体的外接合鼓1的槽中,主、被动摩擦片相间排列。

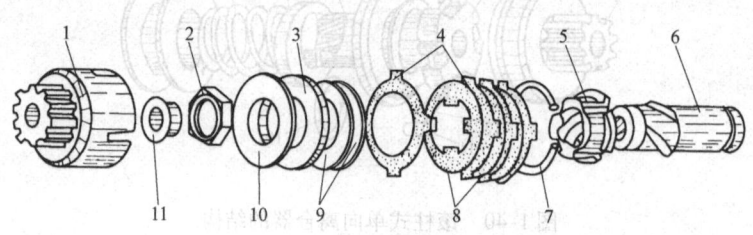

图1-42 摩擦片式单向离合器的结构
1—驱动齿轮及外接合鼓 2—调整螺母 3—压环 4—被动摩擦片
5—内接合鼓 6—花键套筒 7—卡簧 8—主动摩擦片
9—调整垫片 10—弹簧圈 11—挡圈

2）工作过程。如图1-42所示,在发动机起动瞬间,外接合鼓1是静止的,在惯性作用下,内接合鼓5由于花键套筒6的旋转而左移,从而使主、被动摩擦片压紧在一起,电枢转矩经内接合鼓5及主、被动摩擦片和外接合鼓1传给齿轮。在发动机起动后,飞轮齿圈带动驱动齿轮旋转,于是内接合鼓5沿花键套筒6右移,使主、被动摩擦片放松而打滑,发动机的转矩不能传给起动机。

(3) 弹簧式单向离合器

1) 结构。弹簧式单向离合器的结构如图1-43所示。花键套筒6套在电枢轴的螺旋花键上，驱动齿轮1套在电枢轴的光滑部分，两者之间用两个半圆形键3联接，使驱动齿轮1与花键套筒6之间不能做轴向移动，但可以相对转动。在驱动齿轮柄和花键套筒6外装有扭力弹簧4，扭力弹簧4的两端1/4圈内径较小，分别箍紧在齿轮柄和花键套筒6上。

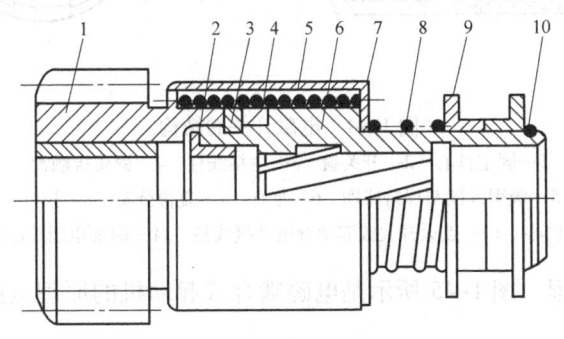

图1-43 弹簧式单向离合器的结构
1—驱动齿轮 2—挡圈 3—半圆形键 4—扭力弹簧
5—护圈 6—花键套筒 7—垫圈 8—缓冲弹簧
9—移动衬套 10—卡簧

2) 工作过程。如图1-43所示，在起动发动机时，电枢轴带动花键套筒6转动，扭力弹簧4顺着其螺旋方向将齿轮柄与花键套筒6包紧，起动机转矩经扭力弹簧4传给驱动齿轮1，起动发动机。在发动机起动后，驱动齿轮1转速高于花键套筒6，扭力弹簧4放松，驱动齿轮1与花键套筒6松开，发动机的转矩不能传递给电动机电枢。

3. 控制装置

起动机的控制装置目前使用的是电磁啮合式控制机构（电磁开关）。

(1) 结构 电磁开关的结构如图1-44所示。胶木盖上有两个主接线柱3（分别与蓄电池和电动机连接），它们伸入开关内部的部分为触点。电磁开关的另一端有铜套，上面绕着吸引线圈与保持线圈5，两线圈的公共端引出一个"起动开关"或起动继电器的"起动机"接线柱，吸引线圈5的另一端接电动机主接线柱3，保持线圈的另一端直接搭铁。位于固定铁心中心孔内的推杆上绝缘地安装着铜质接触盘4。铜套内有活动铁心9，它与拨叉通过拉杆8相连。电磁开关内的弹簧是用来使铜质接触盘4或活动铁心9回位的。电磁开关上还有一个接点火线圈"开关"的接线柱，该接线柱伸入开关内部的是一个弹簧片触头，当接触盘向右移动时，该触头与接触盘接触而接通电源。

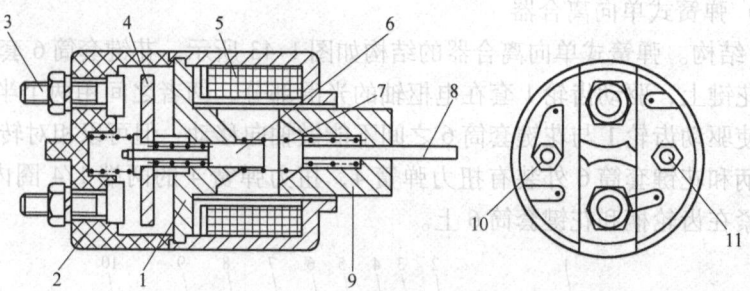

图 1-44 电磁开关的结构
1—固定铁心 2—开关盖 3—主接线柱 4—铜质接触盘
5—吸引线圈与保持线圈 6—推杆 7—复位弹簧 8—拉杆
9—活动铁心 10—点火开关或起动继电器接线柱 11—附加电阻短路接线柱

（2）工作过程 图 1-45 所示是电磁啮合式起动机的原理电路，其工作过程如下：

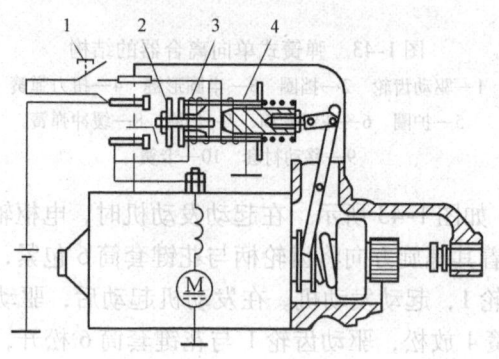

图 1-45 电磁啮合式起动机的原理电路
1—起动开关 2—接触盘 3—吸引线圈 4—保持线圈

1）起动瞬间。在刚接通起动开关时，吸引线圈和保持线圈的电流回路为：

蓄电池正极→起动开关（点火开关）⇒ 保持线圈 / 吸引线圈→电动机 →蓄电池负极

此时，吸引线圈和保持线圈产生的磁场方向相同，活动铁心在电磁力的作用下克服弹簧的作用被吸入，同时带动拨叉将驱动齿轮推出，使驱动齿轮与发动机飞轮齿圈啮合。在它们即将完全啮合时，接触盘与各接触点接触，将电动机主电路接通，电动机产生转矩带动发动机曲轴运转。

2）起动过程。在主电路接通后，接触盘将吸引线圈短路，而保持线圈仍有电流，且回路不变，这时在保持线圈的作用下，电磁开关仍保持在吸合位置上，起动机继续通电运转。

3）起动后。在刚断开起动开关时，吸引线圈和保持线圈构成的电流回路为：蓄电池正极→主接线柱及接触盘→吸引线圈→保持线圈→蓄电池负极。由于此时吸引线圈中的电流与起动瞬间该线圈中的电流方向相反，所以吸引线圈和保持线圈产生的磁场方向相反而相互抵消，于是活动铁心在复位弹簧的作用下退回原位。接触盘退回时切断了起动机主电路，拨叉将处于打滑状态的离合器拨回原位，齿轮脱离啮合，起动机停止工作。

八、汽车电控单元

（一）电控单元的作用

电控单元（ECU）是发动机的综合控制装置。它的作用是根据自身存储的程序对发动机各传感器输入的各种信息进行运算、处理、判断，然后输出指令，控制有关执行器动作，达到快速、准确、自动控制发动机工作的目的。

（二）电控单元的组成

电控单元（ECU）的基本组成部分主要是微型计算机，如图1-46所示。

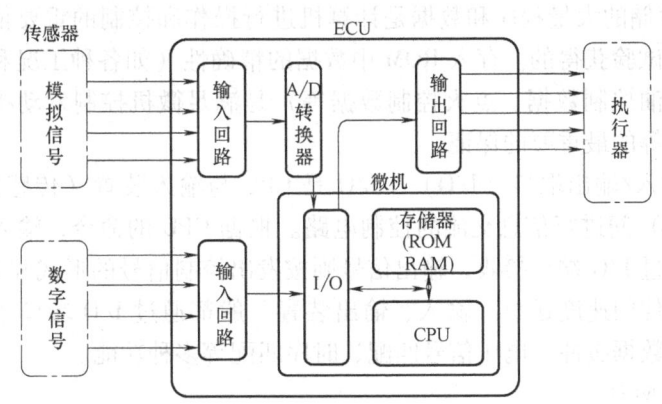

图1-46　电控单元的组成

1. 输入回路

从传感器传来的信号首先进入输入回路。在输入回路里，对输入信号进行预处理，一般是去除杂波和把正弦波变为矩形波后，再转换成输入电压信号。

2. A/D转换器（模/数转换器）

从传感器送出的信号有相当一部分是模拟信号，经输入回路处理后，虽然已变成相应的电压信号，但是微机不能直接处理这些信号，需经过相应的A/D转换器，将模拟信号转换成数字信号后再输入微机中。

3. 微型计算机（微机）

微机是发动机电子控制的中心，能根据需要把各种传感器送来的信号用内存程序和数据进行运算处理,并把处理结果送至输出回路。

微机主要由中央处理器(CPU)、存储器、输入/输出端口(I/O)等组成。

(1) 中央处理器(CPU) 中央处理器主要由运算器、寄存器和控制器组成。CPU 的工作是在时钟脉冲发生器操作下进行的。当微机通电后,脉冲发生器立即产生一连串的具有一定频率和脉宽的电压脉冲,使计算机全部同步工作,保证同一时间内完成一定的操作,达到控制系统各部分协调工作的目的。

(2) 存储器 存储器的主要功能是储存信息。存储器一般分为以下两种:

1) RAM(随机存储器):主要用来储存计算机操作时的可变数据,如用来储存计算机输入、输出数据和计算过程中产生的中间数据等。当电源切断时,存入 RAM 的数据均完全消失,所以一般 RAM 都通过专用电源后备电路与蓄电池直接连接。但拔掉蓄电池线缆时,数据仍会消失。

2) ROM(只读存储器):它是只能读出的存储器,用来储存固定数据,即存放各种永久性的程序和数据,如喷油特性脉谱、点火控制特性脉谱等。这些资料一般都是在制造时由厂家一次性存入的,新的数据不能存入,电源切断时 ROM 信息不会消失。

ROM 存储的大量程序和数据是计算机进行操作和控制的重要依据。它们都是通过大量试验获得的。存入 ROM 中数据的精确性(如各种工况和因素影响下发动机的喷油控制数据、点火控制数据等)是满足微机控制发动机动力性、经济性和排放等的最重要的保证。

(3) 输入/输出端口(I/O) I/O 是 CPU 与输入装置(传感器)、输出装置(执行器)间进行信息交流的控制电路。根据 CPU 的命令,输入信号以所需要的频率通过 I/O 端口接收,输出信号则按发出控制信号的形式和要求通过 I/O 端口,以最佳的速度送出。输入、输出装置一般都通过 I/O 端口才能与微机连接。它具有数据缓冲、电压信号匹配、时序匹配等多种功能。

4. 输出回路

它是微机与执行器之间建立联系的一部分装置。它将微机发出的指令转变成控制信号来驱动执行器工作。输出回路一般具有控制信号的生成和放大等功能。

(三)电控单元的工作过程

当发动机起动时,电控单元进入工作状态,某些程序(包括控制点火时刻、控制汽油喷射、控制怠速等的程序)和步骤从 ROM 中读取后进入 CPU,通过 CPU 的控制,指令逐个地进行循环。执行程序中所需的发动机信息来自各个传感器。从传感器来的信号首先进入输入回路,然后对其信号进行处理。如果是数字信号,那么根据 CPU 的安排,会经 I/O 端口直接进入微机;如果是模拟信号,那么还要经过 A/D 转换器转换成数字信号后,才能经 I/O 端口进入微机。大多数信息暂存在 RAM 内,根据指令再从 RAM 送至 CPU。下一步是将 ROM 存储器中的参考数据调入 CPU，使输入传感器的信息与之比较。对来自有关传感器的每个信号依次取样，并与参考数据进行比较。CPU 对这些数据进行比较运算后，作出决定并发出输出指令信号，经 I/O 端口进行放大，必要的信号还经 D/A 转换器变成模拟信号，最后经输出回路控制执行器的动作。

九、汽车常用传感器

传感器的主要作用是把非电信号转换成电信号，或者将物理量、电量、化学量的信息转换成电控单元（ECU）能够接收的信号。

用于汽车发动机电控系统的传感器主要有温度传感器、空气流量传感器、压力传感器、转速和位置传感器、氧传感器和爆燃传感器等。

1. 温度传感器的类型与作用

温度传感器根据工作原理不同，分为热电偶、金属测温电阻和热敏电阻三种类型。汽车上常用的温度传感器主要有冷却液温度传感器、进气温度传感器、变速器油温传感器、冷却液温度表传感器和排放温度传感器等。

（1）冷却液温度传感器　冷却液温度传感器的结构如图 1-47 所示。它安装在发动机气缸体或气缸盖的水套上，与冷却液直接接触，从而测得发动机冷却液的温度。它的内部是一个半导体热敏电阻，温度越低，电阻越大，反之电阻越小。电控单元根据这一变化测得发动机冷却液的温度，作为燃油喷射和点火正时的修正信号。

（2）进气温度传感器　进气温度传感器如图 1-48 所示。它的内部也是一个热敏电阻，外部由环氧树脂密封。进气温度传感器通常安装在空气滤清器之后的进气软管上或空气流量计上，用于检测进气温度，向电控单元输入进气温度信号，作为燃油喷射和点火正时的修正信号。

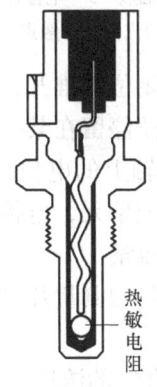

图 1-47　冷却液温度传感器　　图 1-48　进气温度传感器

（3）变速器油温传感器　变速器油温传感器安装在自动变速器油底壳内的

阀板上。其内部是一个具有负温度电阻率的半导体热敏电阻,温度越高,电阻越低。电控单元根据其电阻的变化测出自动变速器液压油的温度,作为电控单元进行换挡控制、油压控制和锁止离合器控制的依据。

2. 空气流量传感器的类型与作用

空气流量传感器测量发动机吸入的空气量,并将信号传给电控单元。该信号作为燃油喷射和点火控制的主控制信号。空气流量传感器一般安装在进气管上。

空气流量传感器有多种形式,目前广泛使用的有翼片式、热丝式、热膜式、卡门式和压力式等。

(1) 翼片式空气流量传感器　翼片式空气流量传感器安装在空气滤清器和节气门之间,其结构如图1-49所示。

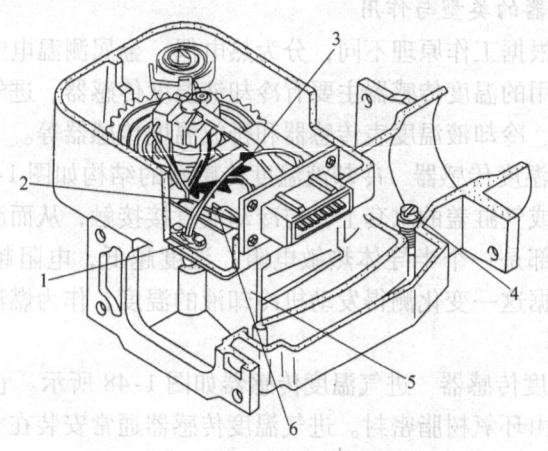

图1-49 翼片式空气流量传感器的结构
1—进气温度传感器　2—电动汽油泵动触点　3—电位计
4—CO调节螺钉　5—测量片　6—电动汽油泵静触点

当发动机起动后,吸入的空气把测量片从全闭位置推开,使其绕轴偏转。当气流推力与测量片复位弹簧张力平衡时,测量片便停留在某一位置上。进气量越大,测量片开启的角度也就越大。这时测量片转轴上的电位计滑臂也绕轴转动,使电位计的输出电压随之变化。该信号输入到电控单元,电控单元再根据进气温度传感器的信号进行修正,即可测出实际的进气流量。

缓冲室及缓冲板用于衰减加速时或减速时引起的测量片摆振,使电位计得以实时地检测进气流量,防止进气管内气流脉动。

旁通气道上的CO调整螺钉用于调整怠速混合气的浓度。

空气流量计上还有电动汽油泵开关。当发动机起动后,测量片偏转时,其触点闭合;当发动机熄火时,其触点分开,避免当出现意外事故时,汽油泵仍在工作,导致汽油外溢而引起火灾。

(2)光电式卡门涡旋空气流量传感器 这种空气流量传感器的结构和工作原理分别如图1-50和图1-51所示。

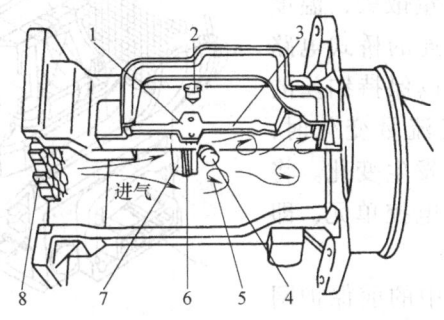

图1-50 光电式卡门涡旋空气流量传感器的结构
1—反射镜 2—发光二极管 3—金属箔 4—光敏晶体管
5—涡旋 6—压力传递孔 7—立柱 8—整流网

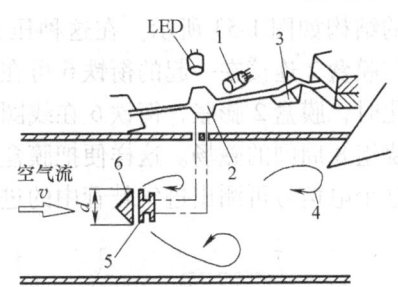

图1-51 光电式卡门涡旋空气流量传感器的工作原理
1—光敏晶体管 2—反射镜 3—板弹簧 4—卡门涡流
5—导压孔 6—涡流发生器

光电式卡门涡旋空气流量传感器是利用卡门涡旋理论来测量空气流量的。如图1-50所示,在传感器进气道的正中间有一个流线形或三角形立柱7,空气流经这个立柱时,在立柱7后方的气流中会产生空气涡旋,涡旋发生器两侧的压力会发生变化,将这个压力加至金属箔3(安装反射镜)的表面上时,金属箔3会产生振动。发光二极管2发出的光束被一个反射镜1反射到光敏晶体管4上,使光敏晶体管4导通。由于反射镜1同金属箔3一同振动,因此被反射的光束也以相同的频率振动,致使光敏晶体管4也随着光束的变化以同样的频率导通或截止。电控单元根据导通和截止的频率即可计算出进气量。

(3)热丝式空气流量传感器 热丝式空气流量传感器的结构如图1-52所示。

在进气道的量化管中有一根铂丝（热丝，直径约为 0.07mm），在通电后发热。当发动机起动后，空气流到铂丝周围，使其热量散失，温度下降，此时与铂丝相连的桥式电路的电流将发生变化，以保持铂丝的温度恒定，即当空气流量变化时，流进铂丝的电流随之发生变化。将这种变化的信号输入电控单元，即可测得空气流量。

这种流量传感器中的前保护网用于进气整流，后保护网用于防止发动机回火时烧坏铂丝。

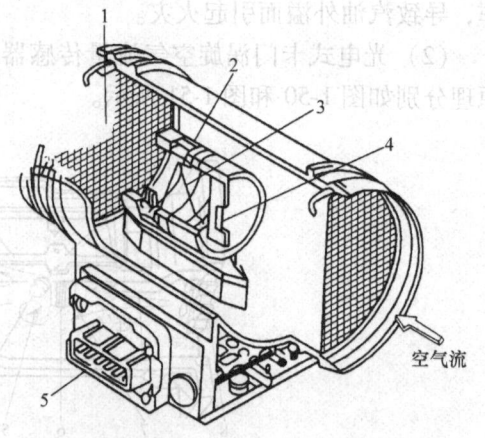

图 1-52 热丝式空气流量传感器的结构
1—防回火滤网 2—量化管 3—铂丝
4—温度传感器 5—接线插座

3. 压力传感器的类型与作用

（1）膜盒式进气压力传感器
膜盒式进气压力传感器的结构如图 1-53 所示。在这种压力传感器中设有弹性金属膜盒 2 与大气相通。与膜盒 2 连接在一起的衔铁 6 可在线圈绕组 8 中移动。当进气歧管压力 3 发生变化时，膜盒 2 膨胀，衔铁 6 在线圈绕组 8 内的位置随之发生变化，从而影响线圈绕组 8 周围的磁场。这样便把膜盒 2 的机械运动转换成了电信号。电控单元根据这个电信号可测出进气歧管中的进气压力。

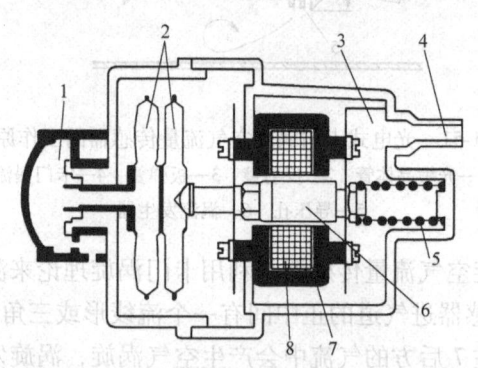

图 1-53 膜盒式进气压力传感器的结构
1—大气压力 2—膜盒 3—进气歧管压力 4—进气管真空接管
5—复位弹簧 6—衔铁 7—电控单元 8—线圈绕组

（2）应变仪式进气压力传感器 应变仪式进气压力传感器的结构如图 1-54 所示。这种传感器的主要元件是硅片 1，硅片的外围较厚，中间最薄。硅片上下两面各有一层二氧化硅膜2。在膜层中沿硅片四边有四个传感电阻5。在硅片四角各有一个金属块6，通过导线与电阻相连。硅片下部有一真空腔4与进气管相通。硅片上的四个电阻连接成桥式电路。当进气歧管内压力变化时，硅片随之发生变化。这时传感电阻的阻值也随之发生相应的变化，使桥式电路输出正比于进气压力的电压信号。电控单元根据该信号即可测出进气歧管的压力。

（3）电容膜盒式进气压力传感器　电容膜盒式进气压力传感器的结构如图1-55所示。该传感器由两片用绝缘垫圈隔开的氧化铝片5组成。在铝片内表面贴有两片极薄的硅片4，分别与一根引线连接。铝片和绝缘垫圈构成中部的真空腔膜盒。该膜盒装在与进气管相通的容器内。当进气歧管1中的进气压力发生变化时，氧化铝片弯曲变形，使硅片间的距离随之改变，从而引起电容量的变化。这时电控单元可根据电容量的变化测出进气歧管的进气压力。

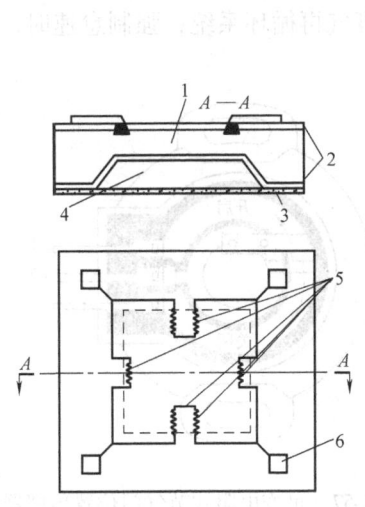

图1-54　应变仪式进气压力传感器的结构
1—硅片　2—二氧化硅膜　3—硼硅酸玻璃片
4—真空腔　5—传感电阻　6—金属块

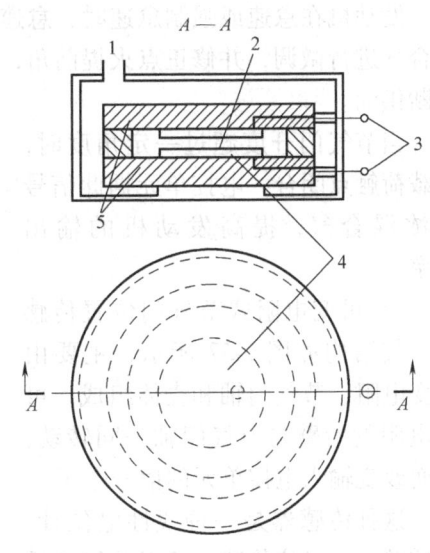

图1-55　电容膜盒式进气压力传感器的结构
1—进气歧管　2—真空腔膜盒　3—引线
4—硅片　5—氧化铝片

4. 转速和位置传感器的类型与作用

（1）节气门位置传感器　节气门位置传感器用于检测节气门的开度，并将其转换成电信号输送给电控单元，作为电控单元判定发动机运转工况的依据。

1）开关式节气门位置传感器。其结构如图1-56所示。在这种传感器内部有两对触点，即怠速开关触点和全载荷开关触点。

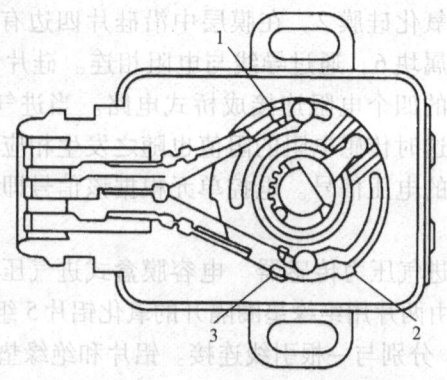

图1-56 开关式节气门位置传感器的结构
1—怠速开关触点 2—导向凸轮 3—全载荷开关触点

发动机在怠速或强制怠速时，怠速触点闭合，电控单元据此信号对怠速时的混合气进行微调，并修正点火提前角，切断废气再循环系统；强制怠速时，暂时切断供油。

当节气门开度超过一定角度时，全载荷触点闭合，电控单元据此信号加浓混合气，提高发动机的输出功率。

2）可变电阻式节气门位置传感器。其结构如图1-57所示，主要由可变电阻、节气门轴和壳体组成。可变电阻的滑臂与节气门轴一同转动，从而改变输入电控单元的信号电压。

这种传感器是一种线性电位计。电控单元通过该传感器可以获取表示节气门开度从全闭到全开连续变化的

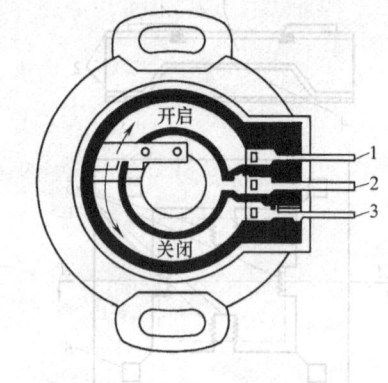

图1-57 可变电阻式节气门位置传感器
1—基准电压 2—节气门开度输出电压 3—搭铁

信号及开闭速度信号，从而更精确地判断发动机的运行工况，以提高控制精度和效果。

(2) 曲轴位置传感器

1）霍尔式曲轴位置传感器。霍尔式曲轴位置传感器安装在分电器内，其结构如图1-58所示。

在霍尔传感器的触发叶轮上设有四个叶片和四个窗口。当发动机转动时，配气凸轮轴便通过中间轴驱动分电器轴转动，分电器轴又带动触发叶轮转动，触发叶轮的叶片和窗口便在传感器的气隙中交替转过，从而使传感器输出矩形波信

号。分电器轴每转一圈,曲轴便转两圈,霍尔传感器输出四个矩形波。电控单元根据每分钟接收矩形波信号的数量便能迅速计算出发动机曲轴的转速。

2) 光电式曲轴位置传感器。光电式曲轴位置传感器安装在分电器内,由发光二极管和光敏二极管及遮光盘组成,如图 1-59 所示。

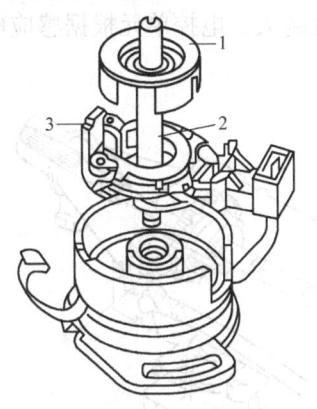

图 1-58　霍尔传感器
1—触发器叶片　2—分电器轴
3—霍尔发生器

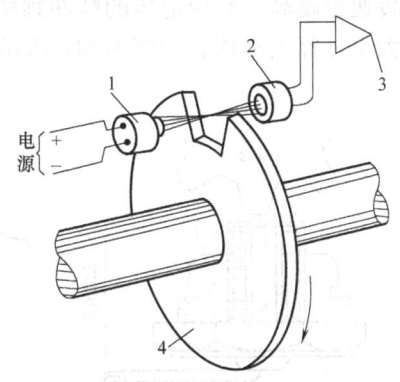

图 1-59　光电式曲轴位置传感器
1—发光二极管　2—光敏二极管
3—输出信号　4—遮光盘

光电式曲轴位置传感器的工作原理如图 1-60 所示。发光二极管正对着光敏二极管,发光二极管以光敏二极管为照射目标。信号盘位于发光二极管和光敏二极管之间,当信号盘随着发动机曲轴运转时,因信号盘上有光孔,产生透光和遮光的交替变化,生成信号发生器输出表示曲轴位置和转角的脉冲信号。电控单元根据此信号计算出发动机曲轴的转速。

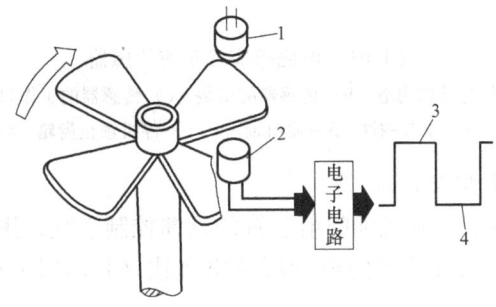

图 1-60　光电式曲轴位置传感器的工作原理
1—发光二极管　2—光敏二极管　3—光源照射　4—遮蔽光源

3) 电磁感应式车速传感器。电磁感应式车速传感器由永久磁铁和电磁感应线圈组成,如图 1-61a 所示。它安装在自动变速器输出轴附近的壳体上,靠近输出轴上的停机锁止齿轮或感应转子,用于检测自动变速器输出轴的转速,如图1-61b所示。

当输出轴转动时,停机锁止齿轮或感应转子的凸齿不断地靠近或离开车速传感器,使感应线圈内的磁通量发生变化,从而产生交流感应电压。车速越高,输出轴的转速也越高,感应电压的脉冲频率也就越大。电控单元根据感应电压脉冲频率的大小计算出车速,如图1-61c所示。

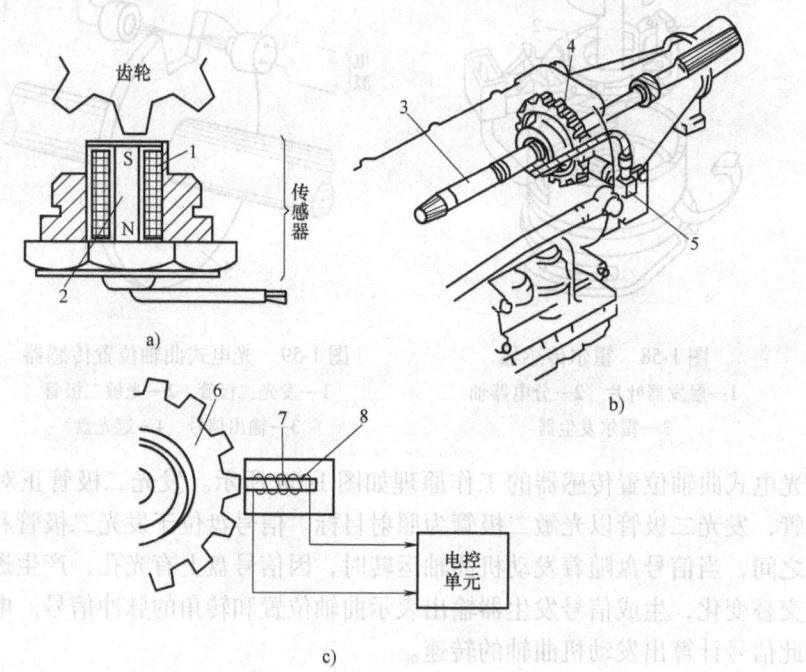

图1-61 电磁感应式车速传感器
a) 传感器的构造 b) 传感器的安装 c) 传感器的工作原理
1、8—线圈 2、7—永久磁铁 3—输出轴 4、6—停机锁止齿轮 5—车速传感器

5. 氧传感器的类型与作用

氧传感器用于电子控制燃油喷射装置的反馈控制系统,用来检测排放气体中的氧含量与空燃比,在发动机内进行理论空燃比(14.7:1)燃烧的监控,并向电控单元输送反馈信号。

氧传感器均安装在发动机排气管上。

(1)二氧化锆式氧传感器 二氧化锆式氧传感器的基本元件是专用陶瓷体,即二氧化锆(ZrO_2)固体电解质。陶瓷体制成试管式的管状,称为锆管,如图1-62a所示。

锆管固定在带有安装螺钉的固定套中。锆管内外表面都覆盖着一层多孔铂膜作为电极。锆管内表面电极与大气相通,外表面则与废气接触。为了防止废气中的杂质腐蚀铂膜,在锆管外表的铂膜上覆盖着一层多孔的氧化铝保护层,并且还加装一个防护套管。氧传感器的接线端有一个金属保护套,其上开有一孔,用于使锆管内表面与大气相通。导线将锆管内表面铂极经绝缘套从传感器引出。

为了保证氧传感器具有稳定的输出信号,必须保证氧传感器处于300℃以上的环境中工作。因此,许多氧传感器增设了加热器。

二氧化锆式氧传感器的工作原理如图1-62b所示。

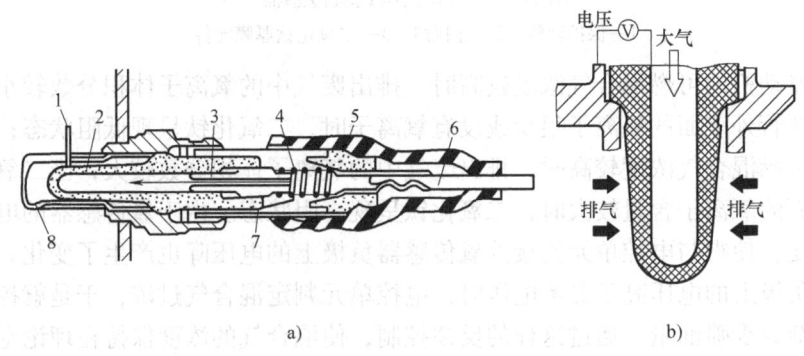

图1-62 二氧化锆式氧传感器
a)构造 b)工作原理
1—废气 2—锆管 3—电极 4—弹簧 5—绝缘体
6—信号输出导线 7—空气 8—保护套管

二氧化锆是一种具有氧离子传导性的固体电解质。二氧化锆在高温下具有这样一种特性,即当内外侧的氧含量差较大时,就会产生电动势。大气侧和汽车排出废气侧的氧气含量及氧气分压是不同的,氧离子会从氧气分压高的一侧(大气侧)移向氧气分压低的一侧(汽车排出废气侧),即在电极之间产生了电动势。

当空燃比较大时,排放气体中的氧气比较少,大气中的氧离子通过二氧化锆管后产生电压;当空燃比较小时,氧气含量很高,产生的电压很低。

(2)二氧化钛式氧传感器 二氧化钛式氧传感器的外形和二氧化锆式氧传感器相似,如图1-63所示。在传感器前端的护罩内有一个二氧化钛厚膜元件。纯二氧化钛在常温下是一种高电阻的半导体,但表面一旦缺氧,其晶格便出现缺陷,电阻也随之减小。

由于二氧化钛的电阻也随着温度的不同而变化,因此,在二氧化钛式氧传感器内部也有一个电加热器,以保持二氧化钛式氧传感器在工作过程中的温度恒定不变。

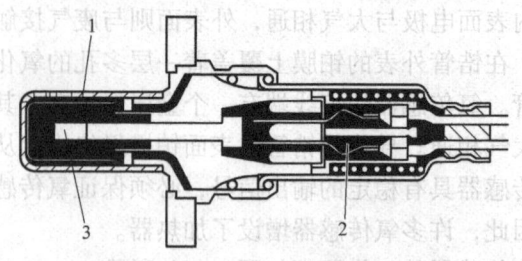

图 1-63 二氧化钛式氧传感器
1—保护套管 2—连接线 3—二氧化钛厚膜元件

当发动机的可燃混合气浓度较高时，排出废气中的氧离子体积分数较小，当二氧化钛管外表面的氧离子很少或没有氧离子时，二氧化钛呈现低阻状态；当发动机的可燃混合气浓度较高时，排出废气中的氧离子体积分数较大，当二氧化钛管外表面的氧离子含量较大时，二氧化钛呈现高阻状态。由于氧传感器的电阻发生了改变，使得与电控单元连接的氧传感器负极上的电压降也产生了变化。当氧传感器负极上的电压高于参考电压时，电控单元判定混合气过浓，于是就控制喷油器逐渐减少喷油量。通过这样的反馈控制，使混合气的浓度保持在理论空燃比附近的狭小范围内。

第二节 发动机检修技能训练

- **训练1 曲轴几何误差的检测**

重点掌握：曲轴弯曲变形的检测方法，曲轴扭曲变形的检测方法，曲轴曲柄半径的检测方法，曲轴轴颈磨损的检测方法和确定轴颈修理尺寸的方法。

示例1 曲轴弯曲变形的检测

1. 训练准备

1) 测量平台1台，万向磁力表座1个，框式水平仪1台。
2) 百分表1块，高度游标卡尺1把，外径千分尺2把。
3) 桑塔纳2000GSI型轿车AFE发动机曲轴1根。
4) 棉纱若干。

2. 训练要求

1) 正确选择使用工具、量具及设备。
2) 采用正确的检测方法，将测量误差控制在规定范围之内。

第一章　发动机结构与检修

3）安全文明操作。

3. 技术标准

曲轴弯曲度，中型货车小于或等于 0.15mm，轿车小于或等于 0.06mm。

4. 基本操作步骤

操作步骤描述：清洁并校验平台→支撑曲轴→检验百分表→检验万向磁力表座→安装百分表→压表→测量→计算，确定变形量。

步骤1：清洁并校验平台

1）用棉纱清洁测量平台。

2）用框式水平仪检验测量平台是否水平。

3）若平台未水平，则进行调整。

步骤2：支撑曲轴

1）用棉纱清洁V形架，并将V形架放在测量平台上。

2）用棉纱清洁曲轴各道轴颈。

3）把曲轴首末端的主轴颈放在V形架上。

4）清洁高度游标卡尺，并进行校正。

5）用高度游标卡尺检测曲轴首末端主轴颈最高素线的高度。

6）调整曲轴首末端主轴颈中心轴线，使其处于水平位置。

步骤3：检验百分表

1）检查百分表上边的挡帽和下边的测量触点是否松动。

2）用手提挡帽，然后松开。百分表的长、短针应转动自如，无卡滞现象。

步骤4：检验万向磁力表座

1）检查磁力开关是否损坏。

2）检查表架的灵活性、稳固性。

步骤5：安装百分表

1）将百分表装在表架前端的圆孔内。

2）将螺栓锁紧。

步骤6：压表

将百分表压在待测部位中部的最高素线上，并与待测部位垂直，同时使百分表短针有一定的指示，然后锁紧表架。

步骤7：测量

1）打开万向磁力表座的磁力开关，固定万向磁力表座。

2）将曲轴慢慢地旋转一圈，读出百分表的最大读数和最小读数。

步骤8：计算，确定变形量

1）径向圆跳动的计算方法：最大读数与最小读数之差的1/2。

2）轴向圆跳动的计算方法：最大读数与最小读数之差。

3)将所得结果与技术标准相比较,确定变形量。

注意!

1)校验测量平台是否水平时应分段测量。水平仪的水准器(俗称气泡)偏向哪侧,就说明哪侧高,应适当调整测量平台。若水平仪的水准器位于中间,则说明测量平台水平。

2)校正高度游标卡尺时,应将其放在测量平台上,向下移动游标使测量触点抵住测量平台,再锁住游标,若有误差,则读出误差。

示例2 曲轴扭曲变形的检测

操作步骤描述:清洁并校验平台→支撑曲轴→检验百分表→检验万向磁力表座→安装百分表→压表→测量→计算,确定变形量。

注意!

1)检测曲轴扭曲变形时,应将曲轴首末端连杆轴颈旋转至水平位置。

2)将百分表压在首端或末端连杆轴颈的最高素线上,找该轴颈的实际最高点,记录该读数。

3)将万向磁力表座总成托住底座,移至末端或首端的连杆轴颈上,用同样的方法测出末端或首端的连杆轴颈实际最高点的读数,并记录下来。

4)计算确定变形量。将测出的数值代入下式:

$$\theta = 57\Delta A/R$$

式中 θ——表示扭转角度(rad);

ΔA——首末端连杆轴颈最高点的差值(m);

R——曲柄半径(m)。

5)用计算出的θ值与技术要求相比较,从而得出正确的结论。

示例3 曲轴曲柄半径R的检测

操作步骤描述:清洁并校验平台→支撑曲轴→测量→计算,确定变形量。

注意!

1)取一根新的曲轴或已修配好的曲轴。

2)将待测的连杆轴颈旋转至最高位置上,用高度游标卡尺测出该轴颈最高素线的高度h_2。

3)将待测的连杆轴颈旋转至最低位置上,用高度游标卡尺测出该轴颈最高素线的高度h_1。将测出的值代入下式:

$$R = (h_2 - h_1)/2$$

第一章 发动机结构与检修

示例4 曲轴轴颈磨损的检测并确定轴颈的修理尺寸

操作步骤描述：摆放曲轴→校正外径千分尺→选择测量部位→测量→计算→确定修理尺寸。

步骤1：摆放曲轴

清洁曲轴各段轴颈，将其竖直放在测量平台上或放在V形架上。

步骤2：校正外径千分尺

1）清洁外径千分尺及标准棒。

2）松开外径千分尺上的转动手柄，旋转微分筒，将标准棒夹在测微螺杆和砧座之间，当标准棒接近测微螺杆时再旋转棘轮，棘轮发出2～3声响即可。

3）若标准棒的长度等于尺的第一个读数，则外径千分尺无误差；若不等，则可调整尺或读出误差值，用加减误差的方法来测量。

步骤3：选择测量部位

选择每段轴颈靠两边的截面作为测量截面，但不能选择轴颈的过渡圆角处。

步骤4：测量

1）分别在每个截面上找到磨损量最大的部位，用外径千分尺测得最小直径。

2）找到磨损量最小的部位，用外千分尺测得最大直径。

步骤5：计算

1）圆度值的计算方法：在同一截面上用最大直径减去最小直径，其差值的1/2即为该截面的圆度值。用同样的方法求得另一截面的圆度值。从两个圆度值中选一个最大的作为该段轴颈的圆度值。

2）圆柱度值的计算方法：在所测得两个截面直径的数值中，选出一个最大的直径，再到另一个截面选出一个最小的直径，最大与最小直径差值的1/2即为该轴颈的圆柱度值。

3）将测得的数值与标准的技术要求相比较，从而得出结论。

步骤6：确定修理尺寸

1）先计算出一个尺寸 $\varPhi_{计}$。

$$\varPhi_{计} = \varPhi_{小} - 加工余量$$

即用测出的最小直径减去加工余量，加工余量为0.08～0.1mm。

2）查该车型的维修手册，列出曲轴轴颈的各级修理尺寸。

3）用计算出来的尺寸 $\varPhi_{计}$ 与各级上的修理尺寸进行比较，从而确定出该轴颈的修理尺寸，即 $\varPhi_{计} \geqslant \varPhi_{某一级}$（等号的意思是接近于）。

注意！

1）连杆轴颈失圆最严重的部位在各轴颈的内侧面上，即靠曲轴中心线一侧，主轴颈的最大失圆磨损一般出现在靠近连杆轴颈的一侧。

2）在确定整个轴轴颈的修理尺寸时，应在所有的同类轴颈中，选出一个最小的直径来计算，不能以某一段轴颈来代表全部轴颈。

- **训练 2　凸轮轴几何误差的检测**

重点掌握：桑塔纳 LX 型轿车 JV 型发动机凸轮轴几何误差的检测方法。

1. 训练准备

1）桑塔纳 LX 型轿车 JV 型发动机凸轮轴 1 根。

2）测量平台 1 个，百分表 1 块，万向磁力表座 1 个，V 形架 1 对。

3）框式水平仪 1 台，高度游标卡尺 1 把，外径千分尺 2 把，棉纱若干。

2. 训练要求

1）正确选择使用工具、量具及设备。

2）采用正确的检测方法，将测量误差控制在规定的范围之内。

3）安全文明操作。

3. 技术标准

中间轴颈相对两端轴颈的径向圆跳动误差小于或等于 0.05mm。

4. 基本操作步骤

操作步骤描述：清洁并校验平台→支撑凸轮轴→检验百分表→检验万向磁力表座→安装百分表→压表→测量→计算，确定变形量。

步骤 1：清洁并校验平台

1）用棉纱清洁测量平台。

2）用框式水平仪检验测量平台是否水平。

3）若平台未水平，则进行调整。

步骤 2：支撑凸轮轴

1）用棉纱清洁 V 形架，并将 V 形架放在测量平台上。

2）用棉纱清洁凸轮轴各道轴颈。

3）把凸轮轴首末端的主轴颈放在 V 形架上。

4）清洁高度游标卡尺，并进行校正。

5）调整凸轮轴首末端主轴颈中心轴线，使其处于水平位置。

步骤 3：检验百分表

1）检查百分表上边的挡帽和下边的测量触点是否反松。

2）用手提挡帽，然后松开，百分表的长、短针应转动自如，无卡滞现象。

步骤 4：检验万向磁力表座

1）检查万向磁力开关是否损坏。

2）检查表架的灵活性、稳固性。

步骤5：安装百分表

1）将百分表装在表架前端的圆孔内。

2）将螺栓锁紧。

步骤6：压表

将百分表压在待测部位中部的最高素线上，并与待测部位垂直，同时使百分表短针有一定的指示，然后锁紧表架。

步骤7：测量

1）打开万向磁力表座的磁力开关，固定万向磁力表座。

2）将凸轮轴慢慢地旋转一圈，读出百分表的最大读数和最小读数。

步骤8：计算，确定变形量

1）径向圆跳动的计算方法：最大读数与最小读数之差的1/2。

2）轴向圆跳动的计算方法：最大读数与最小读数之差。

3）将所得结果与技术标准相比较，确定变形量。

- 训练3　连杆弯曲、扭曲的检测

重点掌握：桑塔纳 LX 型轿车 JV 型发动机连杆弯曲、扭曲的检测。

1. 训练准备

1）桑塔纳 LX 型轿车 JV 型发动机连杆1根。

2）连杆检验校正仪1台，塞尺1把。

2. 训练要求

运用检测仪器检查连杆的变形情况。

3. 技术标准

1）连杆的弯曲变形小于或等于0.05/100。

2）连杆的扭曲变形小于或等于0.05/100。

4. 基本操作步骤

操作步骤描述：安装→固定→检测。

步骤1：安装

先拆去连杆轴承和连杆衬套，按标准力矩拧紧连杆螺母，将标准心轴穿入连杆小端孔内。

步骤2：固定

将连杆大端套入与检验平板垂直的棱形支承轴上，并使定心块扩张，把连杆固定。

步骤3：检测

将量规骑跨在连杆小头标准心轴上，根据量规的3个凸点与检验平板的接触情况来判断连杆是否弯曲或扭曲，或弯曲、扭曲同时存在，如图1-64所示。

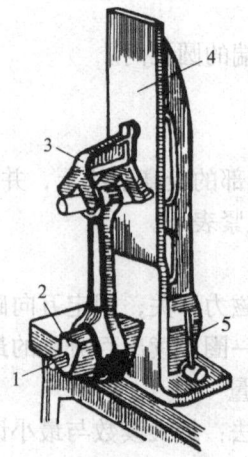

图1-64 连杆的检测

1—调整螺钉 2—棱形支承轴 3—量规 4—检验平板 5—锁紧支承轴的扳杆

● 训练4 气缸磨损程度及圆度、圆柱度误差的检测

重点掌握：气缸磨损程度及圆度、圆柱度误差的检测方法。

1. 训练准备

1）气缸体1个。

2）量缸表1块，内径千分尺、外径千分尺各1把。

2. 训练要求

运用检测仪表检测气缸磨损程度及圆度、圆柱度误差。

3. 技术标准

各气缸直径之差不得超过0.05mm。气缸与活塞的配合间隙应为0.025～0.030mm。镗、磨后气缸的圆度和圆柱度误差不应大于0.005mm。

4. 基本操作步骤

操作步骤描述：校表→测量→计算→确定修理尺寸。

步骤1：校表

1）将量缸表的外径千分尺校准到被测气缸的标准尺寸。

2）将量缸表校准到外径千分尺尺寸，转动表盘，进行指针调零并记住小指针指示的毫米数。

步骤2：测量

1）将量缸表在磨损量最大部位的横断面上旋转90°进行测量，两读数差值的1/2即为该气缸的圆度误差。

2）用同样的方法将量缸表下移至气缸中部和距气缸下边沿10mm左右处进

行测量。

步骤3：计算

三处测量尺寸中，最大尺寸与最小尺寸差值的1/2即为此气缸的圆柱度误差。气缸磨损程度及圆度、圆柱度误差的检测如图1-65所示。

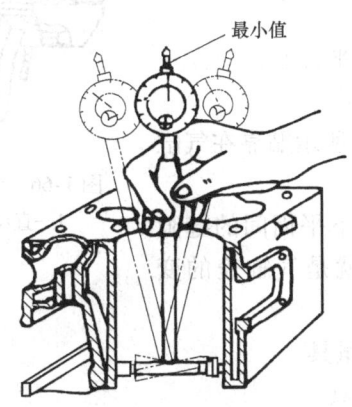

图1-65　气缸磨损程度及圆度、圆柱度误差的检测

步骤4：确定修理尺寸

1）修理尺寸＝气缸最大磨损直径＋镗磨余量。

2）镗磨余量一般取0.10～0.20mm。

● **训练5　气缸盖平面度误差的检测**

重点掌握：气缸盖平面度误差的检测方法。

1. 训练准备

1）发动机气缸盖1个。

2）平尺、塞尺各1把。

3）平台1个。

2. 训练要求

利用量具正确检测气缸盖平面度误差。

3. 技术标准

1）结合面的平面度小于或等于0.05mm。

2）修理后燃烧室容积不得小于公称容积的95%。

3）同一台发动机各气缸燃烧室容积相差小于或等于平均值的4%。

4. 基本操作步骤

操作步骤描述：清洁并校验平台→放置气缸盖→测量→整理工具、量具。

步骤1：清洁并校验平台

1) 用棉纱清洁测量平台。
2) 用框式水平仪检验测量平台是否水平。
3) 若平台不水平,则进行调整。

步骤2：放置气缸盖
将气缸盖倒放在检测平台上。

步骤3：测量
1) 将直尺按图1-66所示贴靠在气缸盖下平面上。
2) 在直尺与气缸盖下平面间的缝隙处插入塞尺,所测数值就是气缸盖的变形量。

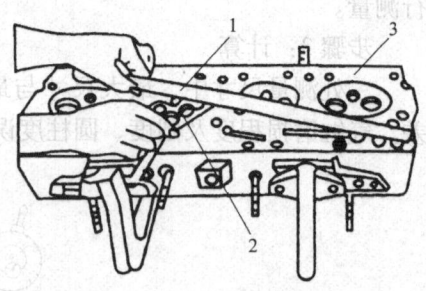

图1-66　气缸盖平面度误差的检测
1—直尺　2—塞尺　3—气缸盖

步骤4：整理工具、量具
整理所用的工具、量具。

● 训练6　气缸体同轴度、垂直度误差的检测

重点掌握：运用量具检测气缸体同轴度、垂直度误差的方法。

1. 训练准备
1) 发动机气缸体1个。
2) 心棒1根,百分表1块,平台直角尺、外径千分尺各1把。
3) 棉纱、记录纸及笔若干。

2. 训练要求
利用量具测量气缸体同轴度、垂直度误差。

3. 技术标准
气缸的圆度、圆柱度误差小于或等于0.10mm。

4. 基本操作步骤
操作步骤描述：同轴度误差的检测→垂直度误差的检测。

步骤1：同轴度误差的检测
可用标准心棒和塞尺进行检测。检测时,将所有的轴瓦卸去并摆放整齐,清洗主轴承座孔后,将心棒放入(心棒的直径比主轴承孔径的最小尺寸略小),然后从中间开始逐个将主轴承盖装上,按规定力矩拧紧主轴承盖螺栓,并一边拧紧螺栓,一边转动心棒,找出各主轴承孔的同轴度误差。若某孔在拧紧主轴承螺栓后心棒不能转动,则此孔的同轴度误差就大。

步骤2：垂直度误差的检测
垂直度误差的检测可利用平台、直角尺、固定和可调支撑、百分表的测量架

第一章 发动机结构与检修

和心棒进行检测。作为基准的曲轴主轴承座孔轴线用心棒模拟。先用固定和可调支撑将气缸体后端向下支撑在平板上（气缸后平面与平板之间保持适当距离），再用直角尺调整心棒使其与平板垂直，然后移动百分表测量整个后端面，其最大读数差即为后端面对曲轴主轴承座孔轴线的垂直度。

- **训练7 曲轴轴向间隙的检测**

重点掌握：检测曲轴轴向间隙是否符合标准的方法。

1. 训练准备

1）解放 CA1092 型发动机 1 台。

2）常用工具 1 套，挤压熔丝 1 个，塞尺 1 把，千分尺 1 把（1~25mm），百分表 1 块。

3）机油 1 桶，抹布 1 块。

2. 训练要求

学会用不同的方法检测曲轴轴向间隙。

3. 技术标准

汽油机曲轴轴向间隙不得大于 0.35mm，否则应更换止推垫片。

4. 基本操作步骤

操作步骤描述：不解体检测→解体检测。

步骤 1：不解体检测

1）拆下离合器壳底盖。

2）把磁性表架固定在飞轮壳上，将百分表测头抵住飞轮表面。

3）用螺钉旋具轴向撬动飞轮，同时观察百分表指针摆动值，也可用塞尺进行测量，如图 1-67 所示。

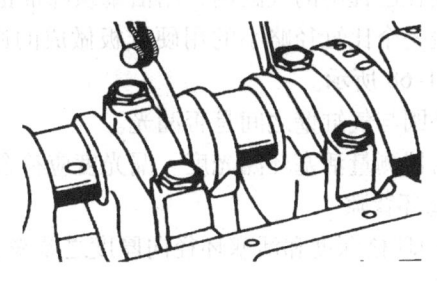

图 1-67 曲轴轴向间隙的检测

步骤 2：解体检测

将发动机解体后再检测时，可直接前后撬动曲轴，用塞尺或百分表进行测量。若轴向间隙超过规定极限，则必须检测止推片。

- 训练 8　活塞环的检测

重点掌握：正确检测活塞环的方法。

1. 训练准备

1）解放 CA6102 型发动机 1 台。

2）常用工具 1 套，低压照明灯 1 盏，手电筒 1 个，内径百分表 1 块，塞尺 1 把。

3）活塞环弹力检验仪 1 台，砂布 1 块。

2. 训练要求

1）掌握活塞环的一些基本概念。

2）掌握活塞环的检测方法。

3. 技术标准

1）活塞环的弹力、漏光度符合技术标准要求。

2）活塞环的侧隙、背隙和端隙符合技术标准要求。

3）活塞环端面平整，装入环槽内后能转动灵活，不卡滞。

4. 基本操作步骤

操作步骤描述：检测活塞环的弹力→检测活塞环漏光度→检测活塞环背隙→检测活塞环侧隙→检测活塞环端隙。

步骤 1：检测活塞环的弹力

1）把活塞环放在弹力检验仪上，使环的开口处于水平位置。

2）移动检验仪上的量块，把活塞环的开口间隙压缩到标准的端隙，观察秤杆上量块的质量。量块质量应符合技术要求。

步骤 2：检测活塞环漏光度

1）将活塞环平放在已镗磨的气缸内，用活塞顶部推正活塞环。

2）在活塞环上盖一个比缸径略小的用硬纸板做成的遮光板，在气缸下部放置灯进行照明，如图 1-68 所示。

3）观察活塞环外圆与气缸壁之间是否漏光。

4）用塞尺和量角器测量活塞环漏光度。漏光度应符合技术要求。

步骤 3：检测活塞环背隙

活塞环背隙通常用环槽深度和活塞环径向厚度之差来表示。若背隙过小，则应重新另选一组活塞环。

步骤 4：检测活塞环侧隙

将活塞环放在环槽内，使其围绕环槽滚动一周（应能自由滚动），然后用塞尺检测侧隙，如图 1-69 所示。活塞环侧隙应符合技术要求。

第一章 发动机结构与检修

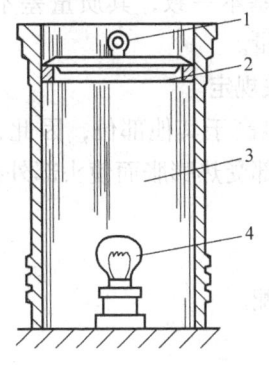

图 1-68　检测活塞环漏光度
1—遮光板　2—活塞环　3—气缸　4—灯泡

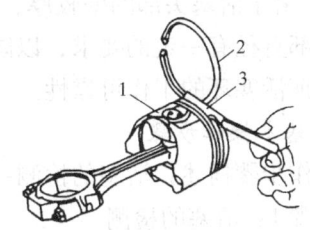

图 1-69　检测活塞环侧隙
1—活塞　2—活塞环　3—塞尺

步骤 5：检测活塞环端隙

1）将活塞环放在气缸内，用活塞顶将活塞环推正。

2）用塞尺插入活塞环开口处进行测量，如图 1-70 所示。活塞环端隙过大时不能使用；端隙过小时，用细平锉或整形锉在活塞环开口处的一个端面上锉削，边锉边量，要求将环开口处修锉平整，无毛刺。

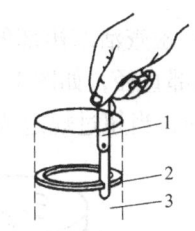

图 1-70　检测活塞环端隙
1—塞尺　2—活塞环　3—气缸

● 训练 9　检测、选配活塞

重点掌握：正确检测、选配活塞的方法。

1. 训练准备

1）千分尺 1 把。

2）活塞 1 个。

2. 训练要求

1）能够检测活塞。

2）能够根据检测尺寸选配活塞。

3. 技术标准

1）活塞的修理尺寸是指活塞的直径较标准尺寸加大一个或几个修理级差。加大常用"+"表示，加大的数值一般刻在活塞顶上。活塞的修理尺寸应与气缸的加大级别相一致。同一台发动机上应选用同一品牌同一组的活塞，以使活塞的材料、性能、质量、尺寸一致。同一组活塞的直径差不得大于 0.020～0.025mm。

2) 在同一组活塞中，各活塞的质量应基本一致，其质量差不得超过3%。当活塞的质量超过规定时，可调整活塞的质量。

3) 活塞裙部的圆度和圆柱度应符合相关规定。

4) 由于活塞头部的壁较厚，且温度明显高于其他部位，因此，对活塞的头部、裙部直径有一定的要求，以防止活塞顶部受热膨胀而使头部外径过大，同时也可保证活塞环的工作可靠性。

4. 基本操作步骤

操作步骤描述：活塞的检测→活塞的选配。

步骤1：活塞的检测

1) 清除活塞环槽内的积炭。如果积炭将活塞环嵌在活塞环槽中不能转动，那么可将活塞总成浸泡在煤油中，待积炭软化后再进行清除和拆卸，如图1-71所示。

2) 检查活塞裙部的磨损情况。在与活塞销垂直的方向，用外径千分尺测量活塞裙部直径，如图1-72所示。测得的数值与标准尺寸的最大偏差量不得超过0.04mm，当超过规定值时，在发动机大修时应更换全部活塞。

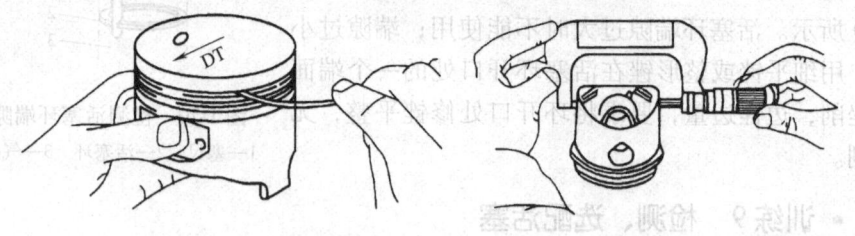

图1-71　清除活塞环槽内的积炭　　图1-72　测量活塞裙部直径

步骤2：活塞的选配

根据活塞修理尺寸级别选配活塞。

● 训练10　检测喷油器

重点掌握：熟悉喷油器的工作情况，掌握喷油器的检测方法。

1. 训练准备

1) 丰田皇冠3.0型轿车1辆。

2) 数字式万用表1块，跨接导线若干。

3) 常用拆装工具1套，一字槽螺钉旋具和十字槽螺钉旋具各1把。

4) 燃油喷射清洗机1台，量筒1只。

2. 训练要求

1) 能够检查喷油器的工作情况。

第一章 发动机结构与检修

2）能够检测喷油器线圈的电阻。

3）能够识别喷油器质量的好坏。

3. 技术标准

1）喷油器低阻值为 2~3Ω。

2）喷油器高阻值为 13~18Ω。

3）喷油质量良好。

4. 基本操作步骤

操作步骤描述：检查喷油器的工作情况→检测喷油器线圈的电阻→检测喷油质量→检查喷油控制信号。

步骤 1：检查喷油器的工作情况

1）在发动机怠速运行时，用手接触喷油器，应有振动感，如图 1-73 所示。

2）用听诊器（可用螺钉旋具代替）搭在喷油器上，应听到清脆的"嗒嗒"声（电磁阀开、关声）。

3）若用手接触喷油器时无振动感或听不到电磁阀动作的声音，则说明该喷油器不工作。

步骤 2：检测喷油器线圈的电阻

1）断开点火开关，拔下喷油器的插头，用万用表电阻挡测量喷油器线圈的电阻值，如图 1-74 所示。

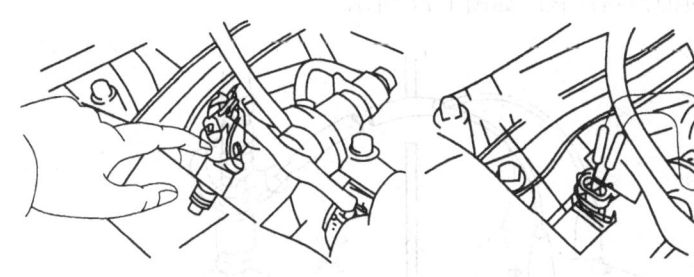

图 1-73 用手检查喷油器的工作情况　　图 1-74 检测喷油器线圈的电阻

2）喷油器按阻值可分为低阻和高阻两种，低阻值为 2~3Ω，高阻值为 13~18Ω。检测时，应对照相关标准。

步骤 3：检测喷油质量

喷油器的喷油质量可按以下三种方法进行检测：

方法一（以丰田车为例）：

1）断开点火开关，拆下蓄电池搭铁线。

2）将进油管与分油管拆开，装上丰田专用的软管连接头和检查用的软管，要将连接头和油管旋紧。

3) 把喷油器、压力调节器和油管用连接头以及连接卡夹连接好,如图 1-75 所示。

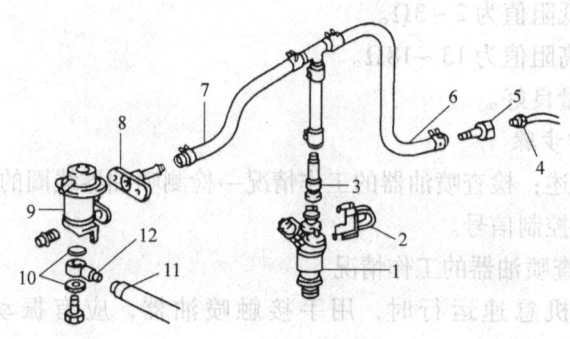

图 1-75 安装喷油器测试件
1—喷油器 2—卡夹 3—接头 4—进油管 5、8、11、12—回油管
6、7—软管 9—燃油压力调节器 10—新垫圈

4) 将喷油器喷口置入量筒中,用连接线把连接插头中的 +B 端子与 FP 端子连接起来,重新装上蓄电池搭铁线。

5) 如图 1-76 所示,接通电源 15s,检查喷油器喷油雾化情况,用量筒测出喷油量。每个喷油器测两三次,标准喷油量为 $70\sim80\mathrm{cm}^3/15\mathrm{s}$,各喷油器允许误差为 $9\mathrm{cm}^3/15\mathrm{s}$。喷油器喷油状况如图 1-77 所示。

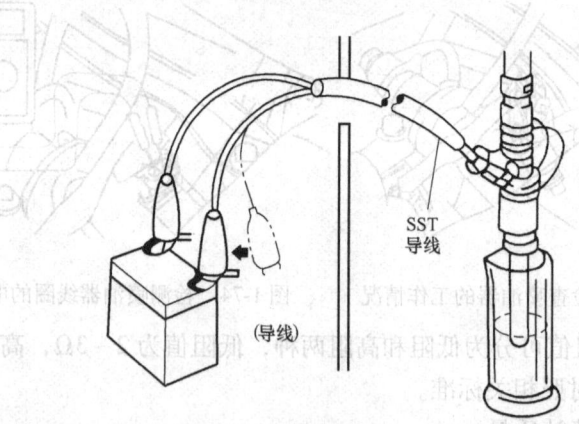

图 1-76 喷油器喷油量的检测

6) 停止喷油后检查喷油器喷口处有无漏油,每分钟漏油不允许多于一滴。

方法二:将各喷油器拆下并放置在超声波喷油器清洗机上,直接观察喷油状况和喷油量。

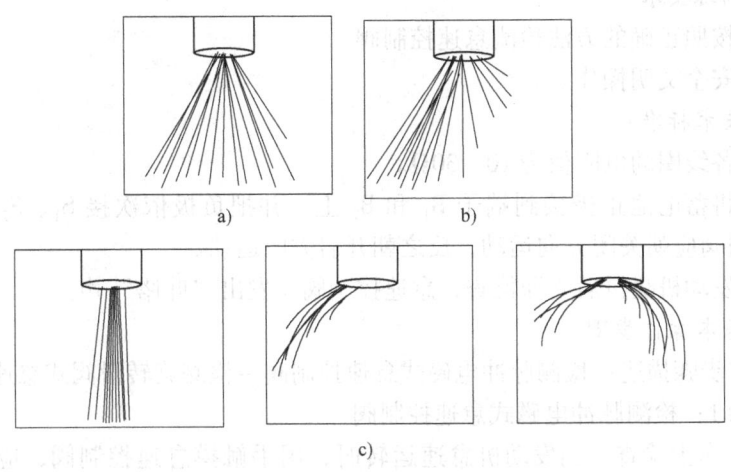

图 1-77 喷油器喷油状况
a) 良好 b) 尚可使用 c) 差

方法三:有的气动式或电动式燃油喷射清洗机有专门检测单个喷油器喷油情况的油管、插头或喷油脉冲发生器。将单个喷油器安装在清洗机的出油管上,在喷油器插座上接上喷油脉冲发生器的控制线插头,调节清洗机输出油压,观察喷油状况并检查是否漏油。

步骤 4:检查喷油控制信号

1) 脱开喷油器插接器,接通点火开关,检查插接器线束端电源线的电压,应为蓄电池电压。若无电压,则应检查点火开关至喷油器电源线之间的线路是否正常。

2) 将一只发光二极管串联一个 330Ω 的电阻作试灯。断开点火开关,拔出喷油器电线插头,在线束插头上接上发光二极管试灯,在发动机运行时观察发光二极管。当信号正常时发光二极管闪烁;若发光二极管不闪烁,则说明没有喷油脉冲控制信号,应检查喷油器至 ECU 的线路、传感器及 ECU。

● **训练 11 检测怠速控制阀**

重点掌握:脉冲电磁式怠速控制阀的检测方法,旋转滑阀式怠速控制阀的检测方法。

1. 训练准备

1) 丰田皇冠 3.0 型轿车 1 辆。

2) 数字式万用表 1 块。

3) 常用拆装工具 1 套。

2. 训练要求

1) 按照正确的方法检测怠速控制阀。

2) 安全文明操作。

3. 技术标准

1) 各线圈的电阻值为 10~30Ω。

2) 将蓄电池正极接到端子 B_1 和 B_2 上,并把负极依次接 S_1、S_2、S_3、S_4,怠速控制阀应朝关闭方向运动,反之朝开启方向运动。

3) 发动机暖机后立即检查,怠速控制阀应发出"咔嗒"声。

4. 基本操作步骤

操作步骤描述:检测脉冲电磁式怠速控制阀→检测旋转滑阀式怠速控制阀。

步骤 1:检测脉冲电磁式怠速控制阀

(1) 车上检查 当发动机怠速运转时,用手触摸怠速控制阀,应当具有明显的振动感;若无振动感或怠速转速过高或过低,则说明怠速控制阀失效,应更换。

(2) 检测电磁线圈电阻

1) 断开点火开关,拔下怠速控制阀插接器插头,用数字式万用表电阻挡检测插座上两个端子之间的线圈电阻值,应当符合规定。

2) 脉冲电磁式怠速控制阀只有一组线圈,阻值为 10~15Ω;若阻值不符合规定,则应更换。

(3) 检测怠速控制阀

1) 从节气门体上拆下怠速控制阀,用导线将其一个端子与蓄电池正极连接,当另一个端子连接蓄电池负极时,阀芯应当移动;若阀芯不移动,则说明怠速控制阀失效,应更换。

2) 当断开一根导线时,阀芯应当移动;若阀芯不能移动,则说明怠速控制阀失效,应更换。

3) 当断开一根导线时,阀芯应迅速复位;若阀芯卡滞或不复位,则说明控制阀故障或复位弹簧失效,应更换。

步骤 2:检测旋转滑阀式怠速控制阀

(1) 检测控制阀

1) 从节气门体上拆下怠速控制阀,用导线将端子 2 与蓄电池正极连接,然后依次将端子 1、3 与蓄电池负极连接,阀芯应当顺时针或逆时针转动;若阀芯不能转动,则说明步进电动机失效,应更换。

2) 旋转滑阀式怠速控制阀控制电路如图 1-78 所示。

3) 当发动机工作时,若怠速转速忽高忽低,则说明电刷与换向器接触不良;若怠速转速偏低,则说明线圈 L_2 断路或连接的换向片与电刷接触不良;若怠速转速偏高,则说明线圈 L_1 断路或连接的换向片与电刷接触不良。

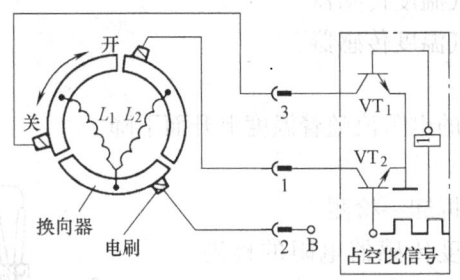

图 1-78 旋转滑阀式怠速控制阀控制电路

(2) 检查步进电动机　只要将蓄电池电源以一定的顺序输送给步进电动机各线圈,就可使步进电动机转动。各种步进电动机的线圈形式、接线端的布置形式都不同。这里以皇冠 3.0 轿车 2JZ—GE 型发动机怠速控制阀步进电动机为例说明其检查方法。

1) 首先,将步进电动机插接器端子 B_1 和 B_2 与蓄电器正极相连。

2) 然后将端子 S_1、S_2、S_3、S_4 依次与蓄电池负极相接,此时步进电动机应转动,阀芯向外伸出,如图 1-79a 所示。

3) 若将端子 S_1、S_2、S_3、S_4 按相反的顺序($S_4 \rightarrow S_3 \rightarrow S_2 \rightarrow S_1$)与蓄电池负极相接,则步进电动机应朝相反的方向转动,阀芯向内收回,如图 1-79b 所示。

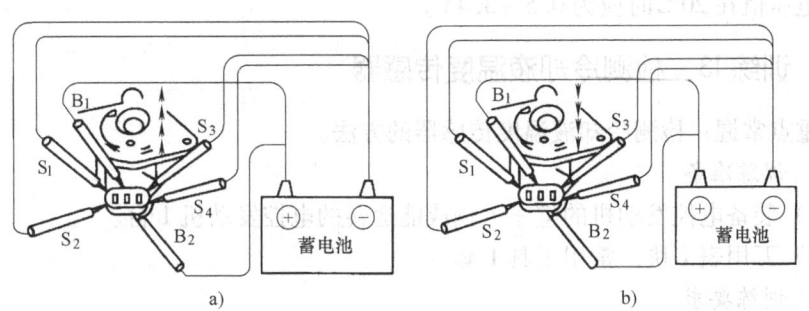

图 1-79 步进电动机的检查

● 训练 12　检测进气温度传感器

重点掌握:进气温度传感器的检测方法。

1. 训练准备

1) 装备电控发动机的整车 1 辆或能运转的电控发动机 1 台。

2) 万用表 1 块,常用工具 1 套。

2. 训练要求

1）能够拆卸进气温度传感器。

2）能够检测进气温度传感器。

3. 技术标准

进气温度传感器的电阻值随着温度上升而下降。

4. 基本操作步骤

操作步骤描述：拆卸→检测。

步骤1：进气温度传感器电阻的检测方法和要求与冷却液温度传感器基本相同。单件检测时，将点火开关置于"OFF"位置，拔下进气温度传感器导线插接器，并将传感器拆下，按图1-80所示进行检测。

步骤2：用电热吹风器、红外线灯或热水加热进气温度传感器。

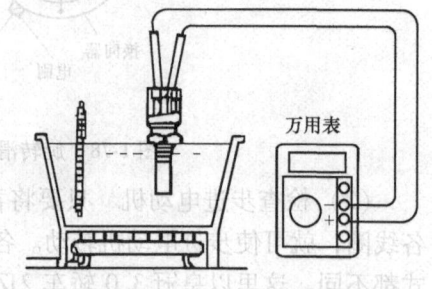

图1-80 进气温度传感器电阻的检测

步骤3：用万用表欧姆挡测量在不同温度下两端子间的电阻值，将测得的电阻值与标准数值进行比较，若与标准值不符，则应更换。

步骤4：进气温度传感器输出信号电压值的检测。当点火开关置于"ON"位置时，ECU的THA端子与E2端子间或进气温度传感器插接器THA与E2端子间的电压值在20℃时应为0.5~3.4V。

● 训练13 检测冷却液温度传感器

重点掌握：检测冷却液温度传感器的方法。

1. 训练准备

1）装备电控发动机的整车1辆或能运转的电控发动机1台。

2）万用表1块，常用工具1套。

2. 训练要求

1）能够拆卸冷却液温度传感器。

2）能够检测冷却液温度传感器。

3. 技术标准

冷却液温度传感器电阻值随着温度上升而下降。

4. 基本操作步骤

操作步骤描述：检测电阻→检测电压。

步骤1：检测电阻

（1）就车检测 将点火开关置于"OFF"位置，拆卸冷却液温度传感器导线插接器，用数字式高阻抗万用表欧姆挡，按图1-81所示测试传感器两端子（丰田皇冠3.0为THW和E2，北京切诺基为B和A）间的电阻值。其电阻值与温度的高低成正比，在热机时应小于1kΩ。

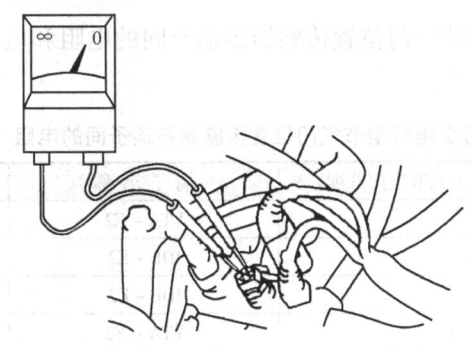

图1-81 冷却液温度传感器电阻的就车检测

（2）单件检测 拔下冷却液温度传感器导线插接器，然后从发动机上拆下冷却液温度传感器，将该传感器置于烧杯内的水中，加热烧杯中的水，同时用万用表欧姆挡测量在不同水温条件下冷却液温度传感器两接线端子间的电阻值，如图1-82所示。将测得的值与标准值相比较，若不符合标准，则应更换冷却液温度传感器。

步骤2：检测电压

装好冷却液温度传感器，将此传感器的导线插接器插好，当点火开关置于

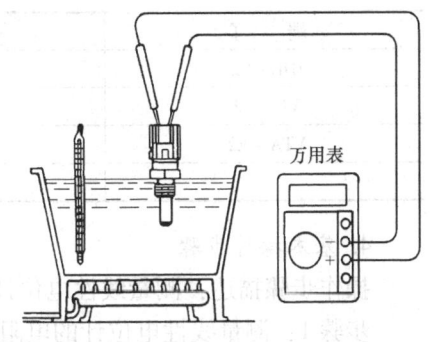

图1-82 测量冷却液温度传感器电阻

"ON"位置时，从冷却液温度传感器导线插接器"THW"端子（丰田车）或ECU插接器"THW"端子与E2端子间测试冷却液温度传感器输出电压信号。丰田车THW与E2端子间的电压在80℃时应为0.25～1.0V。所测得的电压值应随着冷却液温度成正比变化。

- **训练14 检测节气门位置传感器**

重点掌握：运用万用表检测线性可变电阻型节气门位置传感器的方法。

1. 训练准备

1）装备电控发动机的整车1辆或能运转的电控发动机1台。

2）万用表1块，常用工具1套。

2. 训练要求

1) 能够拆卸节气门位置传感器。

2) 能够检测节气门位置传感器。

3. 技术标准

线性可变电阻型节气门位置传感器各端子间的电阻和电压分别见表1-1和表1-2。

表1-1 线性可变电阻型节气门位置传感器各端子间的电阻（皇冠3.0车）

限位螺钉与限位杆间隙（或节气门开度）	端子名称	电阻值
0mm	VTA－E2	0.34～6.30kΩ
0.45mm	IDL－E2	0.50kΩ或更小
0.55mm	IDL－E2	∞
节气门全开	VTA－E2	2.40～11.20kΩ
—	VC－E2	3.10～7.20kΩ

表1-2 线性可变电阻型节气门位置传感器各端子间的电压

端子	条件	标准电压
IDL－E2	节气门全开	9～14V
VC－E2	—	4.0～5.5V
VTA－E2	节气门全闭	0.3～0.8V
—	节气门全开	3.2～4.9V

4. 基本操作步骤

操作步骤描述：测量线性电位计的电阻→检测电压。

步骤1：测量线性电位计的电阻

将点火开关置于"OFF"位置，拔下节气门位置传感器的导线插接器，用万用表的欧姆挡测量线性电位计的电阻（图1-83中E2和各端子之间的电阻），该电阻应能随着节气门开度的增大而呈线性增大。

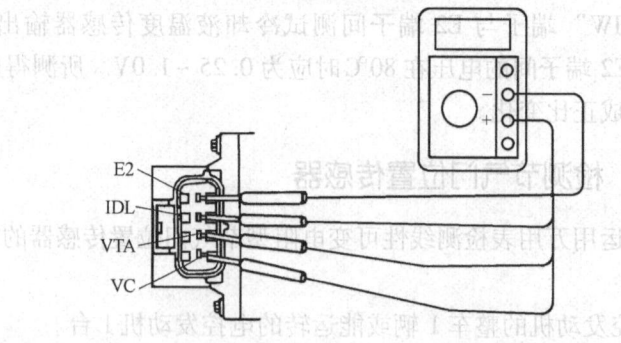

图1-83 线性可变电阻型节气门位置传感器的检测

第一章 发动机结构与检修

步骤2：检测电压

插好节气门位置传感器的导线插接器，当点火开关置"ON"位置时，发动机ECU插接器上IDL、VC、VTA三个端子处应有电压。用万用表电压挡检测到的IDL–E2、VC–E2、VTA–E2间的电压值应符合表1-2所示。

● **训练15 气缸盖的装配与调整**

重点掌握：发动机气缸盖的调整方法，发动机气缸盖的装配方法。

1. 训练准备

1）桑塔纳LX型轿车发动机1台。

2）常用工具1套。

2. 训练要求

正确装配与调整发动机气缸盖。

3. 技术标准

1）安装时应更换所有密封条或密封衬垫，并将气缸盖衬垫标有"OPEN TOP"字样的一面朝向气缸盖。

2）安装凸轮轴时，用20N·m的力矩先对角交叉地拧紧第二道和第四道凸轮轴承盖，再用同样的力矩拧紧第一道、第三道和第五道轴承盖。装好凸轮轴油封后，用80N·m的力矩紧固凸轮轴正时齿轮螺栓。

3）安装气门油封时，应先在油封上涂机油，再用专用工具"10—204"把气门油封装入。

4）安装好凸轮轴后，不得在30min内起动发动机，以便液压挺杆的补偿元件进入状态，否则气门将撞击活塞。

4. 基本操作步骤

操作步骤描述：装配气缸盖总成→将气缸盖安装到气缸体上→安装其他零件。

步骤1：装配气缸盖总成

1）安装各气门油封。装配气门、气门弹簧及气门锁夹座圈，用专用工具"2037"压下气门弹簧，装上气门锁夹。

2）安装液压挺杆总成。将第一缸凸轮八字朝上装在轴承座上，对正安装好凸轮轴轴承盖，紧固轴承盖的紧固螺栓。

3）装好凸轮轴油封后，紧固凸轮轴正时齿轮螺栓。

步骤2：将气缸盖安装到气缸体上

1）先安装气缸盖衬垫，然后安装气缸盖及气缸盖紧固螺栓，并稍微拧紧。

2）按图1-84所示的顺序将气缸盖紧固螺栓分四次旋紧。当发动机处于冷态时气缸盖紧固螺栓的拧紧力矩见表1-3。

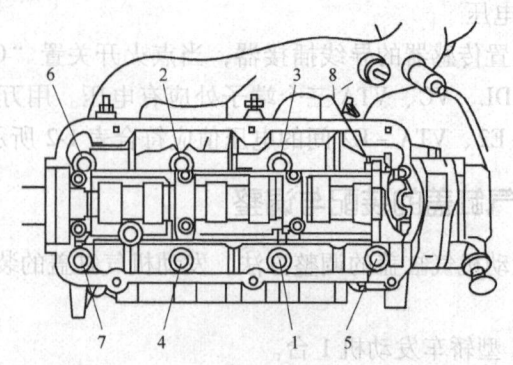

图 1-84 气缸盖紧固螺栓的拧紧顺序
注：图中数字代表拧紧顺序。

步骤 3：安装其他零件
1）安装机油反射罩、气门罩盖衬垫。
2）安装气门罩盖、气门罩盖压条，按由中间向两边的顺序拧紧气门罩盖紧固螺栓。
3）安装火花塞及其垫圈和进排气管等气缸盖附件。

表 1-3 当发动机处于冷态时气缸盖紧固螺栓的拧紧力矩

步　骤	拧紧力矩/（N·m）	步　骤	拧紧力矩/（N·m）
第 1 次拧紧	40	第 3 次拧紧	75
第 2 次拧紧	60	第 4 次拧紧	用扳手拧紧 1/4 圈

复习思考题

1. 曲轴几何误差的检测项目有哪些？
2. 凸轮轴几何误差的检测项目有哪些？
3. 检测气缸磨损的部位在什么地方？
4. 气缸平面度误差的检测方法有哪些？
5. 活塞环的检验项目有哪些？
6. 进气温度传感器的检测方法有哪些？
7. 气缸盖装配与调整的注意事项有哪些？

第二章

底盘结构与检修

> **培训学习目标** 通过本章的学习,掌握底盘结构与检修的专业知识,能够进行底盘结构的检测,为工作中能够解决实际问题打下良好的基础。

◆◆◆ 第一节 底盘结构专业知识

一、传动系

(一) 传动系的布置形式

汽车传动系的布置形式取决于汽车的使用性质、发动机的安装位置和汽车的驱动形式。

汽车的驱动形式通常用汽车车轮总数×驱动车轮数来表示(其中车轮数按轮毂数计)。例如,普通汽车多装有四个车轮,其中只有两个驱动轮,其驱动形式为 4×2;越野汽车的全部车轮都可作为驱动轮,其驱动形式有 4×4 和 6×6 等。此外,汽车的驱动形式也可以用车桥总数×驱动桥数来表示,如 2×1 和 2×2 等。

1. 发动机前置、后轮驱动(FR 型)

一般将发动机、离合器和变速器连成一个整体安装在汽车的前部,而主减速器、差速器和半轴则安装在汽车后部的后桥壳中,两者之间通过万向传动装置相连。这种后轮驱动布置形式的特点是附着力大,易获得足够的驱动力,并且发动机散热条件好,驾驶人可直接操纵发动机、离合器和变速器。因此,其操纵机构简单,维修方便,是目前货车上广泛采用的一种传动系布置形式,如解放

CA1092、东风 EQ1090E 汽车。另外，雷克萨斯 LS400、奔驰和宝马系列轿车也采用这种布置形式。

2. 发动机前置、前轮驱动（FF 型）

这种布置形式，其变速器、主减速器和差速器装配成一个整体，并同发动机、离合器一起集中安装在汽车前部。发动机散热条件好，且整个传动系集中在汽车的前部，因而其操纵机构比较简单，操纵方便，还省去了很长的传动轴。另外，由于传动系结构紧凑，整车重心降低，汽车高速行驶稳定性好。但前轮驱动的汽车在上坡时附着力减小，易打滑；下坡制动时，前轮载荷过重，高速行驶时易翻车。

发动机前置、前轮驱动的传动系布置形式在重心较低的微型、普通型轿车上得到了广泛运用，如夏利、桑塔纳、奥迪、富康雪铁龙、本田雅阁和丰田佳美等轿车，其中夏利轿车为发动机横置，桑塔纳轿车为发动机纵置。

3. 发动机后置、后轮驱动（RR 型）

发动机、离合器和变速器制成一体布置在驱动桥之后，大大缩短了传动轴的长度，并从整个汽车具有较理想的总体布置设计出发，能使汽车总质量较合理地分配在前、后轴上，进而使前轴不易过载，后轮附着力大；传动系结构紧凑，重心有所降低；能更充分地利用车厢面积，是某些大型客车常采用的一种传动系布置形式，如厦门金龙客车、沃尔沃客车等。

4. 越野汽车传动系的布置形式

为了充分利用所有车轮与地面之间的附着条件，以获得尽可能大的牵引力，越野汽车多采用四轮驱动形式，如北京切诺基、长城赛弗、东风本田 CRV 汽车等。另外，某些大型三轴自卸车和牵引车也采用四轮驱动。目前，部分轿车也采用四轮驱动系统，如奥迪 A4 轿车、布加迪威航跑车等。

（二）传动系的组成

汽车传动系主要由离合器、变速器、万向节和传动轴组成的万向传动装置、主减速器、差速器和半轴等组成，如图 2-1 所示。发动机的动力经过各总成传给驱动轮，驱动轮得到转矩便给地面一个向后的作用力，从而使地面对驱动轮产生一个向前的反作用力，这个反作用力称为驱动力或牵引力。当驱动力足以克服汽车行驶阻力时，汽车才会起步和正常行驶。

1. 离合器

（1）离合器的作用　离合器是传动系中直接与发动机联系的总成。其主动部分与发动机飞轮相连，从动部分与变速器相连，用于暂时分离或接合发动机的动力传递，保证汽车平稳起步，使换挡时工作平顺，并防止传动系过载。

（2）离合器的类型　现代汽车多采用周布螺旋弹簧离合器和膜片弹簧离合器。

第二章 底盘结构与检修

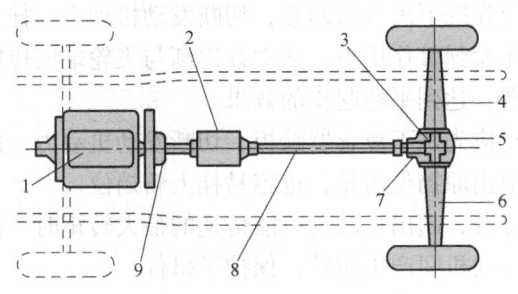

图 2-1　汽车传动系的组成
1—发动机　2—变速器　3—差速器　4、6—半轴　5—驱动桥
7—主减速器　8—万向传动装置　9—离合器

1）单片干式（螺旋弹簧）离合器　单片干式（螺旋弹簧）离合器主要由主动部分（离合器盖和压盘等）、从动部分（从动盘）、压盘弹簧和分离机构（分离杠杆、分离轴承、分离套筒、分离叉组件）等部分组成，如图 2-2 所示。

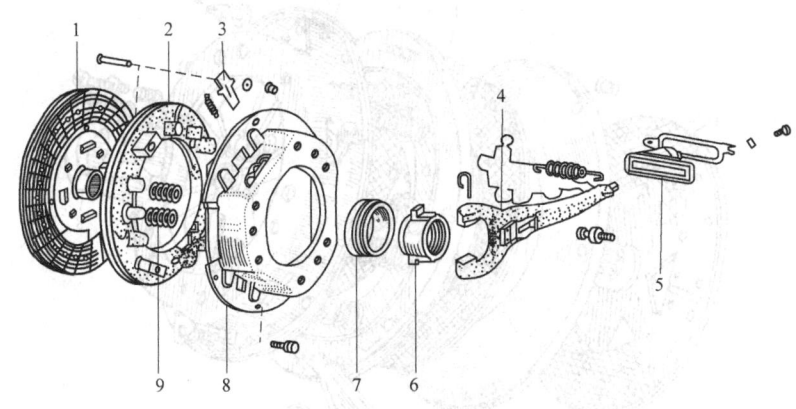

图 2-2　单片干式离合器的组成
1—离合器从动盘　2—压盘　3—分离杠杆　4—分离叉　5—分离叉套
6—分离套筒　7—分离轴承　8—离合器盖　9—压盘弹簧

离合器盖 8 通过螺栓固定在发动机飞轮上，压盘弹簧 9 通过压盘 2 将从动盘紧压在发动机飞轮上，从动盘的键槽套在变速器的输入轴上。发动机旋转时，带动离合器盖和压盘旋转，并通过从动盘和飞轮间产生的摩擦力带动从动盘旋转，将动力传给变速器。

分离杠杆 3 装在离合器盖 8 和压盘 2 上，当踩下制动踏板时，通过分离叉 4、分离套筒 6 和分离轴承 7 推动分离杠杆 3，分离杠杆 3 将压盘 2 向后移动，压在从动盘上的压力消失，离合器从动盘和飞轮间的摩擦力消失，动力传递中止。

汽车起步时，应先踩下离合器踏板，切断发动机动力，挂上挡后，再缓慢松开离合器踏板，在压紧弹簧作用下，从动盘逐渐与飞轮端面接触并压紧，使动力由小到大传到变速器，达到平稳起步的效果。

汽车换挡时，也应先踩下离合器踏板，切断发动机动力，此时变速器齿轮不再传递转矩，容易退出原挡位齿轮，也容易挂上新挡位。

当汽车发动机过载，超出从动盘所能传递的最大转矩时，传动盘打滑，这样就避免了传动系与发动机间产生扭转，保护了机件。

2）双片干式（螺旋弹簧）离合器　双片干式（螺旋弹簧）离合器的工作原理和单片干式（螺旋弹簧）离合器基本相同。其组成如图2-3所示。双片干式（螺旋弹簧）离合器采用了中间从动盘1，并且在压盘6和从动盘3之间设置有隔热垫4，以防止因过热而使压盘弹簧5变软。它还采用双片从动盘，以使传递的旋转力矩增大，同时还可以使发动机和传动机构连接时得到更好的柔性接合而无冲击。从动盘一般用高摩擦因数的耐热材料制成。

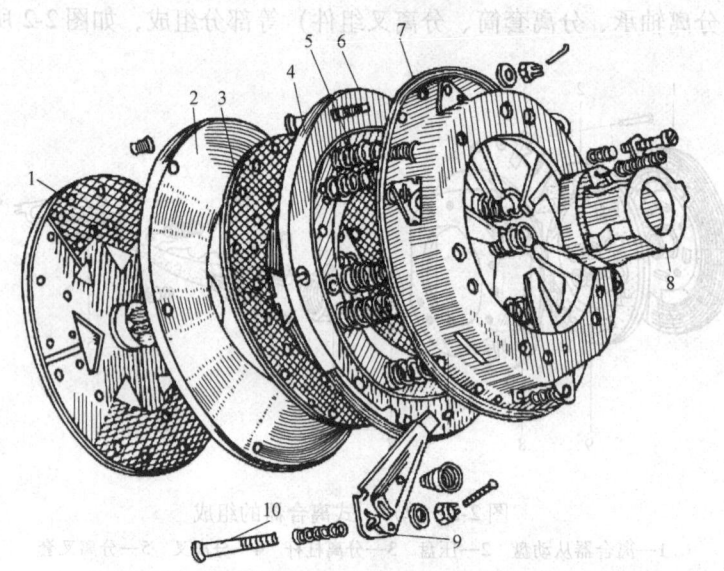

图2-3　双片干式（螺旋弹簧）离合器的组成

1—中间从动盘　2—中间压盘　3—从动盘　4—隔热垫　5—压盘弹簧
6—压盘　7—离合器盖　8—分离轴承　9—分离杆　10—分离杆螺钉

3）膜片弹簧式离合器　膜片弹簧式离合器主要由从动盘、压盘、离合器盖、膜片弹簧及操纵机构等组成，如图2-4所示。离合器盖2通过螺栓固定在发动机飞轮上，与飞轮一起转动。其中，膜片弹簧1本身兼有压紧弹簧和分离杠杆的作用。当离合器接合时，膜片弹簧通过压盘3将从动盘4紧压在飞轮端面上。

从动盘通过内花键与变速器的输入轴相连,把发动机的转矩传给变速器。当离合器分离时,离合器操纵机构推动分离轴承左移,膜片弹簧反向变形,使压盘和从动盘分离,从而将动力切断。

2. 手动变速器

手动变速器由变速传动机构和变速操纵机构两大部分组成。变速传动机构的主要作用是在传递发动机动力的过程中改变转速、转矩和转向;变速操纵机构的主要作用是控制传动机构,实现转速、转矩和转向的变换。变速传动机构分为二轴式变速器和三轴式变速器。

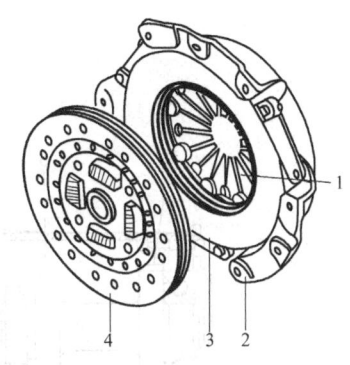

图 2-4 膜片弹簧式离合器组成图
1—膜片弹簧 2—离合器盖
3—压盘 4—从动盘

(1) 二轴式变速器 图 2-5 所示为二轴式变速器传动机构。其变速器主轴包括输入轴和输出轴,故称为二轴式变速器。

1) 二轴式变速器的构造。变速传动机构主要由输入轴、输出轴、倒挡轴、齿轮组、同步器、支撑轴承和变速器壳体组成。变速器共有四个前进挡和一个倒车挡。

① 变速器壳体。变速器壳体与发动机气缸体后端固定连接,其作用是支撑输入轴 1 和输出轴 7 的两端。

② 输入轴及齿轮。输入轴前端插入发动机曲轴后端的凸缘轴承孔中,中部通过滚针轴承由变速器前壳体支撑,后端通过组合式轴承装在变速器后壳体上。其中,第一、二挡和倒挡主动齿轮与输入轴制成一体;第三、四挡主动齿轮通过滚针轴承安装于轴上,在轴上可作自由转动,同时装有三、四挡同步器。

③ 输出轴及齿轮。输出轴前端由变速器前壳体支撑,后端借助双列圆锥滚子轴承安装于后壳体上。输入轴和输出轴的轴向位置均由两个后轴承、调整垫片、密封垫片及后盖控制。减速器主动锥齿轮与输出轴制成一体。第一、二挡从动齿轮借助滚针轴承安装于输出轴上,并且可在轴上自由转动。第三、四挡从动齿轮与轴的花键联接,以此传递动力。第一、二挡同步器安装于输出轴上,在同步器接合套上加工有倒挡从动齿轮。

④ 倒挡轴及齿轮。倒挡轴压装于变速器后壳体上,倒挡惰轮与轴周向为间隙配合。

2) 二轴式变速器工作情况。当一、二挡同步器的接合套 12 向左或向右移动到与相应的接合齿圈接合时,则挂上一挡或二挡;当三、四挡同步器的接合套 9 向左或向右移动时,则挂上三挡或四挡;当倒挡惰轮向前移,同时与倒挡主、从动齿轮啮合时,则挂上倒挡。

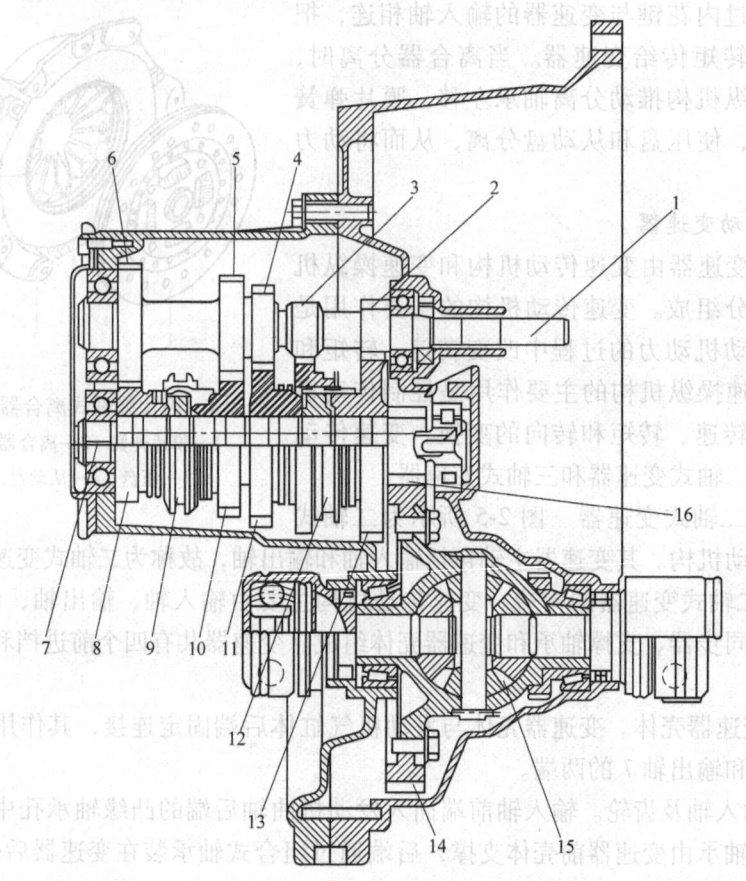

图2-5 二轴式变速器传动机构

1—输入轴 2——挡主动齿轮 3—倒挡主动齿轮 4—二挡主动齿轮 5—三挡主动齿轮 6—四挡主动齿轮 7—输出轴 8—四挡从动齿轮 9—三、四挡同步器的接合套 10—三挡从动齿轮 11—二挡从动齿轮 12—一、二挡同步器的接合套和倒挡齿轮 13——挡从动齿轮 14—主减速器从动齿轮 15—差速器 16—主减速器主动齿轮

(2) 三轴式变速器 变速器主轴除了输入轴和输出轴外，还设有中间轴，所以称为三轴式变速器。图2-6所示为东风EQ1092型汽车变速器传动机构。此传动机构由变速器壳体和支撑轴承、输入轴、输出轴、中间轴、倒挡轴、同步器及轴上的齿轮等组成，具有五个前进挡和一个倒车挡，第五挡为直接挡。

1) 三轴式变速器的构造

① 变速器壳体。变速器壳体材料为灰铸铁。变速器的输入轴、输出轴、中间轴和倒挡轴相互平行，均安装于壳体上。变速器靠壳体前端面上的四个螺栓固定于飞轮后端面上，端面上开有加油孔和放油孔，变速器齿轮用规定齿轮油润滑。

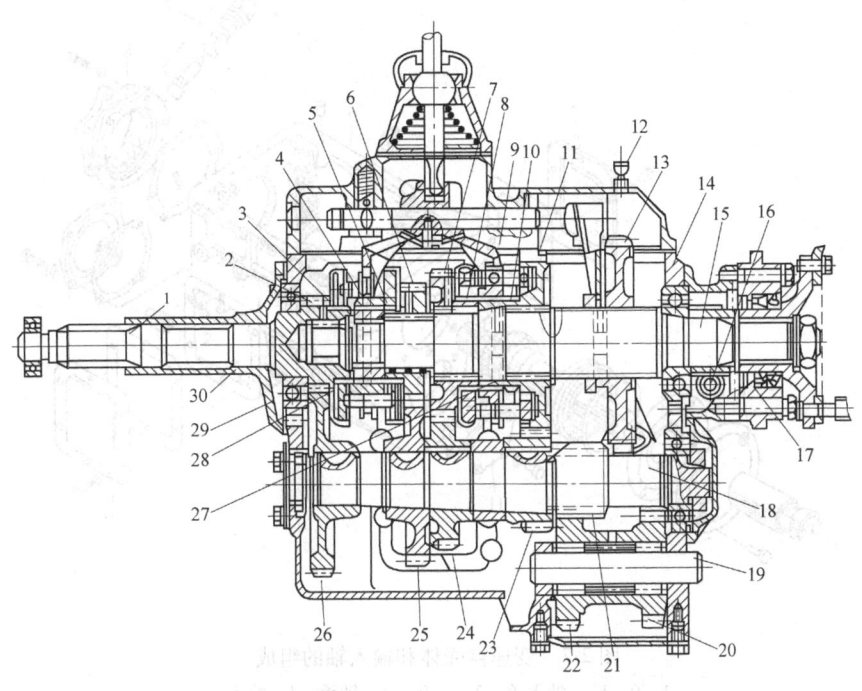

图 2-6　东风 EQ1092 型汽车变速器传动机构

1—第一轴　2—第一轴常啮合传动齿轮　3—第一轴齿轮接合齿圈　4、9—接合套
5—四挡齿轮接合齿圈　6—第二轴四挡齿轮　7—第二轴三挡齿轮　8—三挡齿轮接合齿圈
10—二挡齿轮接合齿圈　11—第二轴二挡齿轮　12—通气塞
13—第二轴一挡、倒挡滑动齿轮　14—变速器壳体　15—第二轴　16—车速里程表传动齿轮
17—中央制动器底座　18—中间轴　19—倒挡轴
20、23—倒挡中间齿轮　21—中间轴一挡、倒挡齿轮　22—中间轴二挡齿轮
24—中间轴三挡齿轮　25—中间轴四挡齿轮　26—中间轴常啮合传动齿轮
27、28—花键毂　29—第一轴轴承盖　30—轴承盖回油螺纹

② 输入轴。输入轴的前端由曲轴后端轴承孔支撑，后端由变速器壳体前壁支撑。其主动齿轮与轴制成一体，后端短齿为直接挡齿圈。变速器壳体和输入轴的组成如图 2-7 所示。

③ 中间轴。如图 2-8 所示，中间轴前端由圆锥滚子轴承支撑，后端由深沟球轴承支撑；一挡和倒挡长齿与轴制成一体；常啮合齿轮和第二、三、四挡齿轮均为斜齿轮，它们与中间轴用半圆键联接。

④ 输出轴。如图 2-9 所示，输出轴前、后端分别支撑于输入轴后端孔内和壳体后壁上，第一挡、倒挡齿轮与输出轴以矩形花键联接，第二、三、四挡常啮合齿轮由双列滚针轴承支撑，两只同步器安装于其轴上。

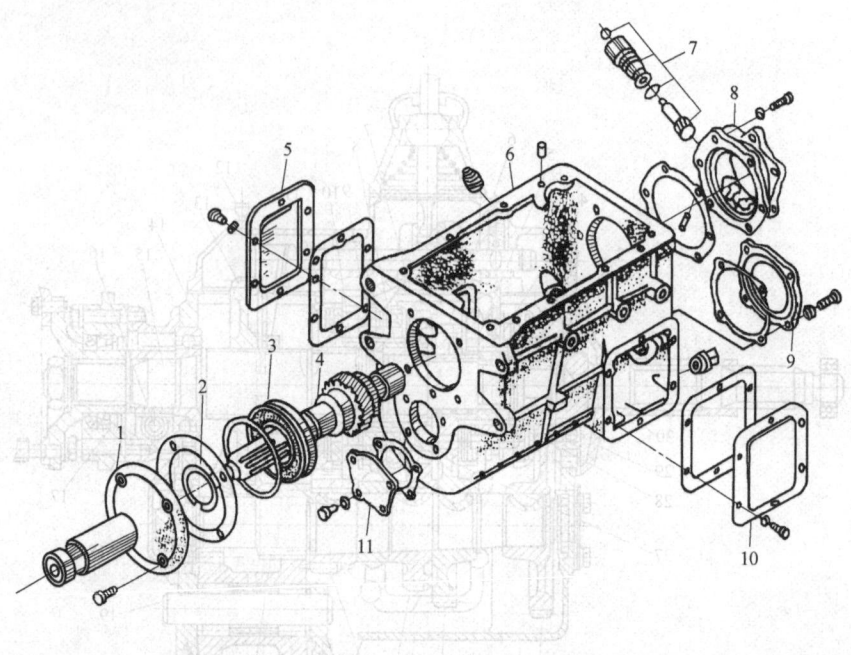

图 2-7 变速器壳体和输入轴的组成

1、9、11—轴承盖　2—卡环　3—轴承　4—输入轴
5、10—侧盖　6—变速器壳　7—里程表驱动机构　8—后轴承盖

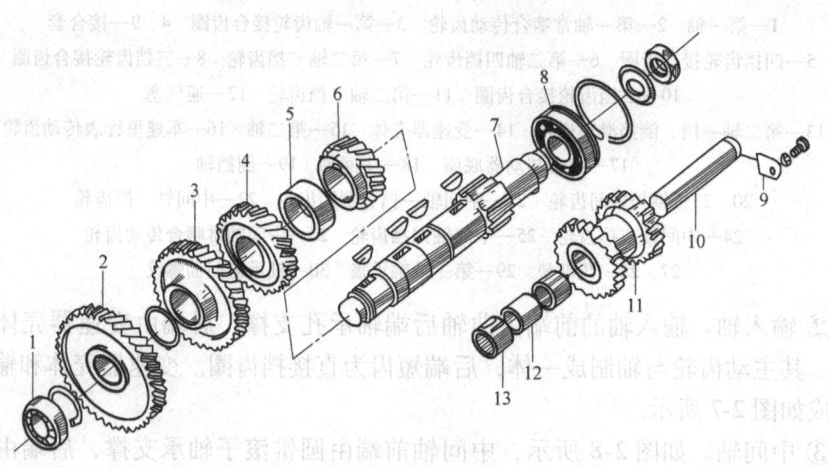

图 2-8 中间轴和倒挡轴的组成

1—前轴承　2—常啮合齿轮　3—四挡齿轮　4—三挡齿轮
5—隔套　6—二挡齿轮　7—中间轴　8—后轴承　9—锁片　10—倒挡轴
11—倒挡齿轮　12—隔套　13—滚子轴承

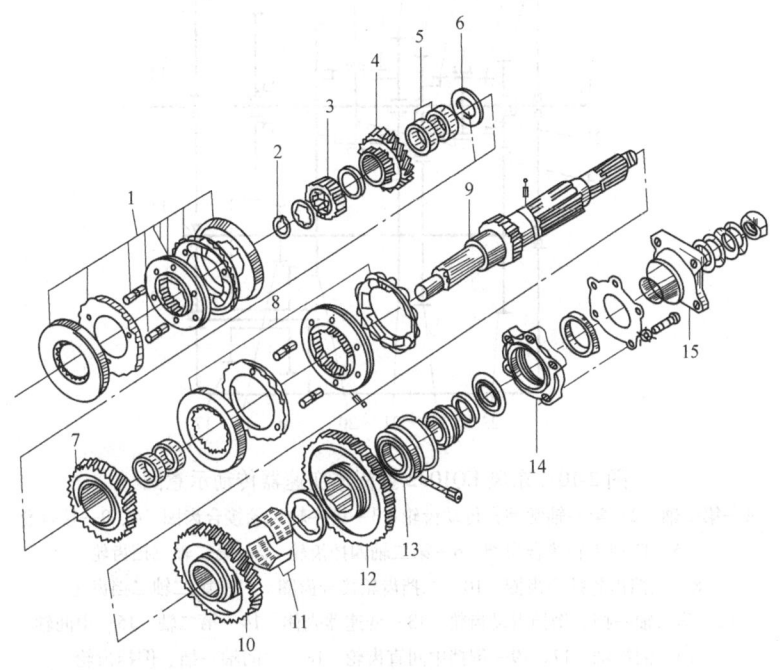

图2-9 输出轴总成
1—四、五挡同步器 2—卡环 3—齿毂 4—四挡齿轮 5、11、13—轴承
6—止推垫圈 7—三挡齿轮 8—二、三挡同步器 9—输出轴
10—二挡齿轮 12——挡齿轮 14—轴承盖 15—凸缘

⑤ 倒挡轴。如图2-8所示,两个倒挡齿轮借助滚针轴承安装于轴上,其轴压装于壳体上,并由锁片锁止。

2)三轴式变速器的工作情况。东风EQ1092型汽车变速器传动示意图如图2-10所示。

① 空挡。图2-10所示位置为空挡位置。第一轴1旋转,常啮合传动齿轮2带动中间轴15及其上的各齿轮旋转。由于第二轴二挡齿轮11、第二轴三挡齿轮7、第二轴四挡齿轮6都是空套在第二轴上的,故第二轴不能被驱动。

② 一挡。第二轴一挡、倒挡滑动齿轮12左移,与中间轴上的中间轴一挡、倒挡齿轮18啮合后,动力通过第一轴依次经齿轮2和23、中间轴15、齿轮18和齿轮12,再通过花键传给第二轴14。

③ 二挡。同步器接合套9右移,与第二轴二挡齿轮11的接合齿圈10啮合,动力通过第一轴依次经过齿轮2和23、中间轴15、齿轮20和11、接合齿圈10、接合套9、花键毂24传给第二轴。

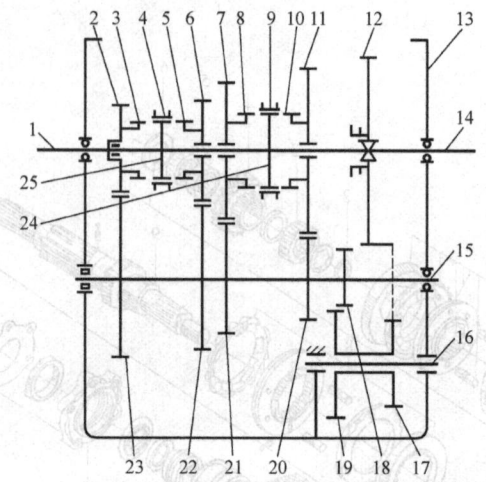

图2-10 东风EQ1092型汽车变速器传动示意图
1—第一轴 2—第一轴常啮合传动齿轮 3—第一轴齿轮接合齿圈 4、9—接合套
5—四挡齿轮接合齿圈 6—第二轴四挡齿轮 7—第二轴三挡齿轮
8—三挡齿轮接合齿圈 10—二挡齿轮接合齿圈 11—第二轴二挡齿轮
12—第二轴一挡、倒挡滑动齿轮 13—变速器壳体 14—第二轴 15—中间轴
16—倒挡轴 17、19—倒挡中间直齿轮 18—中间轴一挡、倒挡齿轮
20—中间轴二挡齿轮 21—中间轴三挡齿轮 22—中间轴四挡齿轮
23—中间轴常啮合传动齿轮 24、25—花键毂

④ 三挡。同步器接合套9左移与三挡齿轮接合齿圈8啮合,动力通过第一轴依次经过齿轮2和23、中间轴15、齿轮21和7、接合齿圈8、接合套9、花键毂24传给第二轴。

⑤ 四挡。第二轴四、五挡接合套4右移,与四挡齿轮接合齿圈5啮合,动力通过第一轴依次经过齿轮2和23、中间轴15、齿轮22和6、四挡齿轮接合齿圈5、接合套4、花键毂25传给第二轴。

⑥ 五挡。第二轴四、五挡接合套4左移,与第一轴常啮合传动齿轮2的接合齿圈3啮合,动力通过第一轴依次经过齿轮2、接合齿圈3、接合套4和花键毂25直接传给第二轴,不再经过中间轴齿轮传动,故称为直接挡。

⑦ 倒挡。将第二轴一挡、倒挡滑动齿轮12右移,与倒挡中间直齿轮17啮合,即挂入倒挡,动力通过第一轴依次经过齿轮2和23、中间轴15和齿轮18、19、17、12传到第二轴,由于第二轴的旋转方向与第一轴相反,故汽车向后行驶。

3. 自动变速器

自动变速器(Automatic Transmission,简称为AT)是指汽车行驶时,变速器的操纵和换挡操纵全部或部分实行自动化。与手动变速器相比,自动变速器具有操作简单、省力、行车安全性好、舒适性高、机件的使用寿命长、动力性和排放性能好等优点,但也存在结构复杂、精度高、成本高、传动效率低和维修困难等缺点。

目前,轿车的绝大部分自动变速器采用电子控制辅助液压控制系统完成换挡。它主要由液力变矩器、行星齿轮变速器、液压控制系统、电子控制系统和变速器壳体等组成,如图2-11所示。发动机的动力经液力变矩器变速和变矩,再经过行星齿轮变速器进一步变速和变矩后输出。

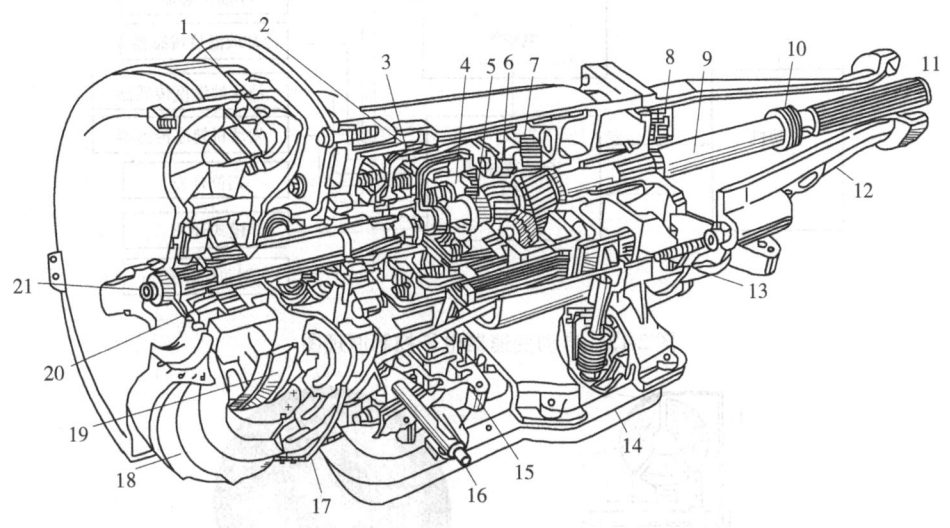

图2-11 典型的自动变速器结构

1—泵轮 2—单向离合器 3—第二离合器 4—第三离合器 5—太阳轮
6—前行星齿轮组 7—后行星齿轮组 8—调速器 9—输出轴 10—车速表驱动齿轮
11—传动轴 12—辅加外壳 13—制动带 14—变速器油底壳 15—阀体
16—手动变换机构 17—变矩器 18—涡轮 19—定子 20—导轮 21—输入轴

如图2-12所示,电子控制单元(ECU)根据发动机的节气门开度、汽车车速等各种运转参数,按照预先设定的控制程序发出换挡等控制信号,通过各种电磁阀(换挡电磁阀、油压电磁阀等)来完成阀体总成的工作,最终完成换挡等控制任务。

(1)液力变矩器 如图2-13所示,液力变矩器主要由泵轮3、涡轮1和导轮4等组成。液力变矩器的壳体2通过螺栓固定在发动机飞轮上,而泵轮3和壳体2制成一体,涡轮1上套装有从动轴(变速器输入轴)5,液力变矩器内充满工作液。飞轮转动时带动泵轮3转动,泵轮3将工作液甩出并冲击涡轮1,在液力冲击下,涡轮1开始转动,从而带动从动轴5转动,使液力变矩器将发动机动力传给变速器。

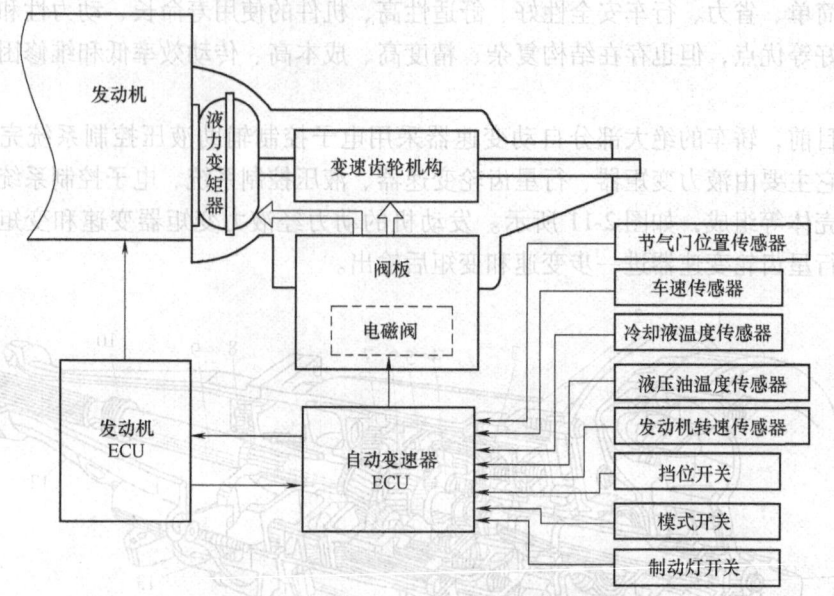

图2-12 自动变速器电子控制原理图

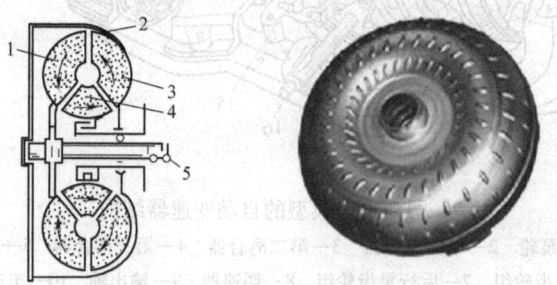

图2-13 液力变矩器
1—涡轮 2—壳体 3—泵轮 4—导轮 5—从动轴（变速器输入轴）

（2）行星齿轮变速器 行星齿轮变速器主要由行星齿轮机构、离合器、制动器和单向离合器等组成。

1）行星齿轮机构。行星齿轮变速器内一般设置2～3组行星齿轮机构，以实现自动变速器的多挡位控制。行星齿轮机构主要由太阳轮、内齿圈、行星齿轮和行星齿轮架等组成。

在太阳轮、内齿圈和行星齿轮架这三个元件中选择一个元件作为主动件，一个作为从动件，剩余的一个作为固定件，即可获得一个传动比（即一个挡位）。

2）离合器。离合器的作用是在太阳轮、内齿圈和行星齿轮架这三个元件中选择一个元件作为主动件。

3）制动器。制动器的作用是在太阳轮、内齿圈和行星齿轮架这三个元件中选择一个元件作为固定件。

4）单向离合器。单向离合器的作用是使自动变速器换挡平稳。

(3) 液压控制系统　液压控制系统的作用是根据节气门开度、车速等信号将自动变速器油（ATF 油）送到不同的控制元件，操纵离合器、制动器等元件动作，从而选择不同的主动件、从动件和固定件。

液压控制系统主要包括液压泵、主油路调压阀、手动阀、换挡阀和油道等。

(4) 电子控制系统　电子控制系统的作用是根据行驶要求来控制换挡，使换挡更精确、平稳，提高发动机燃油经济性，减少气体排放。另外，它还具有自诊断功能，便于故障的诊断和维修。

电子控制系统主要由传感器、自动变速器 ECU 和执行器等组成。

4. 万向传动装置

万向传动装置一般由万向节、传动轴和中间支撑组成。

(1) 十字轴式刚性万向节　目前，汽车传动系中用得最多的万向传动装置是十字轴式刚性万向节。它允许相邻两轴的最大交角为 15°～20°。

图 2-14 所示为解放 CA1092 型汽车上所使用的十字轴式刚性万向节。两万向节叉 5 和 9 上的孔分别滑套在十字轴 7 的两对轴颈上。这样，当主动轴转动时，从动轴既可随之转动，又可绕十字轴中心在 30°～40°夹角范围内任意摆动。为了减少摩擦损失，提高传动效率，在十字轴轴颈和万向节叉孔间装有由滚针 3 和套筒 2 组成的滚针轴承，并用螺钉和轴承盖 1 将套筒 2 固定在万向节叉 5、9 上，并用锁片将螺钉锁紧，防止轴承在离心力作用下从万向节叉内脱出。为润滑轴承，将十字轴做成中空的，并且有油路通向轴颈。润滑脂从注油嘴 8 注入十字轴内腔。为避免润滑脂流出或尘埃进入轴承，在十字轴的轴颈上套装有毛毡油封 4。在十字轴的中部还装有带弹簧的溢流阀 6，如果十字轴内腔润滑脂的压力大于允许值，那么溢流阀 6 即被顶开，润滑脂外溢，使油封不致因油压过高而损坏。

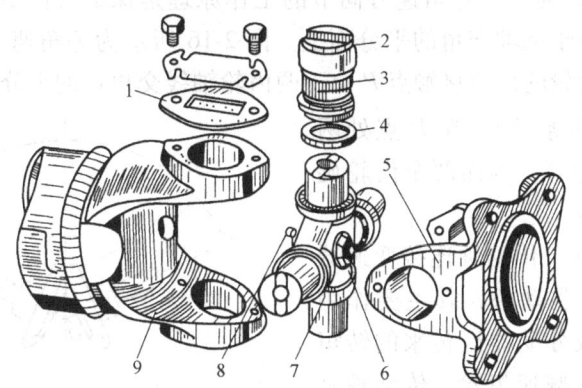

图 2-14　解放 CA1092 型汽车上所用的十字轴式刚性万向节
1—轴承盖　2—套筒　3—滚针　4—毛毡油封　5、9—万向节叉　6—溢流阀　7—十字轴　8—注油嘴

十字轴式刚性万向节可以保证在轴间交角变化时能可靠地传动。其优点是结构简单，传动效率较高，缺点是单个万向节在有夹角的情况下不能传递等角速运动。为了实现十字轴式刚性万向节的等角速传动，可将两个万向节串联安装。

（2）准等速万向节和等角速万向节

1）准等速万向节。常见的准等速万向节有双联式万向节和三销轴式万向节。

① 双联式万向节。双联式万向节是一套将传动轴长度缩减至最小的双十字轴万向节等速传动装置。图2-15所示的双联叉3相当于两个在同一平面内的万向节叉。欲使轴1和轴2的角速度相等，应保证 $\alpha_1 = \alpha_2$。

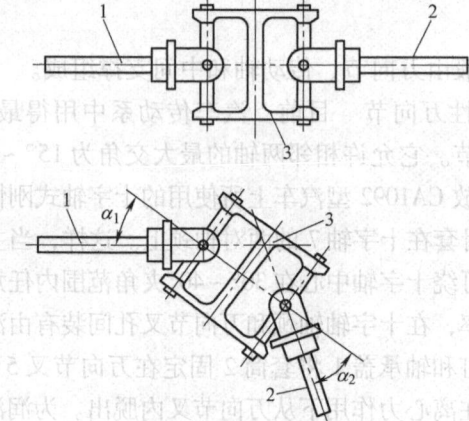

图2-15 双联式万向节

1、2—轴 3—双联叉

② 三销轴式万向节是由双联式万向节演变而来的。

2）等角速万向节。等角速万向节的工作原理是保证万向节在工作过程中，其传力点永远位于两轴交角的平分面上。图2-16所示为等角速万向节的工作原理示意图。两齿轮的传力接触点 P 位于两齿轮轴线交角 α 的平分面上，P 点到两轴的垂直距离都等于 r。在 P 点处两轮的圆周速度相等，因而两个齿轮旋转的角速度相等。

（3）传动轴 传动轴连接变速器（或分动器）与驱动桥，其主要作用是将变速器（或分动器）传来的转矩传给驱动桥的主减速齿轮。传动轴是一根转速相当高的长轴。汽车上传动

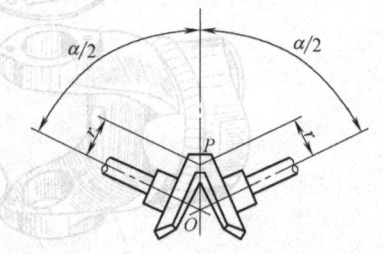

图2-16 等角速万向节的工作原理示意图

轴多分为两段，其间用万向节连接并加装中间支撑。

(4) 中间支撑　图 2-17 所示为解放 CA1092 型汽车的传动轴中间支撑。它由支架 7 和双列圆锥滚子轴承 5 等组成。中间支撑架用螺栓固定在车架的横梁上。

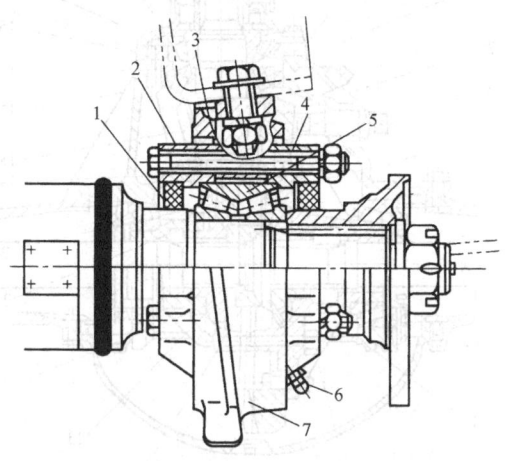

图 2-17　解放 CA1092 型汽车的传动轴中间支撑

1—油封　2—前盖　3—橡胶垫环　4—后盖　5—双列圆锥滚子轴承　6—润滑脂嘴　7—支架

5. 驱动桥

驱动桥的作用是将万向传动装置（或变速器）传来的动力经降速增扭和改变动力传递方向后，分配到左、右驱动轮使汽车行驶，并允许左、右驱动轮以不同的转速旋转。驱动桥是传动系的最后一个总成，由主减速器、差速器、半轴和桥壳等组成。

(1) 主减速器　主减速器的作用是将力的传递方向改变 90°并将输入转速降低，使转矩增大。

主减速器一般有两种结构，一种是单级主减速器，由一对经常啮合的减速齿轮组成；一种是双级主减速器，由两对经常啮合的齿轮组成。

1) 单级主减速器。轿车及中型以下的载货汽车均采用单级主减速器，其减速机构主要由一对减速齿轮组成。图 2-18 所示为东风 EQ1092 型汽车的锥齿轮式单级主减速器。

① 主动锥齿轮。主动锥齿轮与变速器输出轴制成一体，主动锥齿轮轴前后分别由球轴承和圆锥滚子轴承支撑。其轴向间隙由变速器轴承座与轴承盖之间的垫片来调整。

② 从动锥齿轮。从动锥齿轮压装于差速器壳体上，并用螺栓固定，与差速器壳一起通过轴承由变速器壳体的侧盖支撑。轴承预紧度通过轴承与侧盖之间的垫片调整。

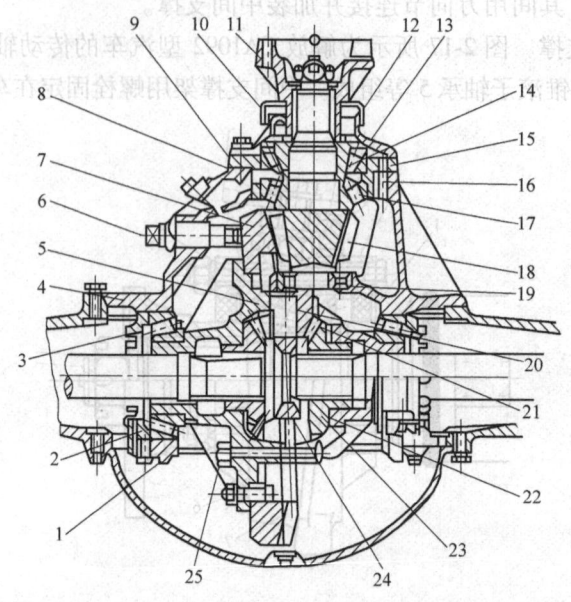

图 2-18 东风 EQ1092 型汽车的锥齿轮式单级主减速器
1—差速器轴承盖 2—轴承调整螺母 3、13、17—圆锥滚子轴承 4—主减速器壳
5—差速器壳 6—支撑螺柱 7—从动锥齿轮 8—进油道 9、14—调整垫片
10—防尘罩 11—叉形凸缘 12—油封 15—轴承座 16—回油道 18—主动锥齿轮
19—圆柱滚子轴承 20—行星齿轮球面垫片 21—行星齿轮 22—半轴齿轮推力垫片
23—半轴齿轮 24—十字轴 25—螺栓

2）双级主减速器。一些中型或重型汽车采用双级主减速器。其减速机构主要由两对减速齿轮组成。第一级为一对弧齿锥齿轮减速，第二级为一对圆柱斜齿轮减速。图 2-19 所示为解放 CA1092 型汽车的双级主减速器。

① 主动锥齿轮。主动锥齿轮与轴制成一体，通过两个圆锥滚子轴承采用悬臂式支撑。两个圆锥滚子轴承之间的金属调整垫片用来调整轴承预紧度。当增加调整垫片数量时，轴承预紧度减小；当减少调整垫片数量时，轴承预紧度增大。

② 中间轴。第一级减速的从动锥齿轮铆接在中间轴凸缘上，第二级减速的主动圆柱斜齿轮与轴制成一体。轴两端由两个圆锥滚子轴承支撑，左、右两侧轴承盖与减速器壳之间的调整垫片厚度应基本相等。当增加调整垫片数量时，轴承预紧度减小；当减少调整垫片数量时，轴承预紧度增大。

③ 从动圆柱齿轮。齿轮与差速器壳体间用螺栓联接。动力传递路线为：主动锥齿轮→从动锥齿轮→中间轴→主动圆柱斜齿轮→从动圆柱斜齿轮→差速器。

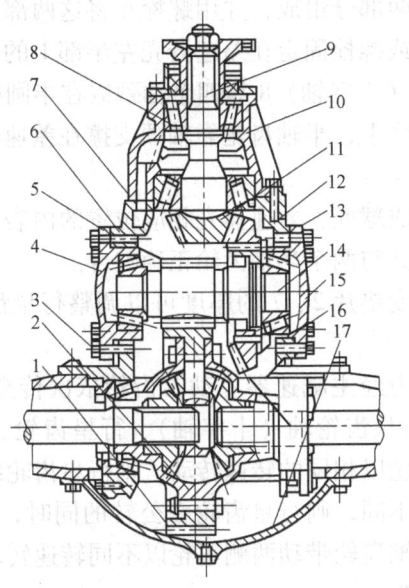

图 2-19　解放 CA1092 型汽车的双级主减速器

1—从动圆柱齿轮　2—差速器壳　3—调整螺母　4、15—轴承盖　5—主动圆柱齿轮
6、7、8、12—调整垫片　9—主动轴　10—轴承座　11—主动锥齿轮
13—主减速器壳　14—中间轴　16—从动锥齿轮　17—后盖

（2）差速器　根据工作特性不同，差速器分为行星齿轮式差速器和防滑差速器两大类。其中最常用的是行星齿轮式差速器。

图 2-20 所示为行星齿轮差速器，主要由行星齿轮 4、行星齿轮轴（十字轴）8、半轴齿轮 3 和差速器壳 5 等组成。

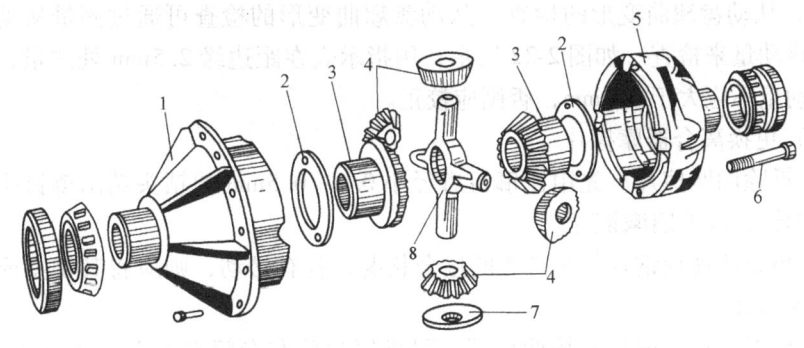

图 2-20　行星齿轮差速器

1、5—差速器壳　2—半轴齿轮推力垫片　3—半轴齿轮　4—行星齿轮
6—螺栓　7—行星齿轮球面垫片　8—行星齿轮轴（十字轴）

差速器壳由1和5两部分组成,并用螺栓6将这两部分联接在一起。主减速器的从动锥齿轮用铆钉或螺栓固定在差速器壳左半部1的凸缘上。装配行星齿轮差速器时,行星齿轮轴（十字轴）8靠四个轴颈嵌在半圆槽所形成的孔内,孔位于差速器两半壳内侧凸缘上,半轴齿轮靠轴颈支撑在差速器壳左右两半部的相应座孔中。

行星齿轮的背面做成球面,差速器壳相应位置的内表面也做成球面,以保证行星齿轮对中良好,使其与两个半轴齿轮正确啮合。

在使用过程中,改变垫片2、7的厚度可以调整行星齿轮与半轴齿轮的啮合间隙。

当汽车行驶时,动力经主减速器主动锥齿轮依次传至从动锥齿轮（单级主减速器）、差速器壳、行星齿轮轴（十字轴）、行星齿轮、半轴齿轮和半轴,最后驱动车轮。若两侧车轮以相同的转速转动,则行星齿轮绕半轴轴线转动,称为公转;若两侧车轮阻力不同,则行星齿轮在公转的同时,还绕自身的轴线转动,称为自转。因此,两半轴齿轮带动两侧车轮以不同转速转动。

（三）传动系的检修

1. 离合器从动盘的检修

从动盘是离合器的主要部件,其常见损伤形式有花键套的键齿磨损,钢片和花键毂之间的减振弹簧过软或折断,钢片与花键毂铆钉松动,钢片翘曲破裂,摩擦片磨损、烧蚀、硬化和破裂等。

（1）从动盘上摩擦片磨损情况的检查　从动盘上的摩擦片是离合器使用中的主要易损零件。摩擦片的磨损情况可用游标卡尺测量铆钉头深度的方法来确定。如图2-21所示,铆钉头部的埋入深度h不得小于0.3mm,否则应换用新摩擦片。

（2）从动盘翘曲变形的检查　从动盘翘曲变形的检查可通过测量从动盘的端面圆跳动量来检查。如图2-22所示,用指示表在距边缘2.5mm处测量,其端面圆跳动量不应大于0.4mm,否则应校正。

（3）更换离合器摩擦片

1）拆除旧摩擦片。先用比铆钉直径小0.4~0.5mm的钻头钻出铆钉头,再冲下旧铆钉,取下旧摩擦片。

2）检查从动盘钢片与花键毂的接合状况,若有松动,则应将其铆紧或用新铆钉重新铆合。

3）检查从动盘钢片的翘曲状况,可把钢片放在专门平板上用指示表测量,若在直径$\phi 240 \sim \phi 300$mm处其端面圆跳动量大于0.70mm,则可用特制夹模进行冷压校正。

4）新摩擦片的直径、厚度应符合原车规格,且两摩擦片应同时更换,质量应相同。同时，两摩擦片厚度差不应超过 0.50mm。

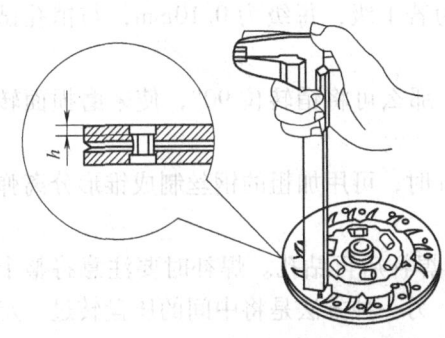

图 2-21 从动盘上摩擦片磨损情况的检查

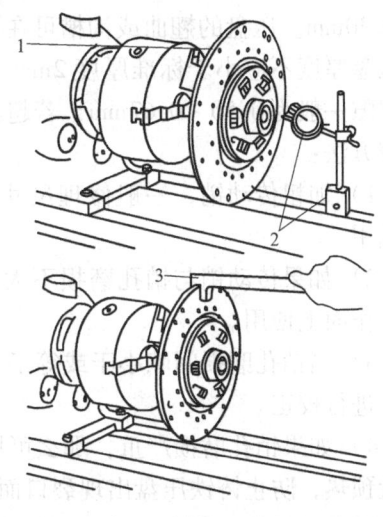

图 2-22 从动盘端面圆跳动的检查
1—从动盘 2—指示表及磁性表座 3—校正用夹具

5) 采用铆接法时，要用与原车规定相符的铆钉铆接。

6) 钻铆钉孔时，要把两片新摩擦片同时放在从动盘钢片的一边，对正位置后用夹具夹紧。选用与钢片铆钉孔相适的钻头，按照钢片上各孔的位置将摩擦片钻透，再用与铆钉头直径相对应的钻头在每片衬片的单面钻出沉孔。含钢丝的摩擦片沉孔深度为片厚的 2/3，不含钢丝的摩擦片沉孔厚度为片厚的 1/2。

7) 摩擦片与从动盘的铆合一般采用单铆形式，即一颗铆钉只铆一片摩擦片，铆钉头的方向交错排列；铆钉头应低于摩擦表面 1mm 以上。

8) 最后对铆好的摩擦片进行质量检查。修理离合器时还应对离合器盖、压盘、飞轮、分离杠杆和分离轴承等进行仔细的检验和必要的修理。

2. 离合器压盘的检修

离合器压盘的损伤一般是工作平面磨损、擦伤、破裂、翘曲和销孔磨损等。离合器打滑和分离不彻底容易使压盘受热产生翘曲变形或不均匀磨损。压盘平面度误差可用图 2-23 所示的方法测量，即将金属直尺放在压盘上，用塞尺在其缝隙处测

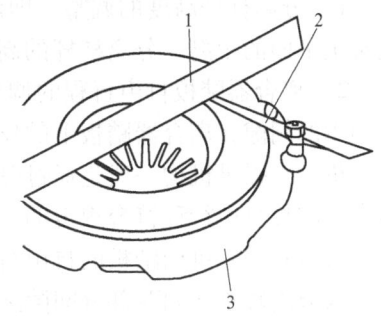

图 2-23 压盘平面度误差的检测
1—金属直尺 2—塞尺 3—压盘

量。压盘表面平面度误差值不得超过 0.12mm。

若摩擦片铆钉头露出并擦伤压盘表面，使压盘磨出沟槽，则沟槽深度不得超过 0.30mm。压盘的翘曲或沟槽可在平面磨床上磨平或在车床上车平，但加工后的压盘厚度不应小于标准厚度 2mm。双片离合器的中间压盘销孔与传动销的配合间隙一般为 0.50~0.67mm，若超出 1mm，则应根据具体损坏情况，采用下列修理方法：

1) 加粗传动销，一般修理尺寸可分为若干级，每级为 0.10mm，与销孔试配选用。

2) 如果传动销与销孔磨损不太严重，那么可将销转位 90°，使未磨损面转到工作面上使用。

3) 当销孔磨损间隙小于或等于 1.5mm 时，可用加粗的钢丝制成锥形分离弹簧，进行校正。

4) 如果销孔磨损严重，那么可用铜焊焊补后再钻孔。焊补时要注意将整个压盘预热，防止铸铁压盘出现裂口而报废。另一种方法是将中间的压盘转过一定角度再重新钻孔。压盘经过修理加工后，应进行静平衡处理。压盘有严重翘曲、磨损、裂纹时，应换用新件。

3. 装配与调整离合器总成

(1) 离合器的装配　装配时摩擦片要清洁，各活动关节及摩擦面应涂少许润滑脂；膜片弹簧式离合器的弹簧应按自由长度分组后在同向均匀搭配，以使压紧力均匀。

装配时应用专用工具，以防离合器变形。为保证从动盘与曲轴的同轴度和便于安装变速器，安装离合器时可将该车型的变速器第一轴或专用导向轴插入从动盘，并用曲轴后端导向轴承孔定位。

(2) 离合器的调整

1) 分离杠杆高度的调整　即调整分离杠杆内端至飞轮表面、压盘表面或其他规定平面的距离。分离杠杆的高度及高度差应符合原厂规定。

2) 离合器踏板自由行程的调整　即分离杠杆内端（或膜片弹簧内端）与分离轴承的间隙在离合器踏板上的反映，此自由行程应符合规定。

机械式操纵机构一般是通过分离叉拉杆调整螺母来调整拉杆或钢索长度，使离合器踏板自由行程符合规定的。

液压式操纵机构踏板的自由行程，一般是主缸活塞与其推杆之间、分离杠杆内端与分离轴承之间两部分间隙之和在离合器踏板上的反映。离合器踏板自由行程的调整实际上就是对这两处间隙的调整。调整时先调整主缸活塞与推杆的间隙。例如，北京 BJ2020 型汽车通过偏心螺柱调整推杆的伸出长度，使其与活塞间隙为 0.5~1.0mm，测量反映到离合器踏板上的自由行程应为 3~6mm。通过调整分离叉推杆长度来调整分离轴承与分离杠杆间的间隙,使离合器踏板自由行程总量符合要求。

4. 离合器装配与调整时的注意事项

1)注意离合器盖与压盘间、平衡片与压盘间、离合器盖与飞轮间的装配记号。

2)安装时应注意从动盘的方向。

3)大修的离合器应在装车前与曲轴飞轮组一起进行动平衡试验。

5. 变速器轴的检修操作要点

1)用指示表测量各轴中部的径向圆跳动量。输入轴、输出轴及中间轴和倒挡轴的径向圆跳动量要求小于或等于 0.025mm,使用极限为 0.06mm,若超过使用极限,则说明轴的直线度超差,应予以校正或更换。

2)轴颈的磨损可用外径千分尺测量,各轴颈及轴承的配合应符合要求,若磨损情况超过使用极限,则应换用新件。

3)将变速器轴的花键插入与之配合的机件中,用手检查时不应有松旷过大的感觉。也可用指示表检查,检测到的配合间隙不应大于 0.8mm;用游标卡尺测量花键厚度时,其磨损量不应大于 0.4mm。

4)将变速器放在垫有平板的 V 形架上,用指示表测量变速器各轴的直线度误差,其值不应大于 0.07mm,超过标准时应校正或更换。

6. 变速器齿轮的检修方法

1)齿轮的工作面腐蚀斑点及剥落面积超过齿面的 1/4 或齿轮出现裂纹时,应予以更换。

2)常啮合齿轮的齿厚磨损量不得超过 0.25mm,不常啮合齿轮的齿厚磨损量不得超过 0.40mm,齿轮内花键齿厚的磨损量不得超过 0.20mm,齿长磨损量不得超过原齿长的 30%,否则应予以更换。

3)用塞尺检查第二轴与倒挡轴齿轮的花键侧隙,若超过使用极限,则应予以更换。

4)齿面有轻微斑点、划痕、磨损台阶或边缘破损时,可用磨石或砂轮修磨。

7. 自动变速器液压试验时的注意事项

1)试验时,发动机和自动变速器应达到正常工作温度。

2)要有两个人配合,其中一人进行试验,另一个人在外面观察车轮运转的情况。

3)必须保证油压表、油管等连接良好,不能渗漏,并将油压表放在便于观察的位置。

4)连接油管及导线时要远离汽车或发动机的旋转部件。

8. 自动变速器失速试验时的注意事项

1）进行失速试验时，时间不得超过5s。

2）进行完一个挡位的试验后，不得立即进行下一挡位的试验，应待油温下降后再进行。

3）试验结束后不要立即熄火，应将变速杆投入空挡或停车挡，让发动机怠速运转1min左右，以使自动变速器油温正常。

4）如果在试验中发现驱动轮因制动力不足而转动，那么应立即松开加速踏板，停止试验。

5）试验要由两人配合进行，其中一人进行试验，另一个人在车外观察车轮或车轮垫木的情况。

9. 自动变速器时滞试验时的注意事项

1）进行时滞试验时，应使发动机和自动变速器达到正常工作温度。

2）进行完一个挡位的试验后，应使发动机怠速运转1min左右，再做试验。

3）共做3次试验，取平均值。

10. 自动变速器油的选用原则

自动变速器的工作特点要求自动变速器油必须具有较高的品质，其性能指标一般包括：适当的黏度和低温流动性、耐磨性、热氧化安定性、抗泡沫性、密封材料适应性、摩擦特性、剪切安定性及防腐性等。

自动变速器油的型号很多，各国的用油规定也不同，一般应按汽车使用说明书的规定选用。我国一般使用兰州、上海炼油厂生产的液力传动油，按其100℃运动黏度分为6号、8号两种规格，其中6号液力传动油用于内燃机车或载货汽车的液力变矩器，8号液力传动油用于各种轿车、轻型客车的液力自动变速器，可以替代国外的同类产品。目前，世界各国普遍使用美国生产的自动变速器油，主要有通用公司生产的DEXRON、DEXRONⅠ、DEXRONⅡ型自动变速器油和福特公司生产的E、F型自动变速器油。我国的部分国产汽车和进口汽车多采用美国通用公司生产的DEXRONⅡ型自动变速器油和福特公司生产的F型自动变速器油。

自动变速器油的型号不同，其摩擦因数也不同，因此，既不能错用，也不能混用。如果规定使用DEXRONⅡ型自动变速器油而错用了福特公司生产的F型自动变速器油，那么会使自动变速器产生换挡冲击和制动器、离合器突然啮合的现象；反之，如果规定使用福特公司生产的F型自动变速器油而错用了DEXRONⅡ型自动变速器油，那么会出现自动变速器的离合器、制动器打滑现象，加速摩擦片的早期磨损。

11. 主减速器的装配及轴承预紧度的调整

1）用压力机把前外轴承的外圈压入轴承座。若原零件没有损伤，则可重新

第二章 底盘结构与检修

使用,但轴承外圈应保持原配对,不可混装。

2) 用压力机把前内轴承的内圈压到主动锥齿轮的轴颈上,使其紧靠边齿轮大端端部,并把后轴承的内圈压上,压靠台肩。

3) 在前内轴承上安装隔套、原有调整垫片、轴承座、前外轴承,并放入止推垫圈和主动锥齿轮连接凸缘,先不装油封座及油封,在装好连接凸缘以后,再装上垫圈和槽形螺母,用规定力矩将螺母拧紧。此时,用弹簧秤钩在凸缘螺孔处沿切线方向拉动,若能以 16.7~33.3N 的力使其转动,则轴承的预紧度是合适的,若不符合上述要求,可增减调整垫片,直到合适为止。调整垫片的厚度有 0.50mm、0.25mm、0.15mm 和 0.10mm 4 种。

4) 主动锥齿轮轴承预紧度的经验检查。检查原则是:用手转动凸缘时应转动灵活无阻滞,沿轴向推拉凸缘时应无间隙感。

5) 轴承预紧度调好后,拆下连接凸缘,把内外油封及导向环装入油封座内,再将油封座及衬垫、连接凸缘、垫圈和槽形螺母依次装到主动锥齿轮上,然后按规定力矩拧紧槽形螺母,插入开口销并将其锁好。

12. 主、从动锥齿轮的啮合间隙与啮合印痕的测量和调整方法

(1) 标准印痕和啮合印痕间隙 主、从动锥齿轮应沿齿长方向接触,其位置应控制在轮齿的中部偏向小端,并离小端端部 2~7mm。接触痕的长度不应小于齿长的 50%,齿高方向的接触痕不应小于齿高的 50%,一般应距齿顶 0.80~1.60mm,啮合间隙为 0.15~0.50mm。每一对锥齿轮副啮合间隙的变动量不得大于 0.15mm。

(2) 啮合印痕的检查方法 在从动齿上相隔 120°的三处,用红丹油在轮齿的正反面各涂三个齿,再用手对从动齿轮稍施加阻力并正反向各转动主动齿轮数圈,观察从动齿轮的啮合印痕是否符合要求。

(3) 主减速器的调整方法

1) 先调整轴承预紧度,再调整啮合印痕,最后调整啮合间隙。

2) 在啮合印痕和啮合间隙调整的过程中不得变更轴承预紧度。

3) 在保证啮合印痕的前提下调整啮合间隙,不符合要求时应成对更换。

13. 差速器总成的装配

1) 用压力机将轴承内圈压入左、右差速器壳的轴颈上。

2) 把左差速器壳放在工作台上,在与行星齿轮和半轴齿轮相配合的工作表面上涂机油,将半轴齿轮支撑垫圈连同半轴齿轮一起装入,再将已装好的行星齿轮及其支撑垫圈的十字轴总成装入左差速器壳的十字柄中,并使行星齿轮与半轴齿轮啮合。

3) 在行星齿轮上安装右边的半轴齿轮、支撑垫圈,将从动圆柱齿轮、差速器右壳合到左壳上,注意对准壳体上的标记。从右向左装入螺栓,用规定力矩拧

85

紧螺母。

4）检查半轴齿轮与支撑垫片之间的间隙，此间隙不应大于 0.5mm，若不符合要求，则应更换新的支撑垫片。

5）将调整好的差速器总成装入主减速器壳中，装上两端的轴承外圈、轴承盖及调整螺母，通过调整螺母调整差速器轴承的预紧度。使轴承滚子处于正确位置，且轴承上应涂抹适量润滑油。正确的预紧度应当是用 0.98~3.4N·m 的力矩能灵活转动差速器总成（用弹簧秤钩在从动锥齿轮紧固螺栓上测量时，切向拉力应为 11.3~25.9N），最后用锁片将螺栓锁紧。

14. 差速器总成的检查与调整

1）差速器壳应无裂损，壳体与行星齿轮、半轴齿轮的接触面应光滑无沟槽。

2）十字轴承孔的垂直度误差不应大于 100∶0.05。两轴线应相交，其位置度误差不应大于 0.20mm。每一轴线应与半轴齿轮轴承孔的轴线位于同一平面内，其位置度误差均不应大于 0.30mm。

3）若以差速器壳与从动锥齿轮结合的圆锥面及端面为测量基准，则半轴齿轮轴承孔及差速器轴承轴颈表面的径向圆跳动量一般不应大于 0.08mm。

4）半轴齿轮及轴承之间的结合端面对壳体轴承轴颈轴线的端面圆跳动量均不应大于 0.05mm。

5）半轴齿轮轴颈与差速器壳的配合间隙以及十字轴轴颈与差速器壳、行星齿轮的配合间隙均应符合原厂或修理技术条件的规定。

15. 万向节的检修

1）检查十字轴轴颈表面，若轴颈表面有严重损伤（如金属剥落、明显凹陷或滚针压痕深度大于 0.10m），则均应更换新件。若轴颈表面有轻微剥落，则可用磨石打光剥落表面后继续使用。

2）若滚针轴承油封损坏或滚针断裂、缺针，则都应更换新件。

3）检查万向节十字轴与滚针轴承的配合间隙。检查时，将十字轴夹在台虎钳上，把滚针轴承壳套在十字轴颈上，用指示表测头抵住轴承壳外表面最高点，用手上下推动滚针轴承壳，指示表上指针移动的变化值即为该轴承与十字轴配合的间隙值。当轴承间隙超过规定值极限时，应予以更换。

16. 传动轴的检修

（1）传动轴直线度的检查　可利用万向节叉和花键轴上的中心孔，把传动轴两端用顶尖顶起来，用指示表测量轴管外圆的径向圆跳动；也可将轴管两端用 V 形架支起来，用指示表测量轴管外圆的径向圆跳动。当传动轴的弯曲量超过规定值时，可在压床上冷压校直。

（2）轴承的检查　若发现轴承滚珠、滚道上有烧蚀或金属剥落等现象，则应及时更换轴承。将轴承拿在手上进行空转,观察轴承转动是否轻便、灵活。

1) 检查轴承的顶隙。将轴承放在平板上使指示表的测头抵住轴承外座圈,然后用一只手把轴承内圈压紧,用另一只手推动轴承外圈,此时指示表上所摆动的数值即为轴承的顶隙。

2) 检查轴承的轴向间隙。将轴承外圈搁在两垫块上并使轴承内圈悬空,再在轴承内圈上放一块平铁板,然后将指示表测头抵住平铁板中央,上下推动轴承内圈,此时指示表上所指示的数值即为该轴承的轴向间隙。

(3) 中间支撑轴承座内表面的检查 若中间支撑轴承座内表面的磨损深度大于0.05mm,则应予以更换。

(4) 前后油封盖、支架的检查 检查前后油封盖有无磨损,支架有无裂损,橡胶环有无腐蚀老化,视需要及时进行更换或修复。

17. 中间支撑轴轴承的检修

(1) 轴承座内表面磨损情况的检查 传动轴中间支撑轴承轴颈与轴承的配合应符合原厂要求,若原厂标准为 -0.020~+0.008mm,则最大间隙不得超过0.05mm。当传动轴中间支撑轴颈处的磨损量超过规定值时,应根据情况采用堆焊等方法将轴承与轴颈的配合尺寸修复至标准尺寸或更换轴承。

(2) 轴承轴向间隙的检查 检查方法同上,中间支撑轴承间隙的使用极限为0.50mm。若轴承的轴向间隙或顶隙过大,则应及时更换轴承。

二、行驶系

汽车行驶系的作用是支撑全车的质量并保证汽车正常行驶。行驶系一般由车架(或承载式车身)、车桥(前后车桥)、车轮和悬架(前后悬架)等组成。

(一) 车架

车架的作用是安装汽车的各总成和部件,并使它们保持正确的相对位置,同时承受来自车上和地面的各种静、动载荷。

汽车车架按结构可分为边梁式、中梁式和综合式三种。

(二) 车桥

1) 车桥通过悬架与车架相连,两端安装车轮。其作用是传递车架与车轮之间的各种力和力矩。按配用悬架的结构不同,车桥分为整体式和断开式两种。

① 整体式车桥:中部是刚性实心或空心梁,与非独立悬架配用。

② 断开式车桥:活动关节式结构,与独立悬架配用。

2) 按车桥上车轮的作用不同,车桥分为转向桥、驱动桥、转向驱动桥和支持桥四种。

① 支持桥:仅用于连接安装左、右车轮,既不产生驱动力,也不实现转向。

前轮驱动汽车的后桥、多轴单桥驱动汽车的中桥或后桥以及挂车上的车桥属于支持桥。

② 驱动桥：不仅用于承载，而且具有驱动的作用。后轮驱动汽车的后桥和四驱汽车的后桥为驱动桥。

③ 转向桥：其作用是使车轮偏转一定角度，以实现汽车的转向，一般汽车只有一个转向桥，位于汽车前部。

④ 转向驱动桥：既有转向功能又有驱动功能的车桥。前轮驱动汽车和四驱汽车的前桥为转向驱动桥。图2-24所示为桑塔纳2000型轿车的转向驱动桥。

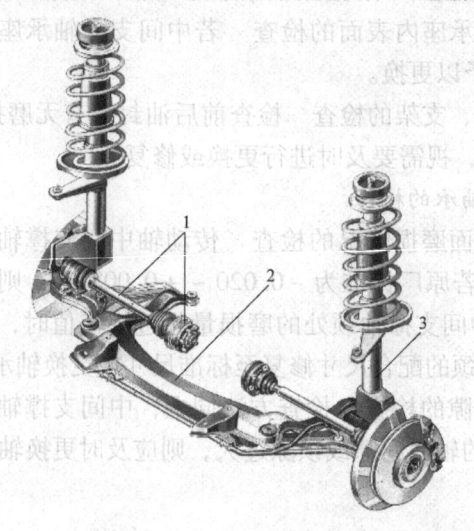

图2-24　桑塔纳2000型轿车的转向驱动桥

现代轿车的前桥广泛使用转向驱动桥。转向驱动桥一般包括主减速器、差速器和半轴，也包括一般转向桥所具有的转向节、轮毂和主销等。但为了保证既能转向又能驱动的需要，与车轮相连的半轴必须分成内半轴（与差速器相连）和外半轴（与轮毂相连）两段，且两者之间用等速万向节连接，如图2-25所示。另外，主销也同样分制成上下两段，固定在万向节的球形支座上。转向节轴颈制成中空的，以便外半轴通过。

（三）车轮定位

所谓车轮定位，就是汽车的每个车轮（或通过转向节）和车桥、车架的安装应保持一定的相对位置。传统的车轮定位主要是指前轮定位，但越来越多的现代汽车同时对后轮进行定位，即四轮定位。前轮定位参数有主销后倾角、主销内倾角、前轮外倾角和前轮前束；后轮定位参数有后轮外倾角和后轮前束。

1. 主销后倾角

在汽车的纵向平面内（汽车的侧面），主销上部向后倾的一个角度γ，称为

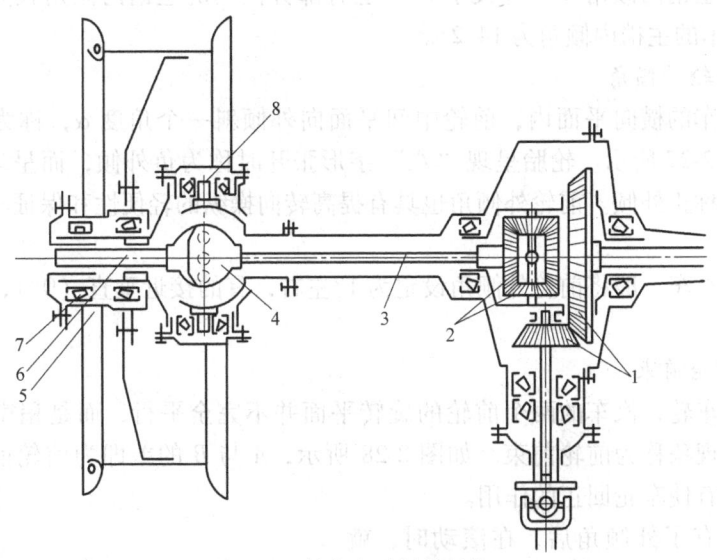

图 2-25 转向驱动桥的结构

1—主减速器 2—差速器 3—内半轴 4—万向节 5—转向节轴径 6—外半轴 7—轮毂 8—主销

主销后倾角,如图 2-26 所示。正如自行车的前轮叉梁向后倾斜一样,主销后倾角的存在能产生回正的稳定力矩,保证汽车能稳定地直线行驶。

主销后倾角一般不超过 3°。现代汽车为了提高行驶速度,普遍采用扁平低压胎,由于轮胎变形增加,引起稳定力矩增加,因此 γ 角可以减小至接近于零,甚至为负值。

2. 主销内倾角

在汽车的横向平面内(汽车的前后方向),主销上部向内倾斜一个角度,即主销轴线与垂线之间的夹角 β 称为主销内倾角,如图 2-27 所示。主销内倾角也具有使车轮自动回正的作用,还能使汽车转向轻便。

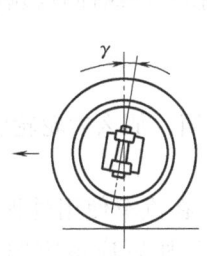

图 2-26 主销后倾角

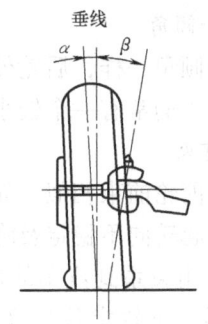

图 2-27 主销内倾角

一般主销内倾角 β 不应大于 8°，也有部分汽车的主销内倾角较大，如奥迪 100 型轿车的主销内倾角为 14.2°。

3. 前轮外倾角

在汽车的横向平面内，前轮中间平面向外倾斜一个角度 α，称为前轮外倾角，如图 2-27 所示。轮胎呈现"八"字形张开时称为负外倾，而呈现"V"字形张开时称正外倾。前轮外倾角也具有提高转向操纵的轻便性和保证车轮工作安全的作用。

现代汽车一般将前轮外倾角设定为 1°左右，有的接近垂直（0°），也有的为负值。

4. 前轮前束

俯视车轮，汽车的两个前轮的旋转平面并不完全平行，而是稍微带一些角度，这种现象称为前轮前束。如图 2-28 所示，A 与 B 的差即为前轮前束值。前轮前束具有使车轮回正的作用。

车轮有了外倾角后，在滚动时，就类似于圆锥滚动，从而导致两侧车轮向外张开。由于转向横拉杆和车桥的约束而使车轮不可能向外张开，车轮将在地面上出现边滚边向内滑移的现象，从而增加了轮胎的磨损。但是，前轮前束使车轮在每一瞬时的滚动方向接近于向着正前方，从而在很大程度上减轻和消除了由于车轮外倾而产生的不良后果。

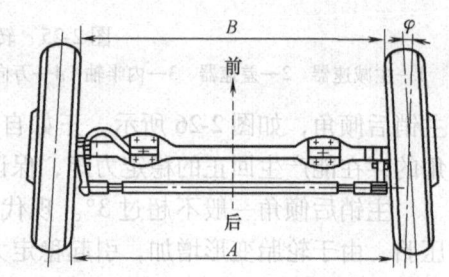

图 2-28 前轮前束

前轮前束可通过改变横拉杆的长度来调整。一般前束值为 0~12mm。也有的汽车为了与前轮负外倾角相配合，其前轮前束也取负值，即负前束（如上海桑塔纳型轿车的前轮前束为 -3~-1mm）。

5. 后轮外倾角

像前轮外倾角一样，后轮外倾角也对轮胎磨损和操纵性有影响。采用独立后悬架的大多数车辆常有一个较小的后轮正外倾角。

6. 后轮前束

其定义与前轮前束相似。如果后轮前束值不当，那么后轮轮胎也会被擦伤，另外，还会引起转向不稳定及降低制动效能。

车轮定位角关系到汽车的操纵性及安全性，在汽车使用过程中，由于车架和悬架的变形，车轮定位角在不断地发生变化，所以应该定期进行检查与调整。

（四）汽车悬架

1. 悬架的作用

悬架就是车架（或车身）与车桥（或车轮）之间一切传力连接装置的总称。其作用是把路面作用于车轮上的垂直反力、纵向反力（牵引力和制动力）和侧向反力以及这些反力所造成的转矩传递到车架（或车身）上，以减少汽车震动，保证汽车的正常行驶。

2. 悬架的组成

汽车悬架一般由弹性元件、减振器和导向机构（横向稳定杆、摆臂、纵向推力杆等）三部分组成，如图2-29所示。

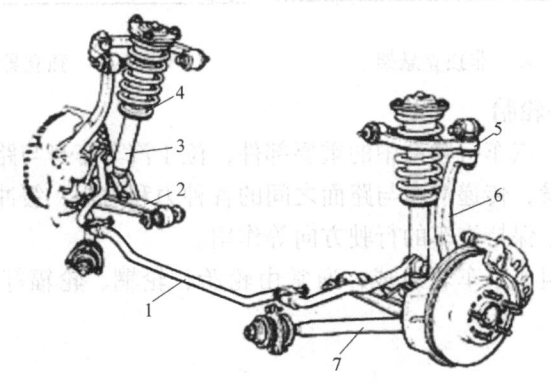

图2-29 悬架的组成
1—横向稳定杆 2—下摆臂 3—减振器 4—弹性元件
5—上摆臂 6—转向节 7—纵向推力杆

弹性元件用来承受并传递垂直载荷，缓和不平路面、紧急制动、加速和转弯时引起的冲击或车身位置的变化。悬架采用的弹性元件有钢板弹簧、圆柱螺旋弹簧、空气弹簧和油气弹簧等。

减振器用来衰减由弹性系统引起的振动。

导向装置用来使车轮按一定运动轨迹相对于车身运动，同时起传递力的作用。通常，导向装置由摆臂式控制杆件组成。

3. 悬架的类型

根据导向装置的不同，悬架又可分为非独立悬架和独立悬架两种。

非独立悬架的结构特点是：两侧的车轮由一根整体式车桥相连，车轮连同车桥一起通过弹性悬架与车架（或车身）连接。当一侧车轮因道路不平而发生跳动时，必然引起另一侧车轮在汽车横向平面内发生摆动，如图2-30所示。

独立悬架的结构特点是将车桥做成断开的，每一侧的车轮可以单独地通过弹性悬架与车架（或车身）连接，如图2-31所示。其优点是：两侧车轮可以单独跳动，互不影响，在不平道路上可减少车架和车身的振动，并有助于消除转向轮不断偏摆的不良现象；悬架所受到的冲击载荷小，可以提高汽车的平均行驶速度；发动机总成的位置可以降低和前移，使汽车重心下降，从而提高汽车行驶的稳定性。但独立悬架的结构复杂，制造成本高，保养和维修不便，轮胎磨损较严重。

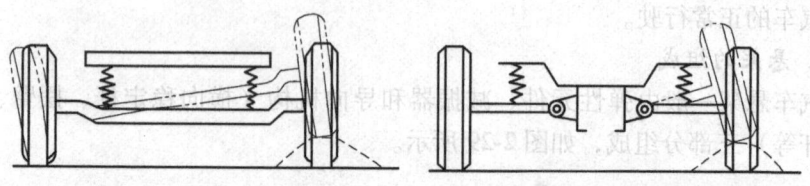

图 2-30　非独立悬架　　　　图 2-31　独立悬架

（五）车轮与轮胎

车轮与轮胎是汽车行驶系中的重要部件，位于汽车车身与路面之间，具有支撑汽车和装载质量，传递汽车与路面之间的各种力和力矩，缓冲车轮受路面颠簸时所引起的振动，保持汽车的行驶方向等作用。

车轮与轮胎组成了车轮总成，通常由轮胎、轮辋、轮辐等组成，如图 2-32 所示。

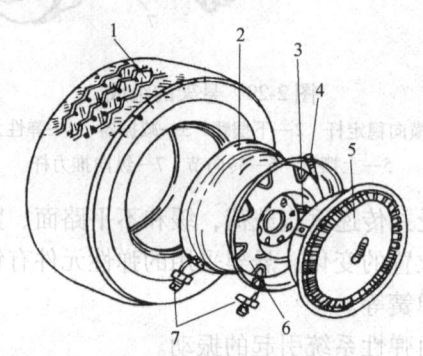

图 2-32　车轮总成
1—轮胎　2—轮辋　3—螺栓　4—气门嘴
5—饰罩　6—辐板　7—平衡块

按胎体结构的不同，轮胎可分为充气轮胎和实心轮胎两种。现代汽车绝大多数采用充气轮胎。

充气轮胎又可分为有内胎轮胎和无内胎轮胎两种。普通充气轮胎由外胎、内胎和垫带组成（见图2-33），使用时安装在汽车车轮的轮辋上。内胎是一个环形的橡胶管，上面装有气门嘴，以便充入或排出空气。没有内胎的轮胎，空气直接压入外胎中,因此要求外胎与轮辋之间密封性很好。无内胎轮胎的优点是:消除了内、外胎之间的摩擦,散热性好,胎温低,有利于车速的提高,且结构简单、质量小、寿命长、耐刺穿性好,但材料、工艺要求高,途中维修困难。无内胎轮胎在轿车上广泛采用,并开始在货车上使用。

按胎体的结构不同,轮胎还可分为斜交轮胎和子午线轮胎。子午线轮胎帘布层的帘线在轮胎上的分布好像地球的子午线,使帘线的强度得到充分利用,帘布层数可比普通斜交轮胎减少40%~50%。其胎体较柔软,接地面积大,附着性能好,对地面单位压力小,滚动阻力小,节省油耗。目前,国产轿车均使用子午线无内胎轮胎。

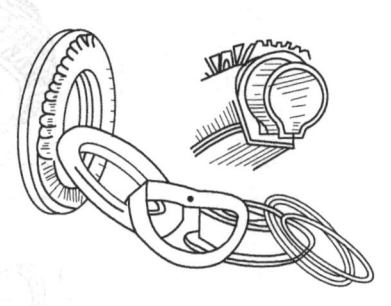

图 2-33 普通充气轮胎

按轮胎内空气压力的大小,轮胎还可分为高压胎(0.5~0.7MPa)、低压胎(0.15~0.45MPa)和超低压胎(0.15MPa以下)。低压胎弹性好、断面宽、接地面积大、壁薄且散热好,从而提高了汽车行驶的平顺性、稳定性,同时提高了轮胎的使用寿命,所以汽车上几乎全部使用低压胎。

轮胎的外胎两侧标志有规格、结构代号等,轿车轮胎还标有速度级别代号,在购置和安装轮胎时应注意。

1. 斜交轮胎规格

我国采用国际标准,斜交轮胎的规格用 $B-d$ 表示。载货汽车斜交轮胎和轿车斜交轮胎的尺寸 B 和 d 均用 in(1in=0.0254m)为单位。B 表示轮胎名义断面宽度,d 表示轮辋名义直径。如 9.00—20 表示轮胎名义断面宽度为 9.00in,轮辋名义直径为 20in。

2. 子午线轮胎规格

国产子午线轮胎规格用 BRd 表示,其中 R 表示子午线轮胎。

国产轿车子午线轮胎断面宽度 B 已全部改用单位 mm,载货汽车轮胎断面宽度 B 的单位有 in 和 mm 两种,而轮辋直径 d 的单位仍为 in。

随着轮胎的扁平化,仅以断面宽度 B 和轮辋直径 d 已不能完全表示轮胎的规格。即在断面宽度 B 相同的情况下,断面高度 H 随着扁平率的变化而变化。目前,国产轿车子午线轮胎按其扁平率(高宽比)划分系列,可分为80、75、70、65、60五个系列。上述数字分别表示断面高度 H 是断面宽度 B 的80%、75%、70%、65%和60%。显然,数字越小,轮胎越矮,即轮胎越扁平。

例如,子午线轮胎规格 175/70HR13 表示轮胎断面宽度为 175mm,扁平率为

70%，速度等级为 H，轮辋直径为 13in 的子午线轮胎。图 2-34 所示为子午线轮胎的尺寸标记。

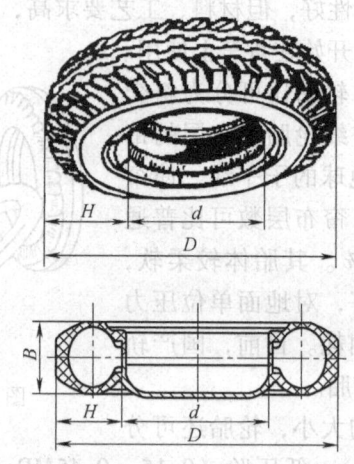

图 2-34 子午线轮胎的尺寸标记

3. 无内胎轮胎规格

按国标 GB/T 2977—2008《载重汽车轮胎规格、尺寸、气压与负荷》的规定，载重汽车普通断面子午线无内胎轮胎规格用 BRd 表示。有些子午线轮胎，在规格中加"LT"来表示轻型载重汽车轮胎。例如：轮胎 195/70R14LT 表示轮胎的名义断面宽度为 195mm，扁平率为 70%，子午线轮胎，轮辋名义直径为 13in，最后"LT"表示轻型载重汽车。

三、转向系

汽车转向系的作用是按照驾驶人的要求改变和保持汽车的行驶方向。按照汽车转向系动力源的不同，汽车转向系可分为机械转向系和动力转向系两大类。

1. 机械转向系

机械转向系以人力作为唯一的转向动力源。在机械转向系中，所有传力件都是机械的。当需要转向时，驾驶人对转向盘施加一个转向力矩，该力矩通过转向轴输入到转向器，经转向器放大后的力矩和减速后的运动传到转向横拉杆，再传给固定于转向节的转向节臂，使转向节和它所支撑的转向轮偏转，从而改变汽车的行驶方向。机械转向系的基本组成如图 2-35 所示。

尽管现代汽车转向系的结构多种多样，但都包括转向操纵机构、转向器和转向传动机构三个基本组成部分。

转向操纵机构即驾驶人操纵转向器的工作机构，主要由转向盘、转向轴、转向管柱等组成。

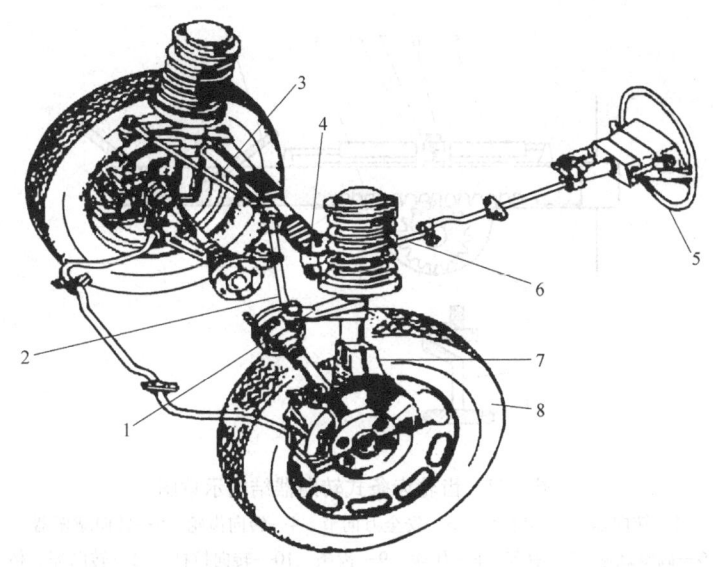

图 2-35 机械转向系的基本组成

1—转向节臂 2—转向横拉杆 3—转向减振器 4—机械转向器
5—转向盘 6—转向轴 7—转向节 8—转向轮

转向器的作用是将转向盘的转动变为齿条轴的直线运动或转向摇臂的摆动,降低传动速度,增大转向力矩并改变转向力矩的传动方向。常用的转向器有循环球式转向器(见图2-36)、齿轮齿条式转向器(见图2-37)等几种。

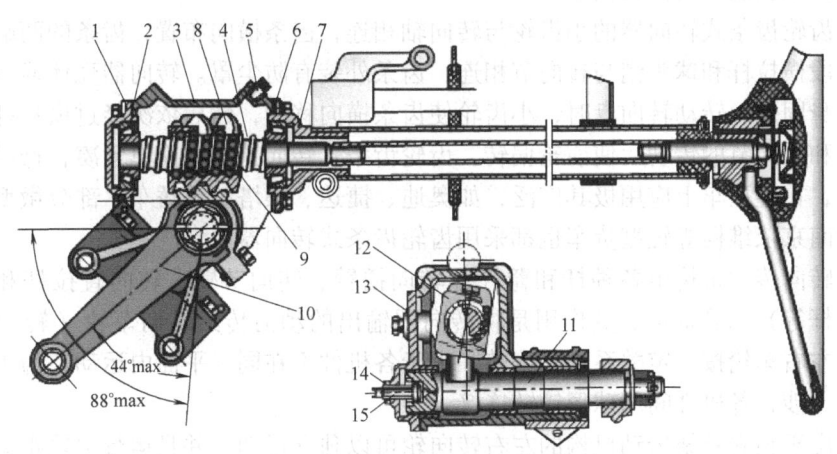

图 2-36 循环球式转向器

1—下盖 2、6—调整垫片 3—壳体 4—转向螺杆 5—加油螺塞 7—上盖 8—钢球导管
9—钢球 10—转向摇臂 11—转向摇臂轴 12—转向螺母 13—侧盖 14—螺母 15—调整螺钉

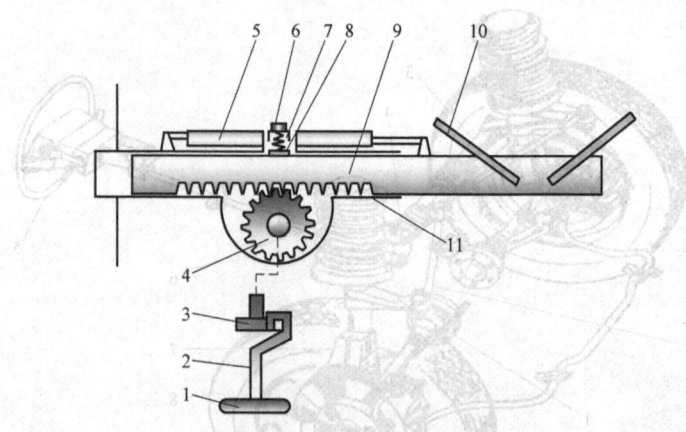

图 2-37　齿轮齿条式转向器结构示意图

1—转向盘　2—转向轴　3—安全万向节　4—转向齿轮　5—转向减振器
6—调整螺塞　7—弹簧　8—压块　9—齿条　10—转向拉杆　11—转向器壳体

　　循环球式转向器是目前国内外应用最广泛的结构之一。该转向器具有两对传动副：一对是蜗杆和螺母（一个平面制成齿条），另一对是齿扇和齿条。蜗杆上方连着转向轴，转动转向盘，蜗杆会随之转动。螺母是套装在蜗杆上的，二者之间靠钢球传动。螺母的外观呈方形，转动转向盘时，蜗杆通过钢球将转向力矩传给螺母，使螺母沿蜗杆移动，齿条便带动齿扇使转向摇臂摆转，从而驱动摇臂轴转动，实现汽车转向。钢球传动使螺杆和螺母之间的滑动摩擦变为滚动摩擦，使转向操纵轻便，机件磨损更小。

　　齿轮齿条式转向器的小齿轮与转向轴相连，齿条横向布置，齿条的两端各通过一段横拉杆和球头销与转向节相连，齿条外装有防尘罩。转向器壳体通过螺栓与车身固定。转动转向盘时，小齿轮使齿条横向移动，然后依次经过横拉杆、球头销和转向节的传动后使前轮偏转。齿轮齿条式转向器结构简单紧凑，操纵轻便灵敏，在轻型车上应用极其广泛，如奥迪、捷达、桑塔纳等轿车，部分微型货车以及南京依维柯等轻型货车也都采用齿轮齿条式转向器。

　　转向传动机构由各种杆和臂（如转向摇臂、转向节臂、转向直拉杆和转向横拉杆等）组合而成，其作用是将转向器输出的动力传给转向车轮（转向节），并使左右车轮按一定关系进行偏转。由于各机件不在同一平面内运动，为了防止运动干涉，各机件间用球形铰链连接。

　　由于独立悬架传动机构的左右转向轮可以独立运动，并且运行中轮距会发生变化，所以横拉杆必须做成两部分，另外，为了适应不同转向器的结构要求，还要增加一些传动杆件。

　　横拉杆除了传力，还有一个重要的作用是调节前束值。当横拉杆工作长度发生变化时,前束值得到调节。当调节前束时,可松开锁紧螺母,转动拉杆体,当达到合理的前束值时,再将锁紧螺母锁死。

2. 动力转向系

汽车动力转向系统在驾驶人的控制下,借助汽车发动机产生的液体压力或电动机驱动力来实现车轮转向,所以也称为转向动力放大装置。它是在机械转向系的基础上加设一套转向加力装置而形成的。在正常情况下,汽车转向所需的能量,只有一小部分由驾驶人提供,而大部分是由发动机(或电动机)通过转向加力装置提供的。

普通动力转向系统因其操纵灵活、轻便,目前已得到广泛应用。液压式动力转向系(见图2-38)的转向加力装置包括转向液压泵、转向油管、转向油罐以及位于整体式转向器内部的转向控制阀和转向动力缸等。当转向器工作时,转向器输入轴带动转向器内部的转向控制阀转动,使转向动力缸产生液压作用力,帮助驾驶人操纵转向。这样,为了克服地面作用于转向轮上的转向阻力矩,驾驶人需要在转向盘上施加转向力矩,该力矩比采用机械转向系时所需的转向力矩小得多。另外,采用液压式动力转向系还能提高汽车行驶的安全性。

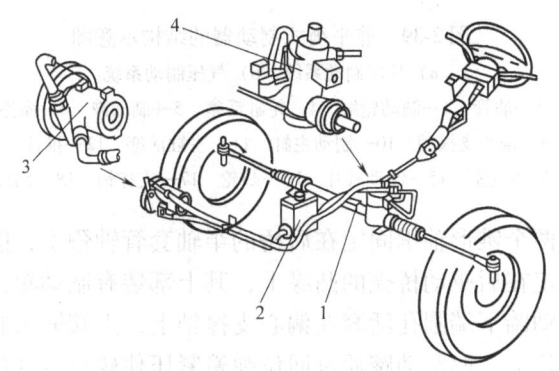

图2-38 液压式动力转向系

1—齿轮齿条式转向器 2—转向油罐 3—转向液压泵 4—转向控制阀

四、制动系

根据车轮制动器中旋转元件的不同,车轮制动器可分为鼓式制动器和盘式制动器两大类。其中鼓式制动器应用比较广泛,而盘式制动器多用于一些小汽车上。

(一) 鼓式制动器

鼓式制动器多为内张双蹄式,按制动时两制动蹄对制动鼓径向力的平衡情况不同,可分为非平衡式、平衡式(单向助势、双向助势)和自动增力式三种具体结构。

1. 非平衡式制动器（见图2-39）

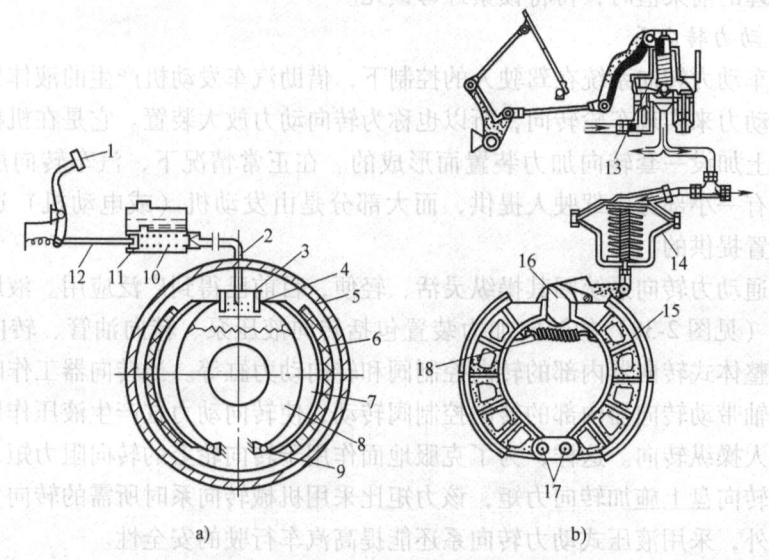

图2-39 非平衡式制动器的结构示意图
a）液压制动系统 b）气压制动系统
1—制动踏板 2—油管 3—制动轮缸 4—轮缸活塞 5—制动鼓 6—摩擦片 7—制动蹄
8—制动底板 9—偏心支撑销 10—制动主缸 11—主缸活塞 12—推杆 13—制动控制阀
14—制动气室 15—制动蹄片 16—凸轮 17—支撑销 18—回位弹簧

制动鼓通过两个锥形轴承固定在后桥的半轴套管轴颈上，能够自由转动。制动底板用螺栓固定在后驱动桥壳的凸缘上，其上部装有制动轮缸，下部装有两个偏心支撑销。制动蹄下端圆孔活套在偏心支撑销上，上端嵌入制动轮缸活塞的凹槽中或顶靠在凸轮上，两制动蹄通过回位弹簧紧压住轮缸活塞或凸轮。

当踩下制动踏板时，具有一定压力的制动液被压入轮缸中，推动活塞（或气压推动偏心轮偏转）使两制动蹄压向制动鼓，制动蹄和制动鼓之间产生摩擦力矩，以实现汽车的制动。松开制动踏板，在回位弹簧的作用下制动蹄被迫回位，制动液回流，从而解除制动。

若制动蹄片与制动鼓的间隙过小，则不易彻底解除制动；若制动蹄片与制动鼓的间隙过大，则将使制动不灵。此间隙值一般上端（轮缸端）为0.25mm，下端（偏心支撑销端）为0.12mm。

制动时，虽然两制动蹄的张力相等，但是两蹄受到制动鼓的法向力不相等，所以两制动蹄对制动鼓的制动力矩也不相等，故称这类制动器为非平衡制动器。非平衡式制动器的制动蹄受力情况如图2-40所示。

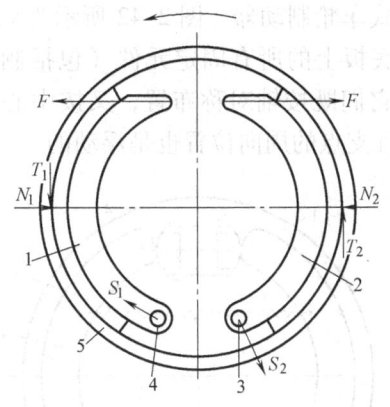

图 2-40 非平衡式制动器的制动蹄受力示意图
1、2—制动蹄 3、4—支撑销 5—制动鼓

2. 平衡式制动器

将两个制动蹄均设计为助势蹄的制动器称为平衡式制动器。在前进制动时两蹄都为助势蹄,倒车制动时两蹄都为减势蹄的制动器称为单向助势平衡式车轮制动器;在前进和倒车制动时两蹄都为助势蹄的制动器称为双向助势平衡式车轮制动器。

(1) 单向助势平衡式车轮制动器 如图 2-41 所示,两制动蹄各用一个单向活塞制动轮缸,且前后制动蹄及其轮缸、调整凸轮等零件在制动底板上的布置是中心对称的,两轮缸用油管连接,且两轮缸中的油压相等。当前进制动时两蹄均为助势蹄,从而提高了前进制动时的制动效能,并使蹄片的磨损趋于相等。但当倒车制动时两蹄均为减势蹄,导致倒车时的制动效能比前进时差很多。

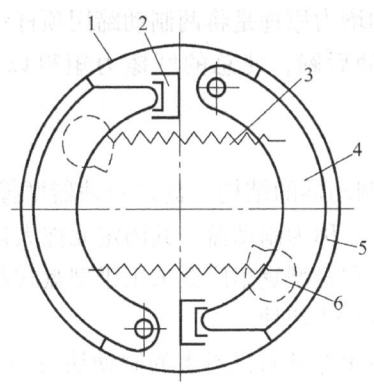

图 2-41 单向助势平衡式车轮制动器的结构示意图
1—制动底板 2—制动轮缸 3—回位弹簧 4—制动蹄 5—摩擦片 6—调整凸轮

（2）双向助势平衡式车轮制动器　图2-42所示为双向助势平衡式车轮制动器的结构示意图。制动底板上的所有固定元件（包括制动蹄、制动轮缸、回位弹簧等）都是成对的，它们既按轴对称布置，又按中心对称布置。两制动蹄的两端都采用浮式支撑，且支点的周向位置也是浮动的。

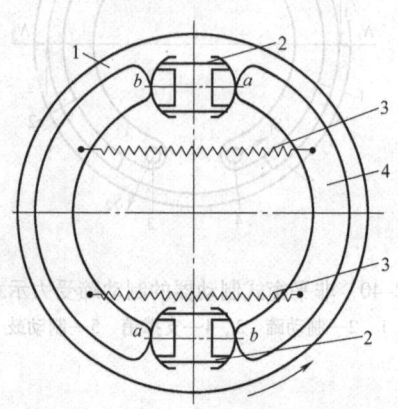

图2-42　双向助势平衡式车轮制动器的结构示意图
1—制动底板　2—制动轮缸　3—回位弹簧　4—制动蹄

3. 自动增力式制动器

自动增力式制动器也可分为单向自动增力式制动器和双向自动增力式制动器两种，它们在结构上的区别只是轮缸中的活塞数目不同而已。单向自动增力式制动器用单活塞式轮缸，双向自动增力式制动器用双活塞式轮缸。单向自动增力式制动器只在汽车前进时起自动增力作用，双向自动增力式制动器则在前进和倒车制动时都能起自动增力作用。

自动增力式制动器的增力原理是将两制动蹄用顶杆浮动铰接代替固定的偏心销，利用前蹄的助势推动后蹄，使总的摩擦力矩得以增大，起到自动增力的作用。

（二）**盘式制动器**

图2-43所示为盘式制动器的结构。盘式制动器摩擦副中的旋转元件是以端面为工作表面的金属圆盘，称为制动盘。其固定元件大体可分为钳型盘式和全盘式两种。目前，各种轿车和轻型货车广泛采用钳型盘式制动器。钳型盘式制动器又可分为定钳盘式和浮钳盘式两种。

制动器中固定的摩擦元件是面积不大的制动块总成，一般有2~4块。这些制动块及其张开装置均装在横跨制动盘两侧的钳形支架中，称为制动钳。制动钳用螺钉固定在转向节上，并通过调整垫片来控制制动钳与制动盘之间的相对位置。制动盘用螺钉固定在轮毂上。

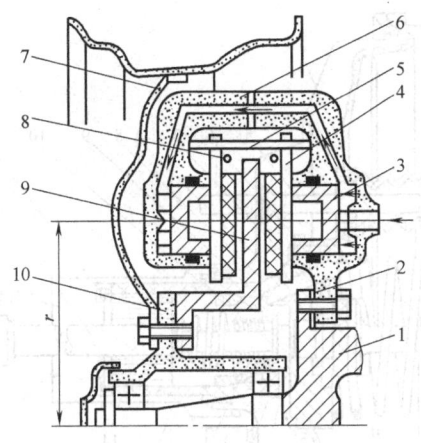

图 2-43 盘式制动器的结构
1—转向节或桥壳 2—调整垫片 3—活塞 4—制动块总成 5—导向支撑销
6—钳形支架 7—轮盘 8—回位弹簧 9—制动盘 10—轮毂 r—制动盘摩擦半径

制动时，制动液被压入内外两侧液压缸中，在液压作用下液压缸中的两活塞带动制动块作相向移动并压紧制动盘，产生摩擦力矩，从而产生制动效应。

（三）真空助力器

真空助力器的结构如图 2-44 所示。真空助力器和制动主缸用 4 个螺钉固定在车身前围上，左外壳、右外壳和气室膜片压合在一起组成不通大气且彼此密封的左气室和右气室。真空控制阀总成的阀体与左端凸缘盘用气封和垫片压合在气室膜片上，气室膜片回位弹簧将真空控制阀总成连同气室膜片压向右边。阀体右边的圆柱体虽然可在密封套内左右移动，但是仍能保证右气室与外界大气隔绝。

在刚踩下制动踏板时，控制阀总成未向左移动。制动踏板使压杆克服控制阀推杆弹簧的作用力而左移，并通过球头推动球铰链，再推动橡胶块、推杆和后活塞左移，使制动主缸产生一定的液压。与此同时，橡胶膜片的左膜片与阀体的阀口接触而封闭通往左、右气室的通道。推杆继续左移，球铰链杆与左膜片脱离后打开通道，外界空气就通过空气滤清器进入右气室。于是，在左、右气室之间产生一个压力差，使气室膜片带动真空控制阀总成以及推杆和后活塞一起向左移动。这样，推杆和后活塞左移的力不仅包括制动踏板推力，而且包括因左、右气室压力差而引起的推动力。

在踩制动踏板的过程中，空气经真空控制阀不断地进入真空助力器的右气室，使阀体不断地左移。当制动踏板停留在某一行程时，阀体也左移到一定位置，此时橡胶膜片的左膜片又与球铰链杆的端面相接而使通道与外界空气隔绝，从而使真空增压器处于平衡位置。

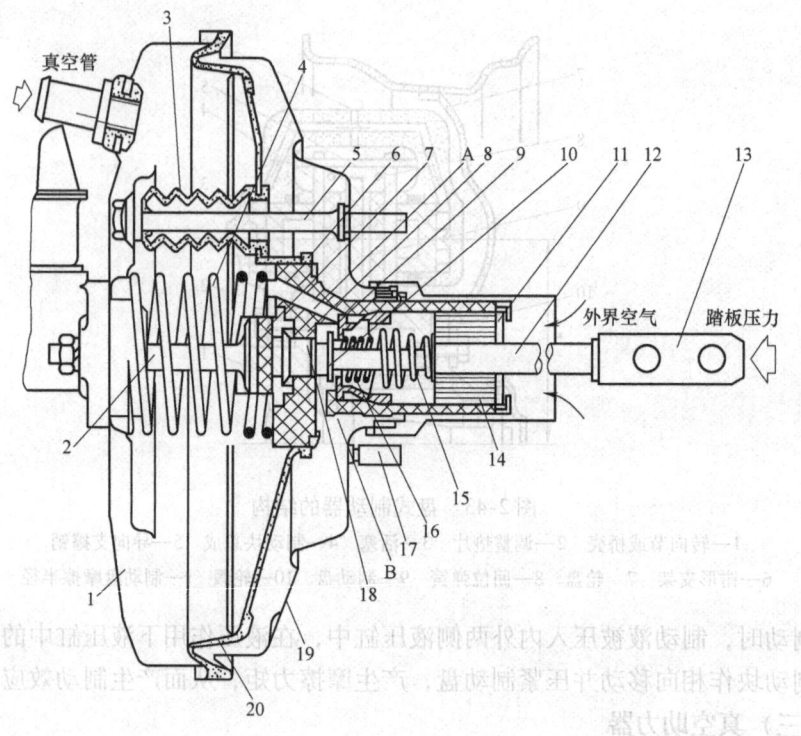

图 2-44 真空助力器

1—前壳体 2—制动主缸推杆 3—导向螺栓密封套 4—膜片回位弹簧 5—导向螺栓
6—控制阀 7—橡胶反作用盘 8—气室膜片座 9—橡胶阀门 10—大气阀座
11—过滤环 12—控制阀推杆 13—调整叉 14—毛毡过滤环 15—控制阀推杆弹簧
16—阀门弹簧 17—螺栓 18—控制阀柱塞 19—后壳体 20—气室膜片

放开制动踏板，控制阀推杆弹簧推动压杆右移，橡胶膜片与阀体的阀口脱离，两通道 A 与 B 又相通而使左、右气室压力差消失，气室膜片及真空控制阀总成在回位弹簧的作用下右移，又回到起始位置，解除制动。

(四) 液压感载比例阀

图 2-45 为液压感载比例阀的结构示意图。阀体安装在车架上，活塞右部的空腔内装有阀门。不制动时，活塞在感载拉力弹簧通过杠杆施加的推力 F 作用下处于最右位置，阀门因右端杆部顶触螺塞而开启，并使左、右腔连通。制动时，来自主缸压力为 p_1 的制动液从进口 A 处进入，并通过阀门从出口 B 处流到后制动轮缸，此时出口 B 处的液压 $p_2=p_1$。由于活塞右侧的承压面积大于左侧的承压面积，柱塞将左移一定距离，当 p_1 和 p_2 一同升高到某一值时，阀门正好落座而将左、右腔隔绝，达到图 2-45 所示的平衡状态。此后，p_1 若继续升高，p_2 则只能以小于 p_1 的增长比例随之增高，即后轮液压的增长率小于前轮液压的增

长率。

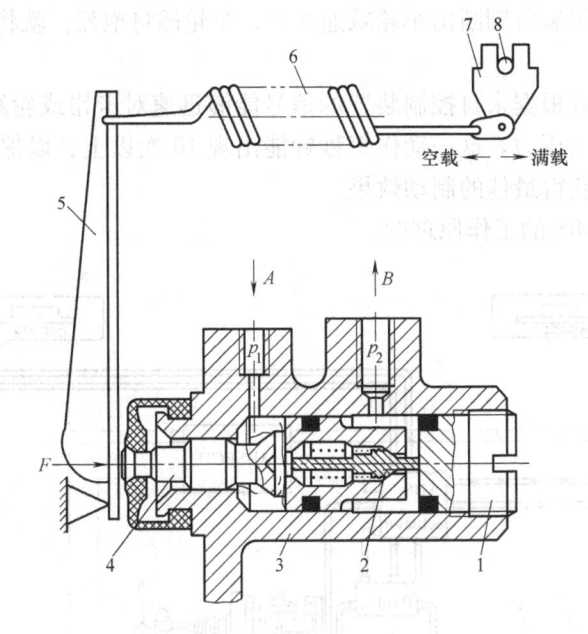

图2-45 液压感载比例阀的结构示意图
1—螺塞 2—阀门 3—阀体 4—活塞 5—杠杆
6—感载拉力弹簧 7—摇臂 8—后悬架横向稳定杆

这种比例阀的特点是：机械推力 F 是可变的，当汽车载重量增加时推力 F 增加，当汽车载重量减小时推力 F 也减小。因此，这种比例阀适应于各种汽车装载量变化的情况。该比例阀串联在制动主缸到后轮缸间的管路里，起着随载荷变化自动调节前后轮制动力分配的作用，可大大减小车轮抱死的概率。

（五）汽车防抱死制动系统（ABS）

当汽车在泥泞、雪地等附着系数较小的路面上紧急制动时，车轮容易抱死滑移。若前轮抱死滑移，则车轮与地面间的侧向附着力完全消失，转向无法进行。若后轮抱死滑移，前轮还在滚动，则汽车就会产生甩尾，容易发生安全事故。为避免这种现象的发生以及提高车辆高速行驶时的可靠性和稳定性，在汽车上需安装汽车防抱死制动系统。该系统在制动过程中可自动调节车轮制动力，防止车轮抱死，从而可以取得最佳制动效果。现在 ABS 正在成为汽车上的标准装备。

ABS 主要由传感器、执行器和电控单元（ECU）三部分组成。

制动灯开关在驾驶人踩制动踏板时，将制动信号传输给汽车防抱死制动控制器，前后车轮速度传感器检测前后四个车轮的转速并将这一数据传送到电子控制装置上。电子控制装置是一个电子微处理器，它利用车轮转速传感器的信号来计算车速。在制动过程中，车轮转速可与控制装置中预先编制的理想减速特性曲线相比较。如果控制装置判断出车轮减速太快，车轮即将抱死，就将信号传送给液压执行装置。

液压执行装置根据来自控制装置的信号能够迅速对卡钳或轮缸作用，保持、释放及重新作用液压力。这一动作每秒钟能出现 10 次以上，以保证最合适的车轮滑移率，从而获得最佳的制动效果。

图 2-46 为 ABS 的工作原理图。

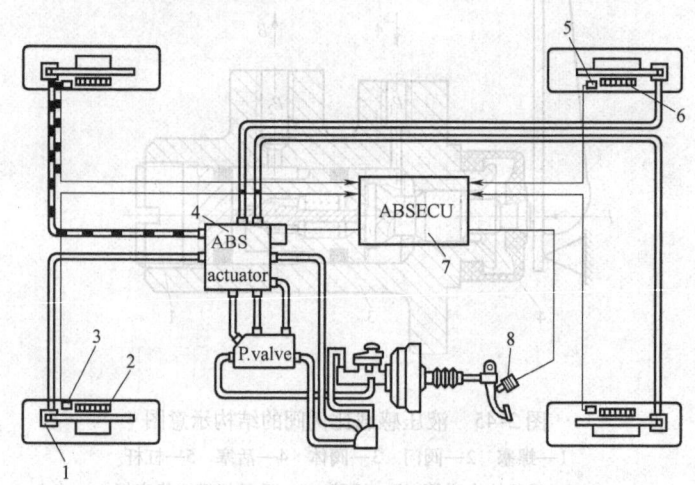

图 2-46 ABS 的工作原理图
1—盘式车轮制动分泵 2、6—传感器转子 3—前轮速度传感器 4—ABS 执行器
5—后轮速度传感器 7—ABS 电控单元 8—制动灯开关

第二节 底盘检修技能训练

● 训练 1 离合器的检修

重点掌握：离合器的拆装方法，离合器的检修方法，离合器的调整方法。

1. 训练准备

1) 整车 1 辆，离合器总成、压具各 1 套，变速器第 1 轴 1 根，从动盘支架、平台各 1 个，锤子、套筒扳手各 1 把。

2) 百分表、扭力表各 1 把，游标卡尺、钢直尺、塞尺各 1 把，弹簧检验仪 1 台，粉笔（或划线规）1 根。

2. 训练要求

1) 正确拆装离合器。

2) 检查、修理离合器各零部件。

3) 正确进行离合器的调整。

3. 技术标准

1) 离合器盖固定螺栓的拧紧力矩应符合要求。桑塔纳轿车离合器盖固定螺栓的拧紧力矩为 25N·m。

2) 从动盘表面无油污、烧蚀、硬化、龟裂现象,铆钉头埋入深度大于或等于 0.50mm。

3) 压紧弹簧无裂纹及折断,内端磨损深度小于或等于 0.50mm。

4) 离合器的调整:调整离合器踏板自由行程,桑塔纳轿车离合器踏板的自由行程为 15~25mm。

4. 基本操作步骤

基本步骤描述:离合器的分解→离合器零件的检查与修理→离合器的装配→离合器的调整。

步骤1:离合器的分解

膜片弹簧式离合器的分解:分解前应作出装配标记,以便装配时辨别,保证装配后仍能保持原有的平衡状态,分解时应用专用工具压紧拆卸;在拆卸变速器后,拆卸离合器盖和离合器盘;将每个螺栓稍微拧松一圈,直到弹簧所受的压力完全消失为止,以避免外壳变形;拆卸最后一个螺栓时,用手扶着离合器,慢慢旋出螺栓,取下离合器盖及从动盘等;最后从变速器上拆下分离轴承、轴承套和分离叉。

步骤2:离合器零件的检查与修理

1) 从动盘的检查与修理:当摩擦片有轻微的油污时,可先用汽油清洗,再用喷灯火焰烘干;当摩擦片有轻微硬化、烧损时,可用砂布打磨;当摩擦片磨损严重,铆钉头埋入深度不符合规定(桑塔纳轿车为 0.30mm),或有裂纹、脱落、严重烧损或油污时,应予以更换。在从动盘半径为 120~150mm 处测量各参数,从动盘的翘曲量不应大于 0.80mm,各铆钉不得松动,且从动盘花键毂与变速器第一轴的配合间隙不应大于 0.60mm。

2) 压盘的检查与修理:当压盘工作平面烧蚀、龟裂或划伤不严重时,可用磨石打磨光滑。当沟槽深度超过 0.50mm 或平面度误差超过 0.12~0.20mm 时,应进行磨削修复,但磨削总量不应超过极限值(一般为 1~1.5mm)。磨削后的压盘应重新进行平衡。

3) 离合器盖的检查与修理:当离合器盖的端面平面度误差超过 0.50mm 时,应予以校正,出现裂纹时应焊修;传力窗磨损出现台阶后可堆焊。

4) 膜片弹簧内端与分离轴承接触处磨损深度不应超过规定值（桑塔纳轿车为0.60mm）。膜片弹簧内端应在一个平面上，最大高度差不应超过0.50mm。可在平板上用游标卡尺测量，超过规定值时可用扳钳校正。

5) 分离件的检查与修理：当分离轴承内孔磨损超过0.03mm或轴向间隙超过0.60mm时，应更换分离轴承；当离合器踏板轴与衬套磨损量或松旷量超过0.50mm时，应更换衬套；当分离杠杆内端磨损量超过规定值时，应焊修。

步骤3：离合器的装配

装配时摩擦片要清洁；装配时应使用专用工具，以防离合器变形；为保证从动盘与曲轴的同轴度和便于安装变速器，安装离合器时可将该车型的另一变速器第一轴或专用导向轴插入从动盘，并用曲轴后端导向轴承孔定位。

步骤4：离合器的调整

离合器踏板自由行程的调整：调整至分离杠杆内端（或膜片弹簧内端）与分离轴承的间隙符合规定。

注意！

1) 注意离合器盖与压盘间、平衡片与压盘间、离合器盖与飞轮间的装配记号。

2) 安装时应注意从动盘的方向。

3) 大修的离合器在装车前应与曲轴飞轮组一起进行平衡。

● **训练2　手动变速器的检修**

重点掌握：检修三轴式变速器的正确方法，装配三轴式变速器的正确方法。

1. 训练准备

1) 待检修三轴式变速器1个。

2) 塞尺、外径千分尺、百分表、游标卡尺等齐全、合格和必要的工具、量具以及专用工具。

2. 训练要求

1) 能正确分解三轴式变速器。

2) 能利用正确的方法检修三轴式变速器的各零部件。

3) 安全文明操作。

3. 技术标准

技术标准见基本操作步骤。

4. 基本操作步骤

基本步骤描述：三轴式变速器的分解→三轴式变速器主要零件的检修→三轴式变速器的装配。

步骤1：三轴式变速器的分解

（1）拆卸第一轴

1）拧下放油螺塞，放净变速器内的齿轮油（热车放油）。

2）拆下变速器上盖总成。

3）从变速器前端拆除锁线及第一轴轴承盖紧固螺栓，取下轴承盖。在用铜锤敲击第一轴的同时，向前拔出第一轴，并取出第二轴前轴承。

（2）分解第二轴总成

1）拆掉变速器第二轴后端的锁紧螺母，拆下碟形弹簧、后端凸缘、后轴承盖、隔套及里程表主动齿轮。

2）用铜锤敲击第二轴的前端，使第二轴后移一定距离，用轴承拉器拉出第二轴后轴承，即可将第二轴总成从变速器壳体内取出。

3）取下四、五挡同步器总成。

4）拆下四、五挡固定齿座锁环，取下止推环，并取出固定齿座、四挡齿轮的轴承挡圈、四挡齿轮及轴承、止推环、三挡齿轮及轴承，以及二、三挡同步器总成。

5）从第二轴后端取下一挡和倒挡滑动齿轮，用螺钉旋具压下止推环锁销，转动并取下二挡齿轮止推环、锁销、弹簧、二挡齿轮及轴承，以及二、三挡同步器总成。

（3）拆卸倒挡轴　拆下倒挡检查孔盖，再拆倒挡齿轮轴锁片，用专用工具从壳体上拉出倒挡轴，从倒挡检查孔取出倒挡齿轮、轴承及隔套。

（4）分解中间轴

1）从壳体上拆下中间轴前、后轴承盖，撬开后端螺母锁片，拧下螺母并取出锁片，用铜棒顶在中间轴前端，再用锤子敲击铜棒，使中间轴总成带动后轴从壳体向后脱出，用拉器从中间轴上拉下后轴承，将中间轴总成从壳体内部取出。

2）解体中间轴总成。取下弹簧挡圈，在压床上压出常啮合齿轮，再取下弹性挡圈，在压床上压出四挡齿轮、三挡齿轮、隔套及二挡齿轮。

（5）分解变速器盖　拧出变速器顶盖紧固螺栓，拆下顶盖总成，用螺钉旋具撬出变速杆弹簧；旋下变速杆手柄，拆下防尘罩，拧出变速杆球节定位螺钉，抽出变速杆；拆下变速叉及导块止动螺钉锁线及止动螺钉，用铜棒依次敲击各变速器叉轴，使之顶出上盖前端轴承孔的塞片，并从轴承孔中取出塞片；同时取出变速器自锁装置、互锁装置及变速叉和导块。

步骤2：三轴式变速器主要零件的检修

（1）变速器壳的检修

1）变速器壳裂纹的检修。变速器壳裂纹可用检视法或敲击法检查。若裂纹处在受力不大的部位,则可用环氧树脂胶粘法、螺钉填补法或焊修法修复;若裂纹处在受力较大的部位,则应更换变速器壳。

2)变速器壳平面的检修。变速器壳上平面的翘曲变形,可在平板上用塞尺检查。当平面度误差超过标准时,可采用铲、磨等方法修复。变速器壳体前后端面对第一、二轴轴承孔公共轴线的轴向圆跳动误差,可用百分表及心棒进行检测,如图2-47所示。当轴向圆跳动误差超过标准时,可采用铲、磨等方法修复。

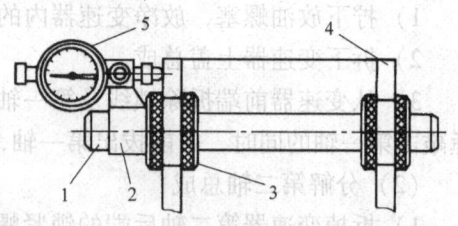

图2-47 轴向圆跳动误差的检测
1—心棒 2—表架 3—定心套
4—变速器壳体 5—百分表

3)变速器壳轴承座孔的检修。变速器壳轴承座孔轴线间及其与壳体上平面的平行度误差可用高度游标卡尺、百分表及内径千分尺或量缸表进行检测。

4)壳体螺纹孔的检修。壳体螺纹孔的损伤不应超过2牙,若超过2牙,则可采用加大螺纹、镶螺纹套或焊补后重新钻孔加工的方法进行修复。

(2)变速器齿轮和轴的检修

1)变速器齿轮的检修。变速器齿轮的损伤形式主要有磨损、疲劳剥落、裂纹等。

① 当变速器齿轮工作面的腐蚀斑点及剥落面积超过齿面的1/4或齿轮出现裂纹时,应予更换变速器齿轮。变速器齿轮磨损的检测如图2-48a所示。

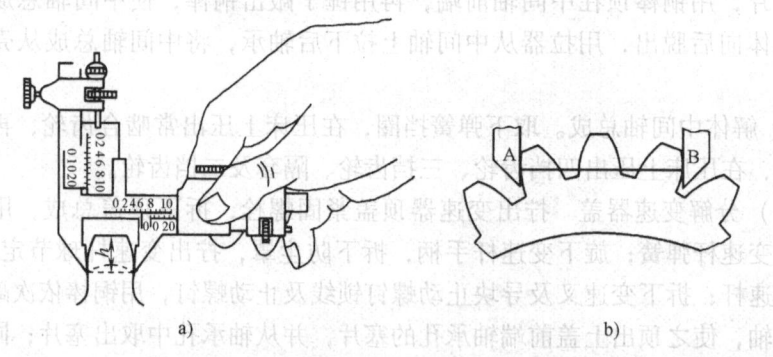

图2-48 变速器齿轮磨损的检测

② 常啮合齿轮齿厚磨损量不得超过0.25mm,接合齿轮齿厚磨损量不得超过0.40mm,齿轮内花键齿厚磨损量不得超过0.20mm,齿长磨损量不得超过原齿长

的30%，否则，应更换齿轮。常啮合齿轮磨损的检测如图2-48b所示。

③ 用百分表检测第二轴与倒挡轴齿轮的花键侧隙，其公称尺寸为0.055～0.175mm，使用极限为0.30mm，若超过使用极限，应更换花键。

④ 齿面有轻微斑点、划痕、磨损台阶或边缘破损时，可用磨石或砂轮修磨后使用。

2) 变速器轴的检修。变速器轴的损伤形式主要是弯曲、裂纹、轴颈磨损及花键齿磨损。

① 变速器轴的弯曲程度可通过用百分表测量各轴中部的径向圆跳动量来检测，如图2-49所示。第一轴、第二轴及中间轴的径向圆跳动量要求为小于或等于0.025mm，使用极限为0.06mm，若超过使用极限，则应予以校正或更换各轴。

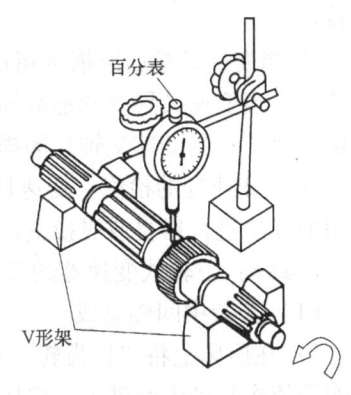

图2-49 检查轴的径向圆跳动量

② 轴颈的磨损量可用外径千分尺测量，若超过使用极限，则应更换相应的轴。

(3) 轴承的检修 轴承应转动灵活，滚动体与内外滚道不得有斑痕，架应保持完好，径向间隙不得大于0.10mm，否则，应更换轴承。大修时，应更换全部滚针轴承。

(4) 同步器的检修（以东风EQ1092型汽车采用的锁销式同步器为例）

1) 同步器锁销、锁环的检修。检查锁销的磨损情况，若锁销磨损严重，则应更换同步器总成；检查锁环的磨损情况，若锁环锥面的磨损超过规定值，则应更换同步器总成。

2) 更换同步器。更换同步器后，如果使用原锥盘，那么应检查锥盘和锥环的端面间隙，应该符合规定值。

(5) 变速器盖总成的检修

1) 变速器盖的检修

① 变速器盖不得有裂纹，若有裂纹，则可用环氧树脂胶粘法、焊修法进行修复。

② 变速器盖与变速器壳体接合面的平面度误差若超过标准，则可用铲、磨等方法进行修复。

2) 变速器叉轴及锁止装置的检修。用百分表检查变速叉轴的直线度误差，若超过标准，则应采用冷压法校正或更换；检查变速叉轴与导孔的配合间隙，若超过标准规定值，则可采用磨削加工后镀铬的方法进行修复或更换。当变速叉轴凹槽轴向磨损量超过标准规定值时，可采用堆焊法进行修复或更换；当定位球、定位销磨损严重,定位弹簧过软时,均应换用新件。

3) 变速叉的检修

① 变速叉轴的弯曲变形量可用专用量具检测,若超过标准规定值,则应予以校正。

② 当变速叉端面磨损量超过标准规定值时,可采用堆焊法进行修复或更换变速叉;当变速叉导块凹槽磨损量超过标准规定值时,可采用堆焊法进行修复或更换变速叉;当变速叉轴孔磨损量超过标准规定值时,应更换变速叉。

(6) 变速杆的检修　变速杆球节磨损后,若磨损量超过标准规定值,则可采用堆焊法进行修复或更换变速杆球节。

步骤3:三轴式变速器的装配

(1) 安装中间轴总成

1) 在压床上将二挡齿轮、隔套、三挡齿轮、四挡齿轮、常啮合齿轮及弹性挡圈等依次装到中间轴上。但压入时应注意:齿轮的键槽必须对准半圆键;二挡齿轮、四挡齿轮的长毂应朝前,三挡齿轮、常啮合齿轮的长毂应朝后;挡圈安装要到位。

2) 将变速器壳体固定在工作台上,把中间轴总成放入壳的中间轴承孔中,两端套上轴承,用专用工具把中间轴前后轴承压入轴承座孔内。在中间轴后端轴承贴紧轴颈台阶后,套上锁片,并用螺母以147N·m的力矩拧紧,之后用锁片把螺母锁上,并装上前后轴承盖。

(2) 装倒挡齿轮轴　在齿轮内放入新滚针轴承和隔套,从倒挡齿轮窗口放入倒挡齿轮,从变速器后端将倒挡齿轮轴插入。在倒挡齿轮轴到位后,卡上锁片,并用螺栓固定锁片。装倒挡齿轮窗口盖板及相应的衬垫(涂胶),并用涂胶的螺栓对称拧紧。

(3) 装配第二轴总成

1) 将二挡齿轮及轴承、二挡齿轮止推环及锁紧装置装在第二轴的后端。

2) 在第二轴的前端依次装上二、三挡同步器总成(将滑动齿套凸出的一面朝向前端),三挡齿轮及轴承,四挡齿轮止推环,四挡齿轮及轴承、挡圈,最后装入四、五挡固定齿座、止推环及固定齿座锁环。

3) 把装好的第二轴总成放入壳体内,将四、五挡同步器总成套在第二轴上。

4) 从第二轴后端套上后轴承,并用铜棒轻轻敲击,使轴承靠到第二轴花键部分的台肩上,套入里程表主动齿轮和隔套,然后在轴承外圈上装上挡圈。

(4) 装配第一轴总成

1) 在第一轴主动齿轮前端压入轴承,装上挡圈,在主动齿轮内孔中装入第二轴支承轴承,使第二轴前轴颈对准第一轴轴承孔。

2）一边用铜锤轻轻敲击，一边用手转动第一轴，使第一轴后球轴承平顺地装入壳体座孔中。

3）从第一轴前端将密封纸垫安放在轴盖贴合处，然后套上轴承套，用螺栓对称紧固，并用锁线以"8"字形穿入螺栓头的孔中拧紧。

（5）安装第二轴后轴承盖及附件　在壳体上装上第二轴后轴承盖，并加新密封纸垫，用螺栓对称紧固，装上甩油环，把已装好的驻车制动器总成固定在轴承盖上，再把驻车制动器的凸缘套在第二轴上，按规定力矩装上碟形垫圈。

（6）装复变速器盖总成

1）利用导向轴将自锁钢球压下，然后装入变速叉轴，套上相应的变速叉及导块，同时注意互锁钢球、互锁销不能泄漏。

2）拧入变速叉及导块止动螺钉，拧紧后，用钢丝锁线分别将止动螺钉锁紧在叉轴上。

3）在变速器盖前端座孔上打入边缘涂有密封胶的塞片。

4）在变速器箱体顶面定位孔中打入定位销后再装箱盖，使变速器处于空挡位置，装上密封胶衬垫，盖上变速器盖总成，将紧固螺钉均匀拧紧。

5）装复变速器顶盖总成，然后检查变速器各挡位的工作情况，确保各拨叉完全进入各拨叉槽中。

● 训练3　自动变速器油压试验

重点掌握：自动变速器油压的测试方法。

1. 训练准备

1）装备自动变速器的整车1辆。

2）自动变速器油压表1块，常用工具1套。

2. 训练要求

运用自动变速器油压表检测自动变速器的油压。

3. 技术标准

丰田A341E、A342E自动变速器油路压力规定值见表2-1。

表2-1　丰田A341E、A342E自动变速器油路压力规定值

油　路	压力/kPa	怠速失速/（r/min）
"D"位	382~441	1265~1402
"R"位	579~657	1638~1863

4. 基本操作步骤

操作步骤描述：检测前的准备→检测→清理现场。

步骤1：检测前的准备

1) 预热自动变速器油。

2) 拆下自动变速器壳体上的测试塞,并连接上油压表。

步骤2:检测

1) 拉紧驻车制动器,并用垫木将4个车轮挡住。

2) 起动发动机并检查怠速转速是否正常。

3) 将制动踏板踩到底,将变速杆换入"D"位。

4) 在发动机怠速运转的情况下,检查并记录油路压力,然后将加速踏板踩到底,在发动机转速达到失速转速时,迅速记录油路最高压力。

5) 用同样的方法将变速杆置于"R"位,对油路压力进行检测。

6) 表2-1为日本丰田汽车公司A341E、A342E型电子控制4挡自动变速器原厂规定的油路压力规定值,若油压的测量值达不到规定要求,则应再次检查节气门阀拉索的调整情况,并重新进行油路压力的测量。

步骤3:清理现场

整理现场的工具并清洁现场。

注意:

在测量自动变速器的油路压力时,油温应处于70~80℃之间。为了安全起见,在测量油路压力时,一定要有两人配合,即一人进行试验,另一人站在车外观察车轮或车轮垫木的情况。

● **训练4　自动变速器失速试验**

重点掌握:自动变速器失速的测试方法。

1. 训练准备

1) 装备自动变速器的整车1辆。

2) 转速表1块,常用工具1套。

2. 训练要求

运用转速表进行自动变速器的失速试验。

3. 技术标准

以日本丰田汽车公司的雷克萨斯LS400型轿车为例。该轿车"D"位和"R"位时的失速转速均为(2000±150)r/min。若试验结果为"D"位和"R"位的失速转速都低,则可能的问题为发动机输出功率不足或导轮单向离合器运转不正常。此时要注意的是,若失速转速低于规定值600r/min,则极有可能是液力变矩器单向离合器存在故障。若试验结果为"D"位和"R"位失速转速均高,则可能的问题是自动变速器油液位不正确或超速挡单向离合器运转不正常。

若试验发现仅是"D"位失速转速高,那么可能的原因有油路压力太低,前进挡离合打滑,2号单向离合器以及超速挡单向离合器运转不正常。若仅是

第二章 底盘结构与检修

"R"位失速转速高,则可能的原因有油路压力太低,直接离合器打滑,第一挡和倒挡制动器打滑,以及超速挡离合器打滑等。

4. 基本操作步骤

操作步骤描述:检测前的准备→检测→清理现场。

步骤1:检测前的准备

自动变速器油温应在 50~80℃ 范围内。为保证安全,应选择开阔且有良好附着力的平坦地面进行试验;同时,试验要由两人配合进行,即一人进行试验,另一个人在车外观察车轮或车轮垫木的情况。

步骤2:检测

1)试验时,先用垫木挡住4个车轮,然后将转速表接至发动机,拉紧驻车制动器,再将制动踏板牢牢地踩到底。

2)准备就绪后,起动发动机,将变速杆拉至"D"位,再把加速踏板一脚踩到底,与此同时,记住发动机的最高转速,该转速即为失速转速。

3)接着,将变速杆推至"R"位,进行同样的试验并快速读出相应的失速转速。

4)试验完成后,将"D"位和"R"位的失速转速与汽车制造厂家提供的失速转速标准值进行比较,以分析故障原因,找出故障所在。

步骤3:清理现场

整理现场的工具并清洁现场。

注意!

由于失速发生时发动机所发出的全部能量都转化为液体的动能,所以液力变矩器中油液的剪切力、冲击力和温升均相当大。因此,自踩下加速踏板到松开,整个时间不得超过5s,以防油温急剧升高和液力变矩器损坏。另外,连续试验的次数不得超过3次,且连续试验时,应等油温降至正常后再做下一次试验。

● 训练5 自动变速器时滞试验

重点掌握:自动变速器的时滞试验方法。

1. 训练准备

1)装备自动变速器的整车1辆。

2)秒表1块,常用工具1套。

2. 训练要求

运用秒表进行自动变速器的时滞试验。

3. 技术标准

进行时滞试验时,自动变速器的油温应正常(70~80℃)。同时,各项试验之间起码要有1min以上的时间间隔,以便使变速器内部的相应离合器和制动器恢复至全开状态,达到彻底分离。另外,为使测量结果准确可靠,同一内容的试验应反复做3次,并取各次测量结果的平均值作为最终的时滞值。若从"N"位至"D"位的时滞较长,则说明油路的压力太低,前进挡离合器磨损或超速挡单向离合器动作不正常等;若从"N"位至"R"位的时滞过长,则可能的原因有油路压力太低,直接挡离合器磨损,第一挡和倒挡制动器磨损以及超速挡离合器磨损等。

4. 基本操作步骤

操作步骤描述:检测前的准备→检测→清理现场。

步骤1:检测前的准备

测定时滞时,先用驻车制动器锁住汽车,然后起动发动机,在关掉空调系统的前提下检查怠速转速是否在允许的范围内。发动机的怠速检验应在其达到正常工作温度并接上转速表后进行。检查时,最好先将发动机以2500r/min的转速高速空转大约1.5s,然后再检查怠速转速的高低。

步骤2:检测

1) 如果发动机的怠速转速符合规定,那么将变速杆从"N"位换至"D"位,用秒表测量从换挡开始至感觉到振动的时间差。

2) 然后用同样的方法测量从"N"位至"R"位的时滞。

3) 对绝大多数装有自动变速器的汽车来说,从"N"位至"D"位的时滞应小于1.2s,从"N"位至"R"位的时滞应小于1.5s。

步骤3:清理现场

整理现场的工具并清洁现场。

注意!

自动变速器中离合器、制动器盘与制动片之间的间隙因磨损等原因而变得越大,则接合所需的时间也就变得越长;管路中的油压越低,获得离合器、制动器活塞工作压力所需的时间也就越长,因而时滞也越长。这可以作为分析问题的出发点。

● 训练6 机械转向器的检修

重点掌握:转向器的检测方法,转向器的调整方法。

1. 训练准备

1) 桑塔纳2000型轿车转向器1个。

2) V形架1对,探伤设备1台,平台1个。

3) 塞尺1把,游标卡尺1把,内径量表、百分表、扭力表各1块,弹簧秤1台。

4) 呆扳手、梅花扳手、套筒扳手、一字槽螺钉旋具、锤子各1把,木块、铜冲头各 1 个。

5）清洗剂、润滑油、润滑脂、棉纱、油盆若干。

2. 训练要求

1）拆检并装配转向器。

2）转向器装配调整完成后应符合技术标准。

3. 技术标准

1）补偿器压盖和油压分配阀罩的螺栓拧紧力矩为 20N·m，高压油管和回油管螺塞的拧紧力矩分别为 30N·m 和 40N·m。

2）各 O 形密封圈在装配时应更换新件。

3）转向器齿轮、齿条应处于无间隙啮合状态，且齿轮转动应灵活。

4. 基本操作步骤

基本步骤描述：转向器的拆卸→转向器的检修→转向器的装配与调整。

步骤 1：转向器的拆卸

1）拆下仪表板的罩板和阻风门控制手柄，取下阻风门操纵杆。

2）拆下仪表板的下饰板，将转向器柱管密封衬套从前围穿线板中向驾驶室方向抽出。

3）从发动机罩中松开夹箍，取出螺栓，然后松开转向器上的减振支板。

4）拆下齿条上的转向横拉杆支架，然后拆下转向器。

步骤 2：转向器的检修

1）检查转向器外壳有无破裂及破损，若破裂或磨损严重，则应更换转向器外壳。

2）检查波形管是否完好，若有破损，则应更换波形管。

3）检查各密封圈和密封环，若有溢漏，则必须更换密封圈或密封环。

4）自锁螺母和螺栓一经拆卸，则安装时必须成对更换。

5）不允许对转向器零件进行焊接和整形。

步骤 3：转向器的装配与调整

1）按与拆卸顺序相反的顺序装复转向器。

2）装配密封衬套时，先在衬套内外涂上润滑液，然后用力将衬套推至驾驶室前穿线板中。

3）转向器装配完成后检查调整齿轮齿条间隙。调整时使车辆处于直线行驶位置，松开锁紧螺母，转动调整螺栓，至接触到止推垫圈挡块为止。

4）拧紧锁止螺母时，应用内六角扳手固定，以防止调整螺栓转动。最后紧固横拉杆，以防止齿条受压太紧。

注意！

当车辆处于直线行驶位置时，应调整转向器啮合间隙。

● **训练7　鼓式制动器的检修**

重点掌握：鼓式制动器的检修方法。

1. 训练准备

1) 桑塔纳轿车1辆。

2) 弹簧试验机1台。

3) 弓形内径规、游标卡尺、塞尺各1把，百分表及表座1组，弹簧秤1台。

4) 呆扳手、梅花扳手、套筒扳手、锤子、钢丝钳、錾子各1把。

5) 制动蹄回位弹簧及轮毂轴承螺母专用拆装工具各1套。

6) 润滑脂、清洗剂、油盆、砂布若干。

2. 训练要求

1) 拆检并装配鼓式车轮制动器。

2) 口述主要零件的修理方法和技术要求。

3) 装配调整完成后应符合技术标准。

3. 技术标准

1) 制动蹄衬片铆钉头埋入深度不应小于0.50mm（桑塔纳轿车大于或等于0.30mm），制动蹄衬片厚度不应小于极限值，桑塔纳轿车前轮盘式制动器的制动蹄片厚度不应小于7.0mm，后轮鼓式制动器制动蹄片厚度不应小于2.50mm。

2) 制动底板、制动鼓及制动蹄应无裂纹，桑塔纳轿车制动鼓内径磨损量不得超过1.0mm，且不应该有明显的起槽现象。

3) 制动蹄回位弹簧应无断裂现象，且弹力应符合要求。

4. 基本操作步骤

基本步骤描述：制动鼓的检修→制动蹄的检修→制动器其他零件的检修。

步骤1：制动鼓的检修

1) 用弓形内径规检测制动鼓的圆度误差，不应大于0.125mm，否则应进行镗削修理。

2) 工作表面不应该有明显的沟槽（沟槽深度不应大于50mm）。

3) 对轮毂轴承孔轴线的径向圆跳动量不应超过0.50mm，且不得有裂纹和变形。

步骤2：制动蹄的检修

1) 制动蹄有裂纹或较大变形时，应更换新件。

2) 下端支承销孔磨损量超过极限值（销孔配合间隙大于0.80mm）时，应进行镶套修复。

3) 衬片磨损量不应超过极限值，应无破裂现象，并且无严重烧蚀和油污。

4) 衬片或制动鼓经磨（镗）削加工后，两者的接触面积不应少于75%。

第二章 底盘结构与检修

步骤3：制动器其他零件的检修

1）制动蹄回位弹簧有裂纹或变形时，应予以更换。其自由长度和弹力应符合技术要求。

2）制动凸轮表面若有明显的不均匀磨损，应予以更换，也可在堆焊处理后按样板加工修复。

3）制动底板应无裂纹或明显变形，其紧固螺栓、螺母或铆钉不得松动。

注意！

制动器的调整应在轮毂轴承预紧力调好后进行。

● 训练8 盘式制动器的检修

重点掌握：盘式制动器的检修方法。

1. 训练准备

1）桑塔纳LX型轿车1辆（拆除前轮）。

2）游标卡尺1把，带座百分表1块。

3）空气压缩机1台。

4）呆扳手、梅花扳手、套筒扳手、一字槽螺钉旋具各1把，轮缸活塞专用夹具1套，台虎钳1个。

5）清洗剂、油盆、砂布、制动液贮存器具等。

2. 训练要求

1）拆检并装配盘式制动器。

2）口述主要零件的修理方法和技术要求。

3）装配完成后应符合技术标准。

3. 技术标准

制动盘的轴向圆跳动量一般不应大于0.10mm。

4. 基本操作步骤

基本步骤描述：主要零件的检查→盘式制动器的装配与调整。

步骤1：主要零件的检查

1）制动块的检查。制动块磨损至极限或有不均匀磨损时，应予以更换，以保证同轴的左右轮制动力平衡。

2）制动盘的检查。制动盘磨损变薄至极限尺寸时，应予以更换。桑塔纳轿车新制动盘的厚度为12mm，极限尺寸为10mm。制动盘的轴向圆跳动量一般不应大于0.05~0.10mm。若制动盘有较大的翘曲变形，有较深的沟槽或厚度偏差较大，则应对制动盘进行切削加工。

步骤2：盘式制动器的装配与调整

盘式制动器均装有间隙自调机构，不需要进行专门的调整，但是，装配分泵时需将活塞推至轮缸最深处。装配后应踏几次制动踏板，使分泵充满制动液，并使间隙也自调到规定值。

注意！

1）在装配过程中，应严格遵守装配工艺，尽量使用专用工具，以最大限度地减少检修、装配过程中对零件的损伤。

2）对各零件的检修应在零件清洗干净之后进行。橡胶材料的零件不得用汽油清洗。

3）对于各结合面的纸质衬垫、密封圈、挡圈、开口销等一次性零件，应及时进行更换。

4）对于离合器操纵机构漏油部位，只能使用制动液清洗，不能使用汽油和其他溶剂清洗，以免损伤软管。

- 训练9 双管路式气压制动阀的检修

重点掌握：双管路式气压制动阀的检修方法。

1. 训练准备

1）解放CA1091型载货汽车1辆。

2）游标卡尺、塞尺、钢直尺各1把，平台1个，呆扳手、梅花扳手、套筒扳手各1把。

3）锂基润油脂、清洗剂、油盆、毛刷、肥皂水若干。

2. 训练要求

1）拆检并装配双管路式气压制动阀。

2）口述主要零件的修理方法和技术要求。

3）对双管路式气压控制阀进行试验和调整，使之符合技术标准。

3. 技术标准

1）上阀门的排气开度为1.20mm±0.20mm。

2）防尘罩应无老化和破损现象。

3）各弹簧应无裂纹及明显变形，弹簧、弹力应符合要求。

4）各密封圈应完好无损，各阀门密封状态应良好。

5）壳体各结合面的平面度误差不应大于0.10mm。

4. 基本操作步骤

基本步骤描述：检查接合面平面度误差→检查阀门→检查推杆与衬套的配合间隙。

步骤1：检查接合面平面度误差

在平台上用塞尺进行检查，制动阀壳体接合面的平面度误差不应大于0.10mm，否则可用砂布进行修磨。

第二章 底盘结构与检修

步骤2：检查阀门

若阀门压痕深度超过0.50mm，各弹簧断裂或弹力明显衰减，则应换用新件。

步骤3：检查推杆与衬套的配合间隙

推杆与衬套配合松旷时，应换用新件。

注意！

在检修时，各种橡胶密封圈及膜片应换用新件。

● 训练10 液压制动总泵的检修

重点掌握：液压制动总泵的检验方法，液压制动总泵的修理方法。

1. 训练准备

1）工具：工作台1个，千分尺1把，量缸表1块，棉纱若干，油盆1个，常用工具1套，制动液适量。

2）设备：液压制动阀。

2. 训练要求

1）液压制动总泵的分解、安装步骤应符合工艺要求。

2）口述对不符合要求的零件进行修理的方法。

3. 技术标准

1）活塞与气缸筒的配合间隙不应大于0.15mm，气缸筒内表面应无严重锈蚀及拉伤现象。

2）活塞回位弹簧应无折断现象，弹簧弹力也应符合要求。

3）皮碗及密封圈应无老化及明显磨损现象。

4）旁通孔及补偿孔应无堵塞。

4. 基本操作步骤

基本步骤描述：液压制动阀的分解→液压制动阀的检查→液压制动阀的组装。

步骤1：液压制动阀的分解

1）如图2-50所示，先摘下防尘套2，用工具33和34撬下挡圈31，取出第一活塞组件11。

2）旋下限位螺钉6，用压缩空气吹出第二活塞组件12。

3）旋下螺栓23，分解第一活塞组件11。

4）从第一活塞17上取下密封圈14、15、19。

5）从第二活塞26上取下密封圈24、25、28。

步骤2：液压制动阀的检查

1）如图2-51所示，先检查泵体内孔和活塞表面的划伤和腐蚀。

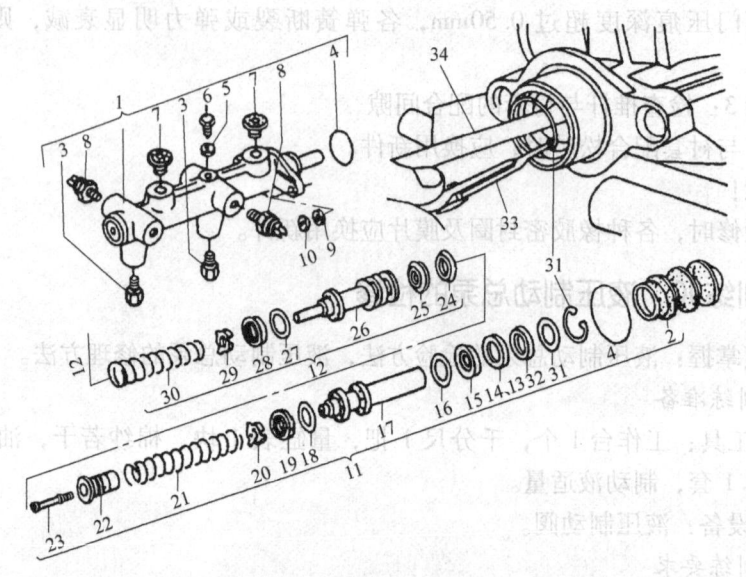

图 2-50 液压制动阀的分解

1—主缸 2—防尘套 3—油管接头座 4—密封环 5、32—垫圈 6—限位螺钉 7—密封堵头 8—放气螺栓 9—弹簧垫 10—螺母 11—第一活塞组件 12—第二活塞组件 13—导向套 14、15、19、24、25、28—密封圈 16、18、27—止推垫圈 17—第一活塞 20、29—弹簧座 21、30—弹簧 22—弹簧上座 23—螺栓 26—第二活塞 31—挡圈 33、34—工具

2）用内径表检查主缸（总泵）泵体内孔的直径 B。

3）用千分尺检查主缸（总泵）活塞外径 C，算出泵体与活塞的间隙值 A，其标准值为 0.04~0.106mm，使用极限为 0.15mm。

4）检查密封圈是否有老化、损坏与磨损现象，若出现上述现象，则应予以更换。

步骤 3：液压制动阀的组装

1）如图 2-52 所示，首先在主缸（总泵）泵体 1 内孔和第二活塞 8、第二活塞密封圈 2 上涂上制动液，然后装入第二活塞 8。

2）此时弹簧 13 的小端要朝向第二活塞 8，第二活塞密封圈 2 的刃口方向按图 2-52 中所示，然后旋入限位螺钉 10（旋入力矩为 10N·m）。

3）装入第一活塞组件 7 时，第一活塞密封圈 6 的刃口方向与图 2-52 中所示方向一致，最后装上止推垫圈 3、挡圈 5 和防尘罩 4。

注意！

拆卸检修时，各密封圈应及时换用新件。

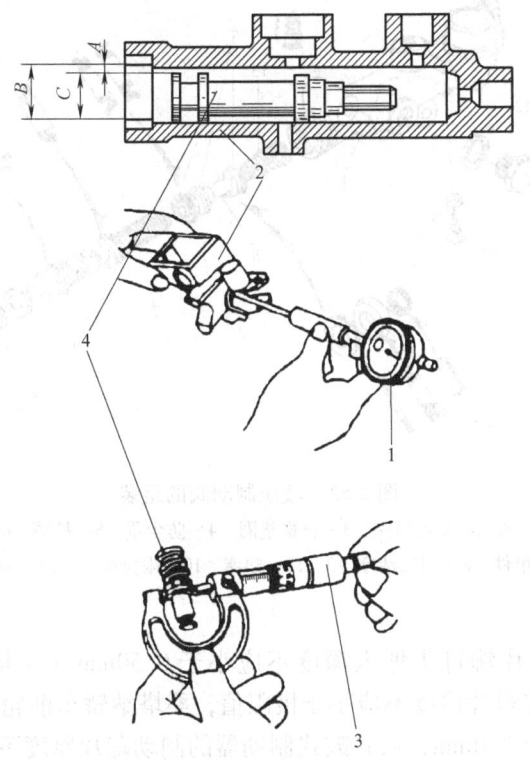

图 2-51 制动主缸（总泵）与活塞的检查
1—内径表 2—制动主缸 3—千分尺 4—主缸活塞
A—泵体与活塞间隙 B—泵体内径 C—活塞外径

- 训练 11 驻车制动器的检修

重点掌握：驻车制动器的检验方法，驻车制动器的装配方法。

1. 训练准备

1）桑塔纳 LX 型轿车 1 辆。

2）制动蹄回位弹簧拆装工具 1 套，弹簧试验机 1 台。

3）游标卡尺 1 把、弓形内径规、呆扳手、梅花扳手、套筒扳手、锤子、鲤鱼钳、一字槽螺钉旋具各 1 把。

2. 训练要求

1）拆检驻车制动器。

2）口述驻车制动器主要零件的修理方法。

3）驻车制动器装配调整完成后应符合技术标准。

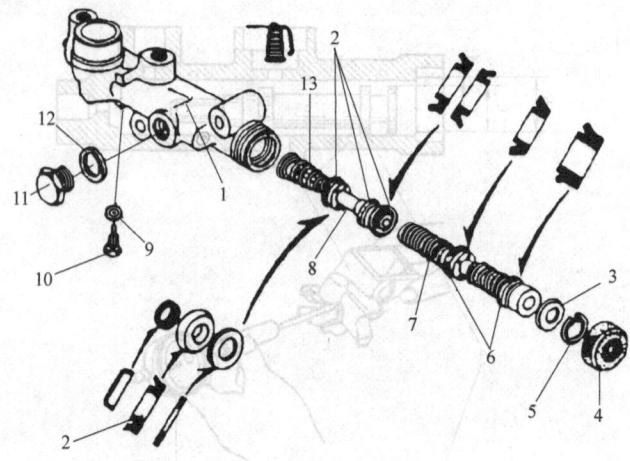

图 2-52 液压制动阀的组装

1—主缸泵体 2—第二活塞密封圈 3—止推垫圈 4—防尘罩 5—挡圈 6—第一活塞密封圈 7—第一活塞组件 8—第二活塞 9、12—垫圈 10—限位螺钉 11—螺塞 13—弹簧

3. 技术标准

1）制动蹄衬片铆钉头埋入深度不应小于 0.50mm（桑塔纳轿车不应小于 0.30mm），制动蹄衬片厚度不应小于极限值，桑塔纳轿车前轮盘式制动器的制动蹄片厚度不应小于 7.0mm，后轮鼓式制动器的制动蹄片厚度不应小于 2.50mm。

2）制动底板、制动鼓及制动蹄应无裂纹，桑塔纳轿车的制动鼓内径磨损量不得超过 1.0mm，且不应有明显的起槽现象。

3）制动蹄回位弹簧应无断裂现象，弹簧弹力应符合要求。

4. 基本操作步骤

基本步骤描述：驻车制动器的检修→驻车制动器的调整。

步骤 1：驻车制动器的检修

1）驻车制动器拉杆的支承销孔、扇形齿磨损严重时，可进行堆焊修复；锁扣弹簧过软或折断时，应及时予以更换。

2）检查制动鼓，当磨损起槽量超过 0.50mm 时，应进行光磨处理。

3）检查制动蹄与摩擦片结合面以及制动蹄衬片，应符合要求。

4）检查制动蹄销与制动蹄销孔或制动蹄臂销孔的配合间隙，其值不应大于 0.20mm。

5）检查制动蹄臂销衬套与销的配合间隙，其值不应大于 0.20mm。

步骤 2：驻车制动器的调整

1）放松驻车制动器拉杆，使驻车制动解除。

2）用力踩制动踏板，使后轮制动器具有正常的间隙。

3）将驻车制动器拉杆紧 2 齿。

4）拧动驻车制动器拉杆后端的调整螺母及限位垫圈进行调整，直到用手不能转动后轮（支起后桥）为止。

5）复查驻车制动器的工作性能，以 200N 的力拉紧驻车制动器拉杆时，驻车制动器拉杆应处于 2 齿位置上。

注意！

1）不允许用拉动拉杆臂的方法使传动杆的销孔对齐。

2）调整驻车制动器后应进行制动效能检查。

● 训练 12　主减速器主、从动锥齿轮啮合间隙的检查与调整

重点掌握：主减速器主、从动锥齿轮啮合间隙的检验方法，主减速器主、从动锥齿轮啮合间隙的调整方法。

1. 训练准备

1）桑塔纳 LX 型轿车减速器总成 1 只。

2）百分表及座 1 套，扭力扳手、呆扳手、梅花扳手、套筒扳手各 1 把。

2. 训练要求

1）按正确的操作方法检查主减速器主、从动锥齿轮的啮合间隙。

2）调整主减速器主、从动锥齿轮的啮合间隙，使之符合技术标准。

3. 技术标准

主、从动锥齿轮应沿齿长方向接触，其位置应控制在轮齿的中部偏向小端，离小端端部 2～7mm，接触印痕的长度不应小于齿长的 50%，齿高方向的接触印痕不应小于齿高的 50%，一般应距齿顶 0.80～1.60mm。

4. 基本操作步骤

基本步骤描述：主减速器主、从动锥齿轮啮合间隙的检查→主减速器主、从动锥齿轮啮合间隙的调整。

步骤 1：主减速器主、从动锥齿轮啮合间隙的检查

用百分表的触头垂直于从动锥齿轮齿大端的凸面，使表针对零，固定主动锥齿轮不动，轻轻地来回推动从动锥齿轮，百分表上指示的数值即为啮合间隙值。按照同样的方法对沿圆周方向均布的 4 个齿进行测量，或在齿面上放一根细熔丝，转动齿轮让熔丝在齿间压过去，然后用千分尺测量熔丝的厚度，该厚度即为其啮合间隙值。

步骤 2：主减速器主、从动锥齿轮啮合间隙的调整

1）按如下口诀调整："大进从，小出从，顶入主，退出主"。调整时要保证啮合间隙大于或等于最小值。

2）齿轮位移方法如下：

① 主动锥齿轮的移动：可通过增加或减少后轴承内圈与主动锥齿轮之间的垫片来实现主动锥齿轮的轴向移动。

② 从动锥齿轮的移动：从动锥齿轮轴承就是差速器的轴承，将轴承两侧的调整螺母向左和向右分别拧进或退出相同的圈数，就可以不改变轴承预紧度而移动从动锥齿轮。

注意！

1）先调整轴承预紧度，再调整齿轮啮合印痕，最后调整齿轮啮合间隙。

2）在调整啮合印痕的过程中，不得改变轴承预紧度。

3）不符合要求时应成对更换齿轮。

复习思考题

1. 膜片弹簧离合器的工作原理是什么？
2. 离合器是如何分类的？
3. 手动变速器是如何分类的？
4. 自动变速器是如何分类的？
5. 自动变速器失速试验程序与技术要求有哪些？
6. 自动变速器的时滞试验程序与技术要求有哪些？
7. 测量和调整主、从动锥齿轮的啮合间隙与啮合印痕的方法是什么？
8. 车轮定位的含义是什么？
9. 如何检修机械转向器？
10. 如何检修鼓式制动器？
11. 如何检修盘式制动器？
12. 如何检修双管路式气压制动阀？
13. 如何检修液压制动总泵？
14. 如何检修驻车制动器？

第三章

电气设备结构与检修

培训学习目标 通过本章的学习,掌握发电机、空调及仪表的结构及修理方法,掌握制冷剂的性质,为工作中能够解决实际问题打下良好的基础。

第一节 电气设备结构专业知识

一、发电机结构

发电机是汽车的主要电源,其作用是在发动机正常运转时(怠速以上),向所有用电设备(起动机除外)供电,同时向蓄电池充电。

(一)三相同步交流发电机

三相同步交流发电机由转子总成、定子总成、整流器、带轮、风扇、前后端盖和电刷总成等部件组成,如图3-1所示。

1. 转子总成(见图3-2)

转子总成由转子轴、集电环、爪极、励磁绕组等组成。发动机通过带轮带动发电机旋转,当励磁绕组通电时,转子就产生旋转磁场,切割定子。

2. 定子总成(见图3-3)

定子总成由铁心和定子绕组两部分组成。固定的定子绕组切割转子产生的旋转磁场(磁力线),定子绕组上便会产生交流电动势。

3. 整流器

整流器一般由装在后端盖上的3只负二极管和装在元件板上的3只正二极管组成。其作用就是将定子产生的交流电整流为直流电。整流器的结构如图3-4所示。

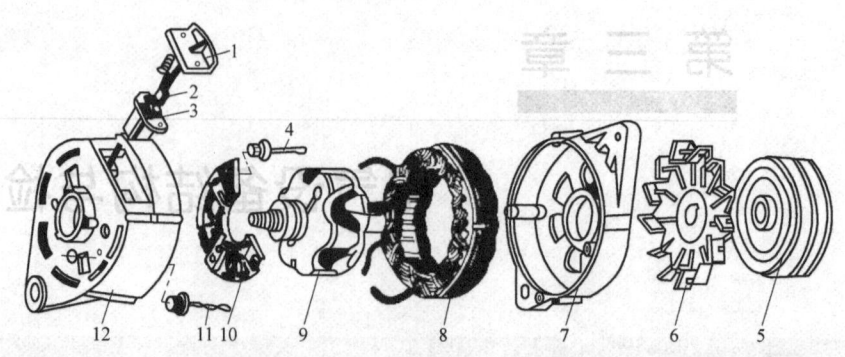

图 3-1 交流发电机的组成

1—电刷弹簧压盖 2—电刷 3—电刷架 4—硅二极管（阳）
5—带轮 6—风扇 7—前端盖 8—定子总成 9—转子
10—散热板 11—硅二极管（阴） 12—后端盖

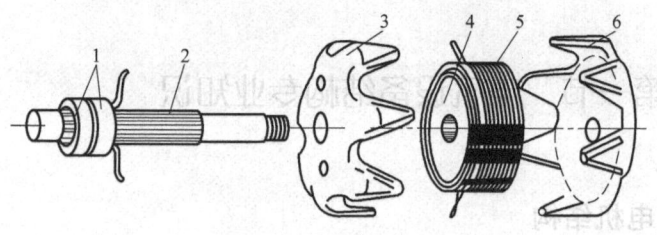

图 3-2 转子总成

1—集电环 2—转子轴 3、6—爪极 4—磁轭 5—励磁绕组

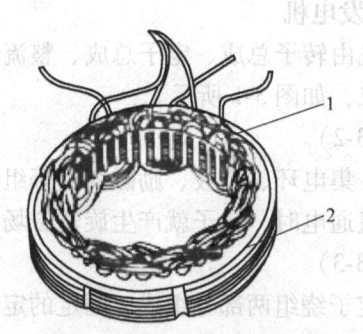

图 3-3 定子总成

1—定子绕组 2—铁心

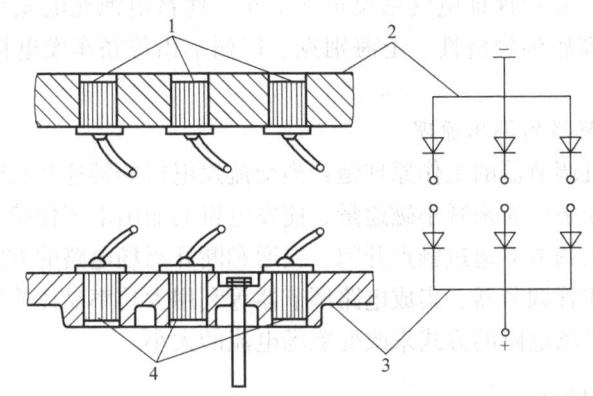

图 3-4 整流器的结构
1—负二极管(黑字) 2—后端盖 3—元件板 4—正二极管(红字)

4. 端盖

端盖一般分为前端盖和后端盖两部分,起固定转子、定子、整流器和电刷组件的作用。端盖一般用铝合金铸造,其原因一是可有效地防止漏磁,二是铝合金散热性能好。后端盖上装有电刷组件,由电刷、电刷架和电刷弹簧组成。电刷的作用是将电源通过集电环引入磁场绕组。

(二)电压调节器

由于交流发电机的转子是由发动机通过传动带驱动旋转的,且发动机和交流发电机的速比为1.7~3,因此交流发电机转子的转速变化范围非常大,这样将引起发电机的输出电压发生较大变化,从而无法满足汽车用电设备的工作要求。为了满足用电设备恒定的电压要求,交流发电机必须配用电压调节器,使其输出电压在发动机所有工作情况下基本保持恒定。

1. 电压调节器的分类

(1)晶体管调节器 其优点是:晶体管的开关频率高,且不产生火花,调节精度高,还具有质量轻、体积小、寿命长、可靠性高和电波干扰小等优点,广泛应用于东风汽车、解放汽车及多种中低档车型。

(2)集成电路调节器 集成电路调节器除具有晶体管调节器的优点外,还具有超小型的特点,可安装于发电机的内部(所以又称内装式调节器),减少了外接线,并且使冷却效果得到了改善,广泛应用于多种类型的轿车上。

(3)计算机控制调节器 计算机控制调节器是目前轿车所采用的一种新型调节器。当电负载检测仪测量完系统的总负载后,向发电机计算机发送信号，然后由发动机计算机控制发电机电压调节器，适时地接通和断开磁场电路。这样既能可靠地保证电气系统正常工作，使蓄电池充电充足，又能减轻发动机载荷，提高燃油经济性。上海别克、广州本田等轿车发电机上均使用了这种调节器。

2. 电压调节器的调压原理

交流发电机调节器的工作原理是：当交流发电机的转速升高时，调节器通过减小发电机的励磁电流来减小磁通量，使发电机的输出电压保持不变。

触点式电压调节器通过触点开闭、接通和断开磁场电路的方式来改变磁场电流的大小；晶体管调节器、集成电路调节器等利用大功率晶体管的导通和截止以及接通和断开磁场电路的方式来改变磁场电流的大小。

二、空调结构

（一）汽车空调制冷系统的组成

1. 汽车空调制冷系统的结构

汽车空调制冷系统由压缩机、冷凝器、贮液干燥器、干燥过滤器、膨胀阀、蒸发器等组成，如图3-5所示。

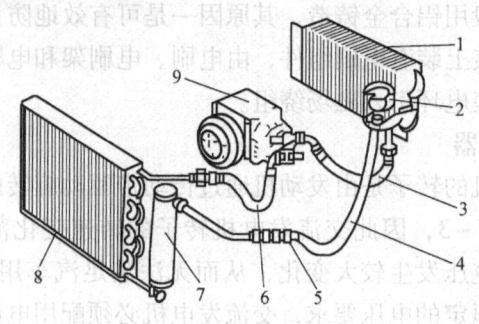

图3-5　汽车空调制冷系统的组成
1—蒸发器　2—膨胀阀　3—低压气体软管
4、6—高压气体软管　5—视液窗　7—贮液干燥器
8—冷凝器　9—压缩机

（1）压缩机　空调系统的压缩机安装在发动机前端，由发动机曲轴带轮驱动。其作用是驱动制冷剂流动，将低温（0℃）、低压（150kPa）气态制冷剂压缩成高温（60~66℃）、高压（1100~1400kPa）气态制冷剂。

下面以桑塔纳轿车使用的SD—508型摇板式压缩机为例介绍压缩机的结构，如图3-6所示。

在压缩机壳体上设有吸气口插头和排气口插头，吸气口稍大于排气口。吸气口与低压气体软管连接，排气口与高压气体软管连接。

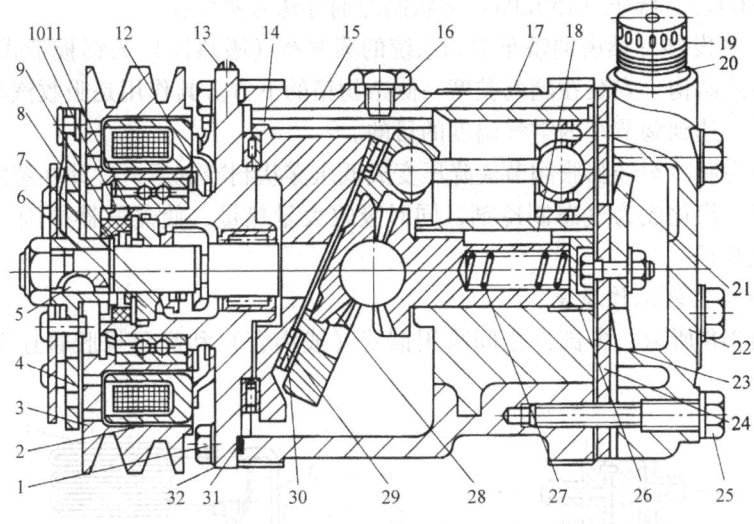

图 3-6　SD—508 型摇板式压缩机

1—前盖紧固螺栓　2—电磁离合器线圈总成　3—驱动带轮　4—吸盘　5—半圆键
6—轴封静环　7—密封件　8—弹性垫圈　9—油毡密封圈　10—卡簧挡圈　11—孔用弹性挡圈
12—轴用弹性挡圈　13—导线夹固定螺栓　14—连接管　15—气缸体　16—注油螺钉
17—活塞　18—平键　19—吸气口护帽　20—排气口护帽　21—垫片　22—气缸盖
23—气缸垫　24—阀板　25—后盖紧固螺栓　26—调节螺母　27—弹簧
28—斜盘　29—L 型推力片　30—推力轴承　31—密封圈　32—前缸盖

压缩机内部设有 5 个气缸，均匀地分布在气缸体内部的圆周上。斜盘与压缩机轴固定在一起。当斜盘随着压缩机轴旋转时，便带动活塞作轴向运动。实质上，摇摆斜盘式压缩机就是用斜盘取代了往复活塞式压缩机的曲柄连杆机构。

当压缩机工作时，压缩机轴上的斜盘驱动活塞作轴向往复运动，从而驱动制冷剂流动，将蒸发箱（吸热箱）至吸气口间的低温、低压气态制冷剂压缩成高温、高压气态制冷剂并送往冷凝器（散热器）。

（2）冷凝器　冷凝器的作用是将压缩机排出的高温、高压气态制冷剂冷凝成高温（50~55℃）、高压（1100~1400kPa）液态制冷剂。

（3）贮液干燥器　贮液干燥器的结构如图 3-7 所示。其作用是贮存液态制冷剂、过滤杂质和除去水分。

（4）膨胀阀　桑塔纳轿车空调系统采用了外平衡式热力膨胀阀。此阀主要由感温包、毛细管、膜片、弹簧和调节螺钉等组成，安装于蒸发箱入口处。其作用是随着车内热负荷的波动调节制冷剂流量，同时起到节流膨胀的作用，并将贮液干燥器输送的高温（50~55℃）、高压（1100~1400kPa）液态制冷剂转变为低温（-6℃）、低压（150kPa）雾状制冷剂并送入蒸发箱。

（5）蒸发器　桑塔纳轿车空调系统的蒸发器（吸热器）为铝板带式蒸发器，采用风冷式结构，安装在副驾驶席一侧杂物箱的下方。其作用是吸收汽车内部空间的热量，达到调节车内空气温度的目的。

当液态制冷剂经膨胀阀节流降压变成低压雾状制冷剂后，立即在蒸发器内沸腾或蒸发，汽化成为气态制冷剂，同时吸收大量热量，使蒸发器周围（车内空间）温度降低。

2. 汽车空调工作原理

如图3-8所示，各部件之间采用铜管（或铝管）和高压橡胶管连接成一个密闭系统。

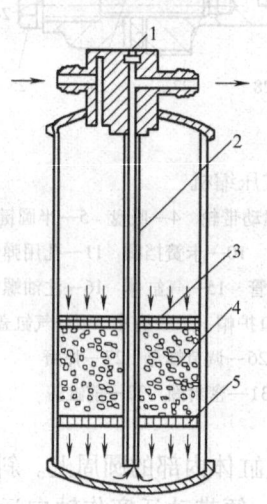

图3-7　贮液干燥器的结构
1—检视玻璃孔　2—出液管
3、5—滤网　4—干燥剂

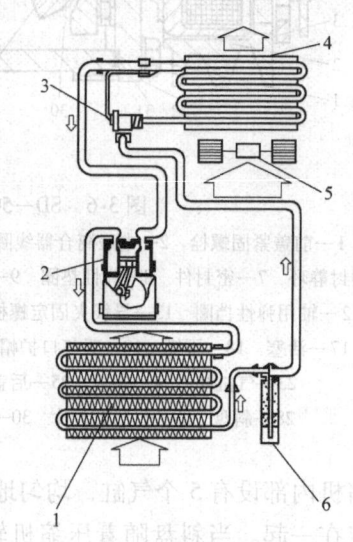

图3-8　汽车空调工作原理
1—冷凝器　2—压缩机　3—膨胀阀
4—蒸发器　5—散热风扇　6—贮液器

当制冷系统工作时，制冷剂以不同的状态在这个密闭系统内循环流动，每一次循环有四个基本过程。

（1）压缩过程　压缩机吸入蒸发器出口处的低温、低压制冷剂气体，把它压缩成高温、高压气体并从压缩机排出。

（2）放热过程　在高温、高压的过热制冷剂气体进入冷凝器后，由于压力及温度的降低，制冷剂气体冷凝成液体，并放出大量的热。

（3）节流过程　温度和压力较高的制冷剂液体通过膨胀装置后体积变大，压力和温度急剧下降，以雾状制冷剂（细小液滴）的形式排出膨胀装置。

（4）吸热过程　雾状制冷剂液体进入蒸发器后，由于此时制冷剂沸点远低于蒸发器内的温度,故制冷剂液体蒸发成气体,然后低温、低压制冷剂蒸气又进入压缩机。从吹风机传来的空气不断地流过蒸发器表面,冷却后被送到车厢内,使车厢降温。

上述过程周而复始地进行,便可达到降低蒸发器周围空气温度的目的。

(二) 汽车空调制冷剂

1. 制冷剂的种类

1) 由 Cl、F、C 三种元素组成的制冷剂通称为 CFC 类制冷剂或氯氟(代)烃类制冷剂。CFC 类制冷剂包括 R11、R12、R13、R113、R114、R115 等几种类型。

2) 由 H、F、C 三种元素组成的制冷剂通称为 HFC 类制冷剂或不完全氟(代)烃类制冷剂。HFC 类制冷剂包括 R23、R32、R41、R125、R134、R143、R152 等几种类型。

3) 由 H、Cl、F、C 四种元素组成的制冷剂通称为 HCFC 类制冷剂或不完全氯氟(代)烃类制冷剂。HCFC 类制冷剂包括 R22、R123、R133 等几种类型。

制冷剂命名时,通常用制冷剂英文名称 Refrigerant 中的 R 来代替 CFC 和 HFC 表示(如 CFC12→R12,HFC134a→R134a),而学术论文上用 CFC、HFC 和 HCFC 的较多。

2. 制冷剂的性能

(1) CFC12 氟利昂是饱和碳氢化合物的氟烷衍生物的总称,即氟、氯、溴原子取代饱和碳氢化合物中的氢原子所得的化合物。CFC12 是氟利昂中的一种,常用 R-12 或 F-12 简化表示,学名为二氟二氯甲烷,化学式是 CF_2Cl_2。

CFC12 在常温常压下为无色、无味、无毒的气体,在标准大气压下的蒸发温度为 -29.8℃,凝固温度为 -158℃。CFC12 的化学性能较稳定,不易燃烧,与空气混合时不爆炸,对人体也无毒,但与火焰接触时会分解成有毒气体。CFC12 本身虽然无毒,但是排出时会使局部空间内的氧气含量下降,易使人窒息。CFC12 在大气中会急剧蒸发,因而当喷在皮肤上时会迅速吸热蒸发,冻伤皮肤。此外,CFC12 的渗透能力极强。由于 CFC12 无味,所以渗漏时也不易被发现。空调用的高压氟利昂胶管也会有轻微的渗漏。可以说,装油、水、气不渗漏的容器或系统,装 CFC12 时可能会渗漏,而装 CFC12 不渗漏的容器或系统,装油、水、气一般不会渗漏。

CFC12 与压缩机油(即冷冻机油)可以完全互溶,任意混合。因此,冷冻机油可以随着 CFC12 在制冷系统中流动到各个部位。但 CFC12 与水几乎互不相溶,若制冷系统中混有水分,则会使膨胀阀发生冰堵现象并使储液干燥器内的吸水物质过早失效。因此,应严禁制冷系统内进入水分。

CFC12 对金属无腐蚀作用,在水中的溶解度很小,且随着温度的降低,其在水中的溶解度也会降低。

CFC12对大气臭氧层破坏作用最大，对臭氧层的破坏系数（ODP）值为1，温室效应（GWP）值达3左右。所以，CFC12在蒙特利尔协议书中被列为首批禁用物质。

（2）HFC134a 其热力性质与CFC12相近，化学性质稳定，安全性能高，无色、无味、无毒、无腐蚀性、不燃烧、不爆炸。其最大特点是不含氯原子，ODP值为0，GWP值也很低，为0.25~0.26。另外，其蒸发潜热值高，比定压热容大，具有较好的制冷能力；其黏度较低，流动性好，分子直径与CFC12接近，饱和蒸气压力也与CFC12接近。

三、电气仪表

1. 电流表

电流表用来指示蓄电池的充电电流值，同时还用来监视充电系是否正常工作。汽车常用电流表的结构可分为动铁式（也称为电磁式）和动磁式两种。

使用电流表时应注意：

1）不同型号的发电机应配用不同量程的电流表。

2）电流表应串联在蓄电池和发电机之间且接线时极性不可接错。

3）电流表只允许通过较小电流。用电设备的大电流（如起动机、电喇叭等）的电流）均不通过电流表。

2. 电压表

电压表用来指示发电机和蓄电池的端电压，在结构上有电热式和电磁式两种。电热式电压表结构简单，在接通或切断电源时，指针摆动较迟缓，要待指针指示稳定后才可读数。

3. 机油压力表

机油压力表的作用是在发动机运转时，指示发动机主油道内的机油压力。它与装在发动机主油道上（或粗滤器壳上）的油压传感器配合工作。常用的机油压力表有电热式和电磁式两种，现代汽车上大多采用电热式机油压力表。

使用机油压力表时应注意：

1）机油压力表必须与传感器配套使用。

2）安装机油压力表时必须注意接线柱的绝缘应良好，拆卸时不要敲打或碰撞。

3）安装电热式油压传感器时，一定要使外壳上的箭头符号向上，与垂直中心线的夹角不得超过30°。

4. 冷却液温度表

冷却液温度表的作用是指示发动机冷却液的温度，与装在仪表板上的冷却液

第三章　电气设备结构与检修

温度指示表和装在发动机水套上的冷却液温度传感器配合工作。其正常指示值一般为 80~105℃。冷却液温度指示表有电热式和电磁式两类。

5. 燃油油量表

燃油油量表用来指示油箱内油量的多少。它由装在仪表板上的燃油指示表和装在燃油箱内的传感器构成。燃油指示表有电磁式和电热式两种。现代汽车常用电热式燃油指示表配合可变电阻式传感器使用。

6. 仪表稳压器

电热式冷却液温度表及燃油油量表配合可变电阻式传感器使用时，应在电路中串入仪表稳压器。其作用是当电源电压变化时稳定仪表平均电压，避免仪表出现指示误差。常见的仪表稳压器有电热式和电子式两类。

7. 车速里程表

车速里程表用来指示汽车行驶速度和累计行驶里程数。它由车速表和里程表两部分组成。其按工作原理可分为磁感应式和电子式两种。

磁感应式车速里程表的结构中没有电路连接，由汽车的变速器或分动器软轴驱动仪表的主动轴。

电子式车速里程表从装在变速器后的传感器中取得脉冲信号，通过导线输送给指示器，克服了机械式车速里程表用软轴传输转矩不平稳的缺点，具有精度高、指示平稳和使用寿命长等特点。

8. 发动机转速表

发动机转速表用来测量发动机曲轴的转速，分为机械式和电子式两种，其中应用较广泛的是电子式转速表。电子式转速表按转速信号的获取方式不同可分为点火系获取信号的转速表、测取飞轮（或正时齿轮）转速的转速表、从发电机上获取转速信号的转速表。

第二节　电气设备检修技能训练

● 训练 1　蓄电池的充电

重点掌握：对蓄电池进行充电的方法。

1. 训练准备

1）充电机 1 台，蓄电池 1 个，适量电解液。

2）汽车维修工具 1 套。

2. 训练要求

1）操作应规范。

2) 能够正确对铅蓄电池进行充电。
3) 安全文明操作。

3. 技术标准

技术标准详见操作步骤。

4. 基本操作步骤

基本步骤描述：加注电解液→连接充电电路→对铅蓄电池进行充电→调整电解液密度至规定值。

步骤1：加注电解液

按蓄电池生产厂家的要求或气温条件，在蓄电池内加注规定密度的电解液，静置6~8h后，再将电解液液位调整到高出极板（或防护片）顶部10~15mm。

步骤2：连接充电电路

将被蓄电池（或电池组）与充电机连接，即蓄电池（或电池组）的正极与充电机正极相接，蓄电池的负极与充电机负极相接，并使充电机可靠接地。

步骤3：对铅蓄电池进行充电

1) 可按规定值选择第一阶段初充电电流，也可按蓄电池额定容量选择充电电流。初充电第一阶段的充电电流为额定容量的1/15。

2) 先将充电机的输出电流调节至最小，然后打开充电机，再将输出电流调节至第一阶段的充电电流值，至单格电池电压升高到2.4V左右，电解液内开始出现气泡为止。

3) 紧接着第一阶段，将充电电流减小至第一阶段充电电流的1/2，直到蓄电池充足电为止。初充电时间为50~70h。

步骤4：调整电解液相对密度至规定值

在充电完成2h后测量电解液相对密度，若电解液相对密度不符合要求，则可用蒸馏水（相对密度过高时）或相对密度为1.4的稀硫酸（相对密度过低时）进行调整，同时调整电解液液位高出极板顶部10~15mm。

注意!

在充电过程中，应将蓄电池加液孔上的螺塞拧下，以便于充电后期产生的气体顺利逸出，并防止蓄电池内部因压力过高而造成极板损坏、壳体胀裂甚至爆炸。

- 训练2 起动机的检修

重点掌握：起动机的检修方法。

1. 训练准备

1) 解放CA1092型汽车起动机1台。
2) 常用工具1套，数字万用表1块，润滑脂1桶。

3) 百分表1块,试灯1只。

2. 训练要求

1) 操作应规范。
2) 能够正确拆卸和安装起动机。
3) 能够对起动机零件进行检测。

3. 技术标准

1) 起动机运转应灵活,起动有力,不打滑,无异响。
2) 电刷良好,轴承应无明显松旷现象,螺栓紧固可靠。
3) 空载特性:当端电压为12V时,转速不应小于5000r/min,空载电流不应小于90A。
4) 制动特性:当端电压大于或等于7.5V时,制动电流不应小于850A,制动力矩不应小于34N·m。

4. 基本操作步骤

基本步骤描述:起动机的分解→起动机的检修→起动机的组装。

解放CA1092型汽车起动机的结构如图3-9所示。

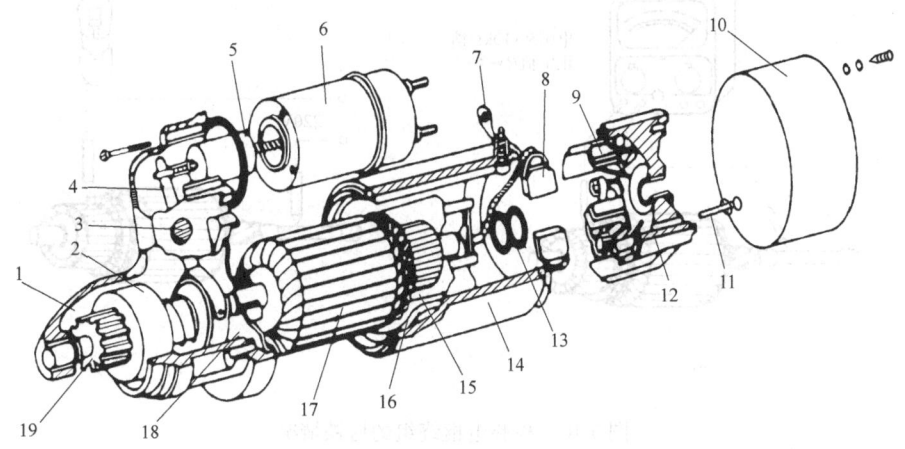

图3-9 解放CA1092型汽车起动机的结构

1—前端盖 2—滚柱式离合器 3—拨叉销轴 4—拨叉 5—活动铁心
6—电磁开关 7—导电片 8—电刷 9—电刷架 10—防尘器 11—穿心螺钉
12—后端盖 13—止推垫圈 14—外壳 15—磁极铁心 16—励磁绕组
17—电枢总线 18—中间支承板 19—驱动齿轮

步骤1:起动机的分解

1) 拆下连接电磁开关接线柱与电动机接线柱的导电片,旋出固定电磁开关的螺钉,取下电磁开关。

2）旋出防尘盖固定螺钉，取下防尘盖，用专用钢丝钩取出电刷。

3）旋出两个穿心螺钉，取下后端盖及外壳。

4）拆下中间支撑板，将电枢连同传动机构与前端盖分离。

5）拆下电枢轴上的卡簧，将传动机构与电枢分离。

6）清洁并解体后的电气绝缘部件只能用蘸有少量汽油的干净棉纱擦拭，机械部件可放入汽油、煤油或清洗液中清洗。

步骤2：起动机的检修

1）检修电枢绕组

① 若电枢绕组断路，则一般可通过目测观察到。电枢绕组的断路处可用焊接法进行修复。

② 检验电枢绕组的搭铁情况。用万用电表 $R \times 10k\Omega$ 挡检查各换向片与电枢轴（或铁心）的绝缘情况。如图3-10a所示，如果万用表指示值为零，或如图3-10b所示的220V交流指示灯亮，那么均表明电枢绕组（或换向器）已搭铁，一般应更换电枢总成。

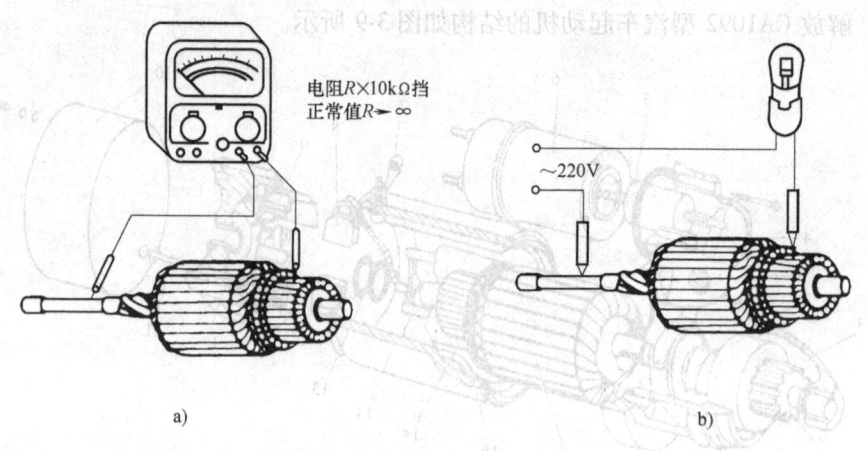

图3-10 检验电枢绕组的搭铁情况
a）万用表 b）试灯

2）检修换向器

① 检修换向器表面。若换向器表面脏污，则可用干净的棉纱蘸少量汽油擦拭干净；若换向器表面不平或有轻微烧蚀现象，则可用"00"号砂纸打磨，如图3-11所示；若换向器表面有严重烧蚀现象或有过深沟槽，则可选择尽量小的加工余量进行车削。当换向器换向片的厚度小于2mm时，应更换换向器或电枢总成。

② 换向器圆柱面对电枢轴的径向圆跳动量偏差为0.05mm，检验方法如图3-12所示。转动电枢，百分表显示的最大值与最小值之差如果超过0.05mm，那

么应通过车削进行复圆。

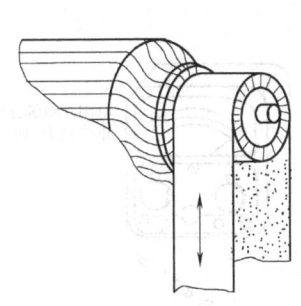

图 3-11 用砂纸打磨换向器表面

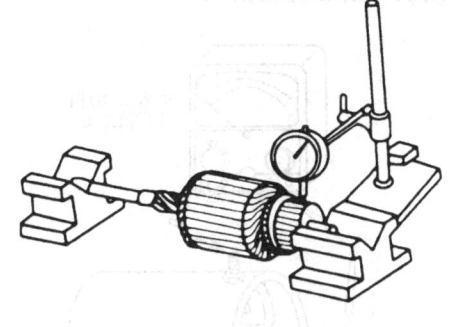

图 3-12 换向器径向圆跳动量的检验

③ 换向器铜片间绝缘层的割低。要求将绝缘层割低的换向器，应检查其深度是否为 0.5~0.8mm（见图 3-13），若不在此范围，则可用薄钢锯条锯削。

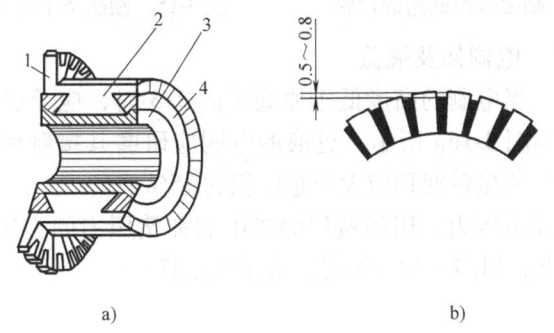

a)　　　　　　　　　b)

图 3-13 换向器

a）换向器结构　b）铜片间云母片的割低

1—凸缘　2—铜片　3—轴套　4—压环

3）检修电枢轴。用百分表检验电枢轴中间轴颈处的径向圆跳动，其值不应大于 0.05mm，铁心表面最大径向圆跳动量应小于 0.15mm，否则应进行校正。

4）检修励磁绕组

① 检验励磁绕组是否断路。用万用表 $R \times 1\Omega$ 挡，按图 3-14 所示的方法进行检验，若阻值为 ∞，则说明励磁绕组出现了断路，一般是由脱焊或虚焊造成的，重新焊牢即可。

② 检验励磁绕组是否短路。对励磁绕组通以 2V 的直流电，用钢片触试各磁极，若某磁极的吸力明显小于其他磁极，则说明该磁极上的绕组有短路故障。

③ 检验励磁绕组是否搭铁。用图 3-15 所示的方法进行检验，若电阻值不为 ∞，则说明励磁绕组搭铁。

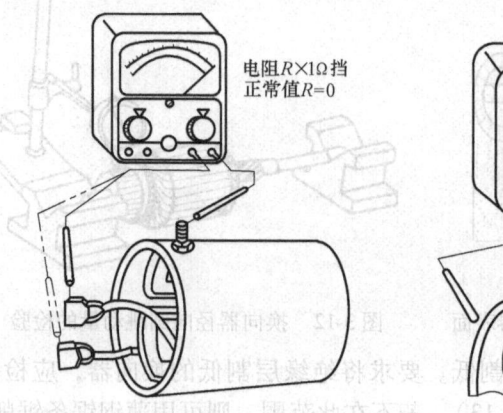
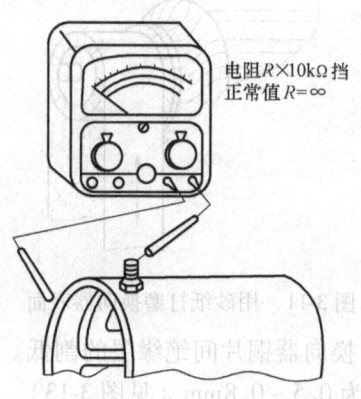

图 3-14 励磁绕组断路的检验　　　　图 3-15 励磁绕组搭铁的检验

5) 检修电刷、电刷架及端盖

① 检修电刷。当电刷的高度低于原高度的 2/3 时，应予以更换（新电刷的高度为 14mm），如图 3-16a 所示。更换的电刷应研磨其接触面，研磨方法如图 3-16b 所示。研磨后的接触面积应大于总面积的 75%。

② 检查电刷弹簧压力。用弹簧秤测量电刷弹簧压力的方法如图 3-17 所示。当电刷弹簧压力低于 11.7~14.7N 时，应予以更换。

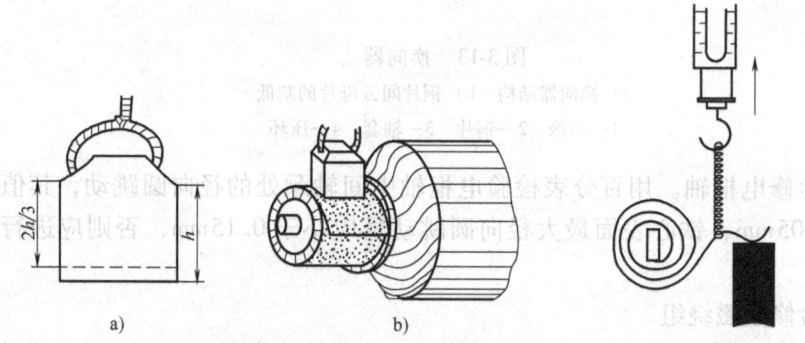

图 3-16 电刷的高度与接触面的研磨　　　图 3-17 电刷弹簧压力的检查
　　a) 高度　b) 研磨

③ 检验绝缘电刷架。用图 3-18a 或图 3-18b 所示的方法检验绝缘电刷架，当试灯亮或万用表的指示值不为 ∞ 时，表明绝缘电刷架的绝缘片已损坏，应更换新绝缘片。

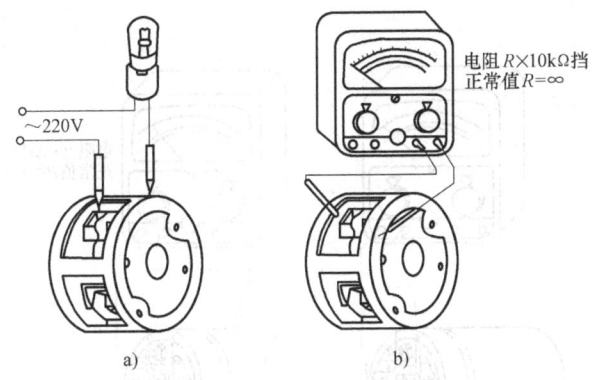

图 3-18 绝缘电刷架的检验
a) 试灯法 b) 用万用表检验

④ 检修滑动轴承与轴的配合间隙。前、后端盖与轴承的配合间隙均为 0.03~0.09mm，中间支承板轴承与轴的配合间隙应为 0.23~0.45mm，若有超差（用手感觉旷动量较大），则应更换轴承。更换的轴承与端盖的过盈量应为 0.08~0.18mm，将轴承压入后，再用铰刀铰削至满足要求。

6）检修传动机构

① 检查驱动齿轮。驱动齿轮端面应无崩角和碎裂，磨损量不应超过 3mm，否则应更换新件。

② 检查离合器与电枢轴的配合情况。离合器在轴上应移动自如且无卡滞现象，否则应对配合部位进行清洁、修整，并用锉刀修平碰痕或毛刺。

③ 检查离合器是否正常。用手转动驱动齿轮时应在一个方向上锁止，在另一个方向上转动自如，否则应更换离合器。

7）检验电磁开关

① 检查吸引线圈，如图 3-19a 所示。将万用表的表笔分别接 S 接线柱和电动机的主接线柱，测量电阻值，并由此判定其技术状况（对于常见的 12V 起动机，该线圈的阻值为 0.6Ω 左右）。

② 检查保持线圈，如图 3-19b 所示。将万用表的表笔分别接 S 接线柱和壳体，根据测量结果判定其技术状况（对于常见的 12V 起动机，该线圈的阻值为 1Ω 左右）。

步骤 3：起动机的组装

经检修合格或更换的新零部件，按解体时的相反顺序进行装配。

1）将中间支承板、离合器和挡圈套到电枢轴上，安装电枢轴前端的卡环。

2）将传动拨叉先套到离合器的拨叉套中，再将拨叉部分装入前端盖中，固定拨叉销轴螺栓。

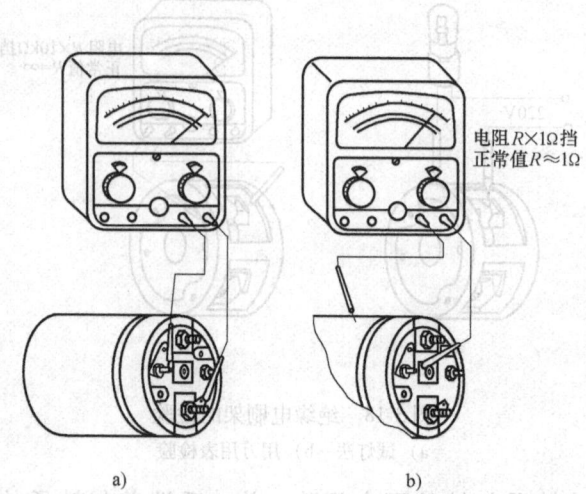

图 3-19 电磁开关的检查
a) 吸引线圈的检查 b) 保持线圈的检查

3) 固定中间轴承板,以此为基础进行后续装配。

4) 将定子部分对准记号套到电枢上,再将止推垫圈装到换向器端的轴上,装上后端盖,旋紧两固定螺钉。

5) 用专用钢丝钩钩起电刷弹簧,装入电刷。

6) 安装防护罩。

7) 将电磁开关活动铁心上的拉杆套入传动拨叉上端,套上电磁开关的另一部分,将电磁开关固定在端盖上。

8) 将连接片装回电磁开关与电动机的接线柱上。

- 训练3 发电机的检修

重点掌握:发电机的检修方法。

1. 训练准备

1) SA13VI 型发电机 1 台(与桑塔纳 2000GSi 型轿车配套)。

2) 常用拆装工具 1 套,专用扳手 1 把。

3) 数字式万用表 1 块。

4) 汽油 1L。

2. 训练要求

正确进行发电机解体、清洗、检查、装配和调整。

3. 技术标准

1) 额定电压:13.5V。

2) 额定输出电流：96A。
3) 发电机在 12.7V、6000r/min、105℃的环境下能够长期工作。
4) 最高工作转速：18000r/min。
5) 定子外径：127mm。
6) 单机质量：5.6kg。

4. 基本操作步骤

基本步骤描述：发电机的分解→零部件的清洁→发电机的检修→发电机的装配→发电机的性能检验。

步骤1：发电机的分解

1) 拆卸发电机带轮。将发电机固定在台虎钳上，用专用扳手固定带轮，拧下紧固螺母（其拧紧力矩为 35N·m），取下带轮。

2) 拆下轴承座架与外壳的联接螺栓，使轴承座架、转子与外壳分离，用专用拉具将转子从轴承座上取下。

3) 旋下二极管底板与外壳的联接螺钉，将二极管底板与定子一起从外壳内取出。

4) 用电烙铁熔开二极管底板与定子线圈的焊接点（75A 发电机的焊接点数为 3 点，90A 发电机的焊接点数为 4 点），使二者分离。熔开时，为避免电子元件过热，应该用尖嘴钳夹住线头帮助其散热。

5) 从外壳上拆下电刷架、调压器和滤波电容器。

步骤2：零部件的清洁

1) 转子与定子线圈及电刷可用干净的棉布蘸少量汽油擦拭干净。

2) 金属件可用汽油洗净后擦干。

步骤3：发电机的检修

1) 定子的检修

① 定子表面不得有刮痕，导线表面不得有碰伤和绝缘漆剥落现象，绕组不得有搭铁、短路和断路现象。

② 搭铁的检查。用万用表分别测试定子铁心与绕组各端头（75A 发电机的端头数为 3 个，90A 发电机的端头数为 4 个）之间的电阻值，其数值应为无穷大，否则表明有搭铁故障。

③ 断路的检查。用万用表分别测试每两个绕组端头之间的电阻值，每次测得的电阻值均不得超过 0.1Ω，否则说明有断路故障。

④ 对有故障的定子应进行检修或更换。

2) 转子的检修

① 转子表面不得有刮痕，否则表明轴承松旷，应更换前后轴承；集电环表面应光洁平整，两集电环之间的槽内不得有油污和异物；转子绕组不允许有搭

铁、短路或断路故障。

② 搭铁的检查。用万用表检查集电环与转子之间的电阻，其数值应为无穷大，否则表明有搭铁故障。

③ 断路及短路的检查。用万用表检查两集电环之间的电阻，其数值应为 3~4Ω，若大于此值（如为无穷大），则表明有断路故障；若小于 3Ω，则表明有短路故障。

④ 有故障的转子应予以修理或更换。

3）二极管底板的检修

① 检查二极管正向电阻。将万用表的负极表笔接二极管底板上的粗螺栓（B+），正极表笔依次接与定子绕组相接的各结合点（75A 发电机的结合点数为 3 点，90A 发电机的结合点数为 4 点），每次测量的电阻值均应为 50~80Ω。

② 检查二极管反向电阻。将万用表正极表笔接散热架（负极），负极表笔依次与各结合点相接，每次测量的电阻值均应为 1000kΩ 以上。

4）励磁二极管的检修

① 将万用表负极表笔接二极管底板上的细螺栓（D+），正极表笔依次接各结合点，每次测量的电阻值均应为 50~80Ω。

② 以上各项测量若有误差，则必须更换二极管底板（二极管底板只能整体更换）。

5）调节器的检修。调节器的好坏可用蓄电池或直流电源与直流试灯来检查，接 12V 电压时试灯应亮，接 16~18V 电压时试灯应不亮，否则应更换调节器。

6）电刷及电刷架的检修。新电刷的长度为 13mm，允许磨损极限为 5mm，超过此极限时应更换电刷。电刷表面若有油污，则应用干布擦拭干净。电刷在电刷架内应滑动自如。电刷架不能有裂纹，若弹簧折断或有生锈现象，则应更换电刷架。

7）集电环的检修。集电环表面若烧蚀严重或失圆，则可用车床进行修整，其最大偏摆量不应超过 0.05mm，最后用细砂布抛光并吹净粉屑。

8）其他部件的检修。发电机壳体不得有裂纹。若轴承内缺油，则应更换轴承，不宜加油后继续使用。带轮槽内不能有毛刺，以免损伤传动带。带轮轴孔与轴的配合过盈量应为 0.01~0.04mm，若配合松旷，则应加工修复。转子轴承的轴向和径向间隙不应大于 0.20mm，否则应更换转子轴承。

步骤 4：发电机的装配

发电机的装配可按解体的相反顺序进行。在装配过程中应注意以下问题：

1）不得漏装各绝缘衬套及绝缘垫圈。

2）发电机前、后端盖及定子铁心应按装配标记对正装合。

3）各螺栓应按规定力矩拧紧。

4）装合后，转子在定子内应转动灵活自如，无碰擦现象，否则应拧松前、后端盖紧固螺栓，边转动转子，边用木质器具轻轻敲击发电机端盖边缘，直至转子转动灵活时，再将紧固螺栓均匀拧紧。

5）硅整流发电机的所有接线必须连接正确，并防止各接头接地；蓄电池负极必须搭铁；在将各线路连接好之前，最好不要转动发电机，以防烧坏二极管、熔丝及线路。

6）发电机装车后，应检查其传动带的张力。用拇指以 39.2~49N 的力按压传动带中间部位时，传动带的挠度应为 8~12mm，否则应将木棒放在发电机前盖处撬动（不得在后盖处撬动，以防后盖变形而损坏元件），直至符合要求时为止，调整好后将紧固螺栓锁紧。

步骤 5：发电机的性能检验（在试验台上检验）

发电机组装完毕后，应进行技术性能检验，试验电路如图 3-20 所示。

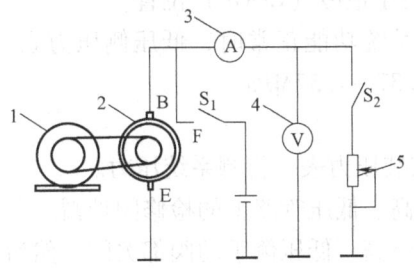

图 3-20　发电机试验电路
1—可调速电动机　2—发电机
3—电流表　4—电压表　5—可变电阻器

1）空载检验。先将开关 S_1 闭合，使蓄电池对发电机进行励磁，并起动可调速电动机 1，然后断开开关 S_1，逐渐提高发电机的转速，当电压表指示的电压值达到 12.5~14.5V 时，发电机的转速不应大于 1050r/min，否则应查明故障原因并将故障排除。

2）满载试验。应在发电机空载检验符合要求后，再进行满载试验。接通开关 S_2，逐渐提高发电机的转速并减小负载电阻值，当电压达到 12.5~14.5V，输出电流达到 104A 时，发电机的转速不应超过 6000r/min，否则应查明故障原因并将故障排除。

- **训练 4　空调系统压力的检查**

重点掌握：空调系统压力的检查方法。

1. 训练准备

1) 空调系统性能良好的轿车 1 辆。

2) 压力表组 1 套。

2. 训练要求

1) 正确安装压力表组并将其连接到制冷系统,正确检测制冷系统的压力。

2) 能根据检测的压力值确定系统的工作状况,并分析系统可能存在的故障。

3. 技术标准

1) 发动机预热后,在下列条件下达到稳定时,可从压力表组读取压力值。

① 将开关设定在内循环状态下,空气进口处的温度为 30~35℃。

② 发动机在 1250r/min 下运转。

③ 鼓风机速度控制开关位于高速(HI)位置。

④ 温度控制开关位于最冷(COOL)位置。

2) 当 R134a 制冷系统功能正常时,低压侧压力表读数为 0.15~0.25MPa,高压侧压力表读数为 1.37~1.57MPa。

4. 基本操作步骤

基本步骤描述:安装压力表→检测系统压力。

步骤 1:卸掉系统高、低压管路上的检修阀护帽。

步骤 2:将压力表组高、低压侧手动阀都关闭,然后将蓝色的低压侧软管接低压检修阀,红色的高压侧软管接高压检修阀。

步骤 3:起动发动机,调整发动机转速至 1250r/min,然后起动空调器,将有关控制器调至最凉位置(风机应在最高速),按需要使发动机温度正常(运行 5~10min)后,进行检测。

步骤 4:若压力表的读数在高、低压侧时均很低(见图 3-21),则说明制冷剂不足。若空调系统工作一段时间后出现此现象,则可能是系统内某处出现泄漏,必须找出漏点并加以排除。

步骤 5:若压力表的读数在高、低压侧时均过高,则很可能是由制冷剂过多引起的,如图 3-22 所示。出现上述现象时,应从低压侧放出一部分制冷剂,直到压力表显示规定压力为止。若开始时压力表读数正常,后来出现上述现象,则是由冷凝器散热差造成的。此时可检查冷凝器散热片是否堵塞,风扇传动带是否过松,风扇转速是否正常,若是,则应予以排除。

步骤 6:若上述故障均排除后,高、低压侧压力还是高,则可能是在加注制冷剂的过程中没有将空气抽尽,系统内有空气。此时可更换干燥剂,清洁冷冻机油,重新加注制冷剂。

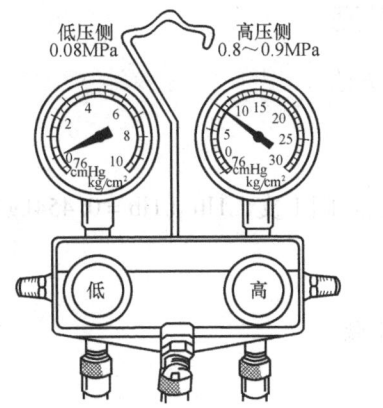 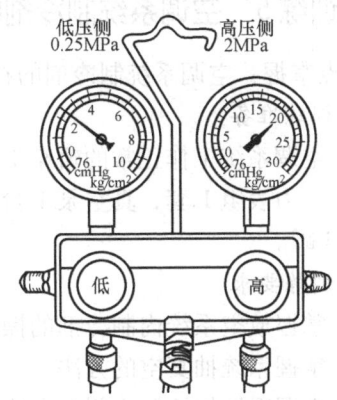

图 3-21　制冷剂不足时压力表的读数　　图 3-22　制冷剂过多时压力表的读数

步骤 7：若低压侧压力表读数偏高，高压侧压力表读数偏低，增加发动机转速时高、低压变化都不大（见图 3-23），则说明压缩机工作不良。此时应检查压缩机内阀片是否损坏，活塞及环是否磨损，若是，则应予以排除。

步骤 8：低压侧出现真空，高压侧压力过低，如图 3-24 所示。这种情况多出现在膨胀阀感温包内的制冷剂完全泄漏，使膨胀阀打不开，制冷剂不流动，系统不能制冷时，应更换或拆修膨胀阀。

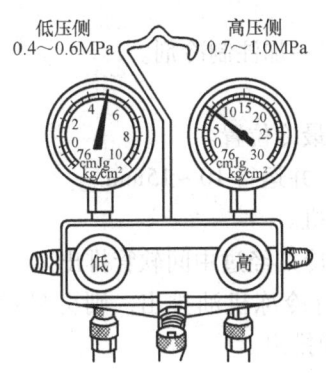 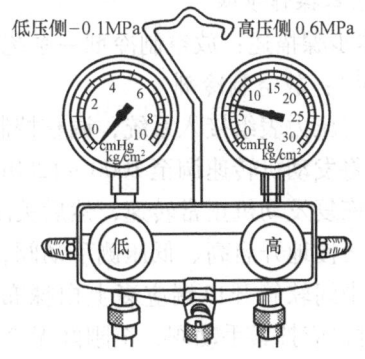

图 3-23　压缩机工作不良时　　　　图 3-24　制冷剂不流动时
　　　　压力表的读数　　　　　　　　　　压力表的读数

步骤 9：检测完后，关掉发动机，卸掉压力表组，把检修阀的护帽旋回。
注意！
1）R12 制冷系统与 R134a 制冷系统不可使用同一个压力表组。
2）在检查过程中应注意旋转件，以免受伤。
3）压力表组的高、低压管位置不能接反。

- **训练 5　空调系统制冷剂的补充**

重点掌握：空调系统制冷剂的补充方法。

1. 训练准备

1) 空调系统工作正常的轿车 1 辆。

2) 压力表组 1 套，真空泵 1 台，注入阀 1 支，1lb（1lb = 0.454kg）罐装的制冷剂 3 罐。

2. 训练要求

1) 掌握放空系统内制冷剂的操作步骤。

2) 掌握系统抽真空的方法。

3) 掌握系统加注制冷剂的方法。

3. 技术标准

1) 排放制冷剂时，不能把制冷剂排放到大气中，要通过回收设备将排放出的制冷剂回收后进行再利用。

2) 空调系统一经开放，必须抽真空，以去掉可能进入系统的空气和潮气。在将各部件安装好后，系统需抽真空 30min。

3) 对于一般轿车，制冷剂充注量为 0.8～1.1kg；对于小型面包车（有前后两个蒸发器），制冷剂充注量为 1.2～1.5kg。

4. 基本操作步骤

基本步骤描述：放空制冷剂→系统抽真空→加注制冷剂。

步骤 1：放空制冷剂

1) 将压力表组接入系统，调整控制器至最冷位置。

2) 将发动机转速调至 1000～1200r/min，并运行 10～15min。

3) 恢复发动机正常转速，然后关闭发动机。

4) 缓慢地开启高、低压侧手动阀，让制冷剂经过中间软管排出。

5) 中间软管开口端应裹上白抹布，若有冷冻机油排出，则会显示在抹布上。这时，应拧紧手动阀，至刚好无冷冻机油排出。

6) 表座上高、低压力表读数均为 101.3kPa 时，说明系统已放空。

步骤 2：系统抽真空

1) 将压力表组上高、低压手动阀打开，并将中间软管接在真空泵进口上。

2) 拆除真空泵排气口护盖。

3) 起动真空泵。

4) 打开高、低压手动阀，观察压力表，发现表针应向下偏摆，略有真空显示。

5) 在真空泵运转 10min 之后，检查低压表读数是否大于 79.8kPa。如果低压表读数不到 79.8kPa，那么应关闭高、低压手动阀，使真空泵停转，检查系统是否有泄漏现象，并根据情况进行修理。如果没有找到泄漏部位，那么应继续抽真空。

6）将系统压力抽真空至接近 100kPa，关闭高、低压手动阀及真空泵，放置 5~10min，如果压力上升大于 3.4kPa，那么说明系统有泄漏，应检查故障所在并排除后，再进行抽真空工序。

7）如果低压表指针保持不动，那么应继续抽真空 30min 以上，关闭高、低压手动阀后，再关闭真空泵。

步骤 3：加注制冷剂

1）按逆时针方向旋转注入阀手柄，直至阀针完全退回。

2）将注入阀装到制冷罐上，按逆时针方向旋转板状螺母至最高位置，然后将制冷剂注入阀顺时针拧动，直到注入阀嵌入制冷剂密封塞。

3）将板状螺母沿顺时针方向旋转到底，再将压力表组上的中间软管接到注入阀接头上，用手拧紧板状螺母。

4）按顺时针方向旋转注入阀手柄，使阀针刺穿密封塞，再按逆时针方向旋转注入阀手柄，使阀针抬起。

5）松开表座上的中间软管接头，放气几秒钟，再拧紧接头。

6）打开表座上高压侧手动阀，观察低压表读数，看表针是否从真空范围转至压力范围，若系统堵塞，则应将故障排除后抽真空，再进行下一步。

7）倒置制冷剂罐，使液态制冷剂进入系统。

8）用手指敲击制冷剂罐底，如果出现空筒声，那么说明制冷剂罐已空。若制冷剂不足，则可按上述步骤再注入另一罐制冷剂，直到满足规定为止。

9）关闭表座上高压侧手动阀，从中间软管上拆除注入阀，从系统上拆除压力表组，重新盖上所有的盖和帽。

10）起动发动机，调整发动机转速到 1250r/min，保证表座上两手动阀均处于关闭状态。

11）调整控制器到最冷位置，并将鼓风机调至高速。

12）打开表座上低压侧手动阀，使气态制冷剂进入系统。当低压侧压力降至 377kPa 时，倒置制冷剂罐，快速充注制冷剂。

13）用手指敲击制冷剂罐底，如果出现空筒声，那么说明制冷剂罐已空。若制冷剂不足，则可按上述步骤再注入另一罐制冷剂，直到满足规定为止。

14）关闭表座上低压侧手动阀，从中间软管上拆除注入阀，从系统中拆除压力表组，重新盖上所有的盖和帽。

注意！

1）严禁将制冷剂加错。

2）制冷剂罐温度不应高于 51.7℃，不允许用明火和电阻加热器加热制冷剂罐。

3）当低压侧压力低于 337kPa 时，不要倒置制冷剂罐。搬运制冷剂罐时，应带护目镜，并且应在通风、无火处排放制冷剂。

复习思考题

1. 发电机与调节器的结构与工作原理是什么？
2. 发电机的性能测试方法有哪些？
3. 简述汽车空调制冷系统的分类和组成。
4. 制冷剂的种类与性能如何？
5. 如何对蓄电池进行充电？
6. 空调系统压力的检查方法有哪些？
7. 空调系统制冷剂的补充方法有哪些？

第四章

汽车二级维护

培训学习目标 通过本章的学习，掌握发动机、底盘和电气二级维护的基本知识，能够进行发动机、底盘等总成的检测，为工作中能够解决实际问题打下良好的基础。

◆◆◆ 第一节 汽车二级维护专业知识

一、发动机二级维护

1. 汽车发动机二级维护前的检测作业程序

汽车进厂进行二级维护前应先进行检测，首先根据汽车技术档案的记录资料（包括车辆运行记录、维修记录、检测记录、汽车总成修理记录等）和驾驶人反映的车辆使用技术状况（包括汽车动力性、异响、转向、制动及燃料和润滑材料消耗等）确定所需检测的项目，然后根据检测结果及车辆实际技术状况进行故障诊断，从而确定附加维护作业内容。二级维护过程中要进行过程检验，过程检验项目的技术要求应满足有关的技术标准或规范。二级维护作业完成后还要再由维修企业进行竣工检验。竣工检验合格的车辆，在维修企业填写完汽车维护竣工出厂合格证后方可出厂。

2. 东风EQ1092F型汽车二级维护前的检测项目和技术要求

1）发动机功率不应小于额定值的80%。

2）检查配气相位。发动机转速为800r/min，气门间隙为0.25mm时，进气门提前角应为20°，滞后角应为56°；排气门提前角应为38.5°，滞后角应为20.5°；开闭角度误差不应大于2°。

3）发动机异响。曲柄连杆机构和配气机构应无异响。

4）检查气缸压力。当压缩比为 6.75:1 时，气缸压力应为 0.83MPa；当压缩比为 7.2:1 时，气缸压力应为 0.725MPa。另外，所测气缸压力不应小于规定值的 85%，各缸压力差不应大于 10%。

5）检测曲轴箱窜气量。当发动机转速为 2000r/min 时，曲轴箱窜气量不应大于 70L/min。

6）检测气缸漏气量。气缸漏气量检验仪指示的气压值不应大于 0.25MPa。

7）检测进气歧管的真空度。当发动机怠速运转且转速为 500~600r/min 时，真空度应为 50~70kPa，波动值不应大于 5kPa。

8）用内窥镜窥查气缸表面及活塞顶部状况，气缸表面应无损伤，活塞顶部应无烧蚀和严重积炭现象。

9）冷却系应无泄漏现象，水泵工作时应无异响、过热现象，水泵轴不应松旷。

10）检查机油压力。怠速时，机油压力不应小于 0.1MPa；中速时，机油压力不应小于 0.3MPa。

11）检测机油质量。机油污染指数（或斑痕）、开口闪点及水分中有一项不符合技术要求时，均应更换机油。

3. 汽车发动机二级维护时常用的检测设备及功能（见表4-1）

表4-1 汽车发动机二级维护时常用的检测设备及功能

序号	检测设备名称	设备功能
1	QFC—5型计算机发动机综合检测仪	测量起动电流、起动电压、气缸压力、点火提前角、分电器重叠角、触点闭合角、点火电压、点火波形，动态观测无负荷功率、单缸功率平衡、转速降
2	QCG—2CJ型汽车无负荷测功率仪	测量发动机无负荷功率及转速
3	汽车发动机电器性能测试仪	测量发动机转速、点火电压、点火功能、触点动态间隙、直流电压、蓄电池容量及电容器电容
4	汽车微测量型检测仪	检测发动机转速、各缸功率平衡情况、分电器触点闭合角及直流电压和电阻
5	汽车排放氧分析仪	测定发动机废气排放中的氧含量，间接分析 CO、HC 的含量
6	曲轴箱窜气量测量仪	测量发动机曲轴箱窜气量，判断气缸活塞组的技术状况
7	工业纤维内窥镜	观察气缸内有无异物及气缸壁、活塞顶部表面技术状况，并可拍照
8	气缸漏气量检验仪	诊断发动机气缸及进、排气门的密封状况
	机油质量分析仪	对发动机机油进行快速检测
9	汽车发动机检测专用真空表	测量进气歧管的真空度

二、底盘二级维护

(一) 底盘二级维护前的检测诊断项目和技术要求

1. 东风EQ1092F型汽车二级维护前的检测项目和技术要求

1) 路试检查车辆。车辆在行驶中，应不跑偏、不发抖、不摆头、不乱撞；离合器应不打滑、不发抖、分离彻底、接合平稳；变速器换挡应轻便灵活，无异响，不乱挡，各联接螺栓应紧固可靠；制动性能应良好；传动轴应无异响和异常的振动，轴承不应松旷，联接螺栓应紧固可靠；汽车各部分应无漏油和异响等现象。

2) 当齿轮油中水的质量分数、铁的质量分数和100℃下的运动黏度有一项不符合技术要求时，均应更换齿轮油。

3) 检测前轮定位。东风EQ1092F型汽车前轮外倾角应为1°，主销内倾角应为6°，主销后倾角应为2°30′。普通轮胎前束值应为1~5mm，子午线轮胎的前束值应为1~3mm。

4) 检测转向盘的自由转动量，应为15°~30°。

5) 测量左右两侧轴距差，不应大于10mm。

2. 桑塔纳LX型轿车二级维护前的检测诊断项目和技术要求

1) 路试检查车辆操纵稳定性，应不跑偏、不发抖，转向应灵活。

2) 路试检查离合器，应不打滑、不发抖、分离彻底、无异响。

3) 路试检查变速器，应换挡轻便、无异响、乱挡、跳挡、漏油等现象。

4) 路试检查制动主缸、真空助力器，应密封良好，工作正常，制动性能应符合GB/T 18275.1—2000和GB/T 18275.2—2000的有关要求。

5) 检查传动轴，防尘罩应完好，传动轴应无损伤。

6) 检查前悬架，所有球形节、衬套、轴承应不松动，减振器应无漏油现象。

7) 检查前横梁，应无裂纹、变形，且连接应紧固。

8) 检查驻车制动器，其生效齿数应为两齿。

9) 检查后悬架，后梁应无变形现象，减振器应不漏油，后轮轴承应无松旷、异响现象。

10) 检查轮胎，应无异常磨损，花纹深度应大于1.6mm；轮胎气压应符合规定，即前轮气压应为180kPa，后轮气压应为190kPa；车轮动不平衡量应为零。

(二) 底盘二级维护附加作业项目的确定依据

车辆进行二级维护前，应用检测仪器检测或人工检查作业项目，若被检项目的检测或检查结果超过技术要求，则可综合车辆运行和维修的技术资料，对汽车的技术状况进行评定诊断，确定其相关故障和相应的附加作业项目。现主要以东风EQ1092F型汽车为例，介绍对底盘进行相关故障评定、确定相应附加作业的内容。

1）检测前轮定位，若超过规定值或转向沉重、方向跑偏、震颤，则应从下述部位进行故障诊断：转向节主销及衬套是否损松旷，车架、前轴是否变形，悬架、转向机构是否异常；对于桑塔纳汽车，应检查球形节是否松旷，摇臂稳定杆是否变形，转向齿轮齿条的啮合间隙是否过大，转向助力泵是否漏油或失效，减振器是否失效等。附加作业项目的内容为：对变形件进行校正，更换磨损的零件，并进行必要的修理和调整。

2）对于离合器分离轴承有异响、工作不良引起的离合器打滑、分离不彻底、接合不平顺等不正常现象，可以拆检离合器，检查、更换离合器轴承，更换离合器摩擦片或压盘、弹簧等，以保证离合器恢复正常工作。

3）若操纵时变速器有异响，出现漏油、乱挡、跳挡现象且换挡困难，则可能是由于齿轮、轴和轴承间隙过大，致使齿轮啮合不良。各轴承孔的同轴度、平行度超差，同步器失效，油封老化，变速器操纵机构失效等也可能引发上述问题。对于以上故障，应视情况进行修理或更换有关零件。

4）当检查传动轴或前驱动汽车的驱动轴时，若存在异响、震颤或松旷等现象，则一般是由中间轴承、万向节轴承松旷，驱动轴损伤、变形，等速万向节磨损，凸缘叉、滑动叉花键配合松旷等引起的，可先拆检，再视情况进行修理或更换有关零件。

5）主减速器、差速器存在异响和漏油等故障，主要是由齿轮磨损或轮齿折断、轴承损坏、油封老化等引起的，可通过更换零件予以修理。

6）路试中，对于驻车制动器不能有效制动、主缸漏油、真空助力器漏气等故障，可通过拆检、更换有关零件等来解决。

7）检查悬架、轮胎时，若存在悬架机构异响、轮胎异常磨损等现象，则一般是由悬架中钢板弹簧错位、钢板弹簧座孔磨损、减振器失效引起的，可通过修理或更换变形件来恢复。

8）若车身总成中有钣金件开裂、锈蚀、脱漆等缺陷，则可采用修整、补漆的方法进行修理。

（三）车轮定位仪

目前道路上行驶的多数为四轮轿车、四轮轿车的转向车轮、转向节和前轴三者之间的安装具有一定的相对位置。这种具有一定相对位置的安装叫做转向车轮定位，也称为前轮定位。前轮定位包括主销后倾角、主销内倾角、前轮外倾角和前轮前束四项内容。这是对两个转向前轮而言的，对两个后轮来说，也同样存在与后轴之间安装的相对位置，称为后轮定位。后轮定位包括车轮外倾（角）和后轮前束两项内容。前轮定位和后轮定位总称为四轮定位。

四轮定位的作用是使汽车稳定地直线行驶和转向轻便，并减轻汽车在行驶中轮胎和转向机件的磨损。由于各汽车生产厂家对四轮定位的设计、制造方法不同，使得各轮的各种倾角和束值也就各有不同，并且有可调部分和不可调部分之分。做四轮定位就是通过车轮定位仪，检测出被测车辆的各轮倾角和前束值是否符合原厂标准，若不符合原厂标准，则可做随机调整。一般新车在驾驶 3 个月后就应做一次四轮定位，以后每行驶 10000km，更换轮胎或减振器，发生碰撞后，都应及时做四轮定位。

（四）动平衡仪

由于车轮动不平衡对汽车危害很大，因此，必须对车轮的动不平衡进行试验，并进行调平衡处理。车轮的不平衡包括静不平衡和动不平衡。由于动平衡的车轮一定处于静平衡状态，因此，只要检测了动平衡，就没有必要再检测静平衡了。车轮的动平衡试验包括离车式动平衡试验和就车式动平衡试验两种方法。

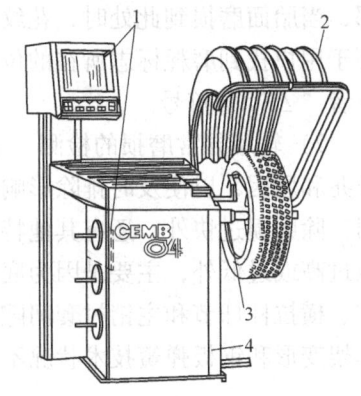

图 4-1　离车式车轮动平衡仪
1—显示与控制面板　2—车轮防护罩
3—转轴　4—机箱

1. 离车式车轮动平衡仪

利用离车式车轮动平衡仪对车轮进行动平衡检测时，需将车轮从车上拆下。图 4-1 所示为常用的离车式车轮动平衡仪。该动平衡仪主要由驱动装置、转轴与支撑装置、显示与控制装置、制动装置及防护罩组成。

2. 就车式车轮动平衡仪

就车式车轮动平衡仪可以在不拆卸车轮的前提下对汽车进行车轮动平衡检测，其结构如图 4-2 所示。

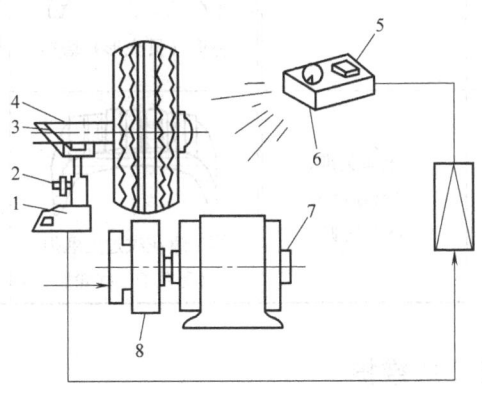

图 4-2　就车式车轮动平衡仪的结构
1—底座　2—可调支杆　3—传感磁头　4—转向节
5—不平衡度表　6—频闪灯　7—电动机　8—转轮

(五) 轮胎磨损的检测

轮胎磨损的检测包括胎面花纹深度检测和轮胎异常磨损的检测。

1) 轮胎花纹深度可用深度卡尺进行测量。胎面磨耗标志位于胎面花纹沟底部，当胎面磨损到此处时，花纹沟断开，表明轮胎必须停止使用并送去翻新。为便于用户找到磨耗标志所在的位置，通常在磨耗标志对应的胎肩处标出"TWI"或者"△"等符号。

2) 轮胎异常磨损的检测。通过检测轮胎的异常磨损，可以发现故障的早期征兆和原因，以便及时排除影响轮胎寿命的不良因素。轮胎异常磨损的特征和原因，除磨损过快外，还有其他特征和原因，见表4-2。轮胎异常磨损的原因除气压过高或过低外，主要是因为底盘技术状况变坏，如前轮定位不良、轮毂轴承松旷、横拉杆球节和主销衬套间隙过大、车轮不平衡、轮辋变形或不配套、车轿或车架变形和钢板弹簧技术状况不良等。

表4-2 轮胎花纹异常磨损的特征和原因

特 征	原 因	特 征	原 因
胎冠过度磨损	气压过高	单边磨损	前轮外倾角失准，后桥壳变形
胎肩过度磨损	气压过低	杯形（贝壳形）磨损	悬架部件和连接车轮的部件（球节、车轮轴承、减振器、弹簧衬套等）磨损，车轮不平衡
锯齿（羽毛）状磨损	前束失准，主销衬套或球节松旷	第二道花纹过度磨损（只出现在子午线轮胎上）	轮辋太窄而轮胎太宽，两者不配套

三、电气设备二级维护

(一) 汽车电气设备二级维护前的检测诊断项目和技术要求

1. 检查点火提前角

当发动机的转速为800r/min时，点火提前角应为9°；当发动机的转速为

1200r/min 时，点火提前角应为 13°±1°。

2. 检查分电器重叠角

分电器重叠角不应大于 3°。

3. 检查触点闭合角

触点闭合角应为 36°~42°（对应的触点间隙为 0.35~0.50mm）。

4. 检查点火电压

当发动机转速为 1200r/min 时，点火电压应为 8~10kV，且各缸差值不应大于 2kV，点火波形应正常。

检查单缸转速降：当发动机转速为 1200r/min 时，单缸发动机断火转速下降速度不应小于 90r/min，且各缸相差不应超过 25%。

5. 检查起动电压和起动电流

起动前蓄电池电压不应小于 12V，起动电流稳定值应该为 100~150A，蓄电池内阻不应大于 20mΩ，稳定电压不应小于 9V。

6. 检查蓄电池充电电压及电流

蓄电池充电电流应为 10~25A，充电电压应为 13.8~14.2V。

（二）汽车电气设备二级维护竣工的检测项目和技术要求

汽车电气设备二级维护竣工的检测项目与技术要求见表 4-3。

表 4-3 汽车电气设备二级维护竣工的检测项目与技术要求

检测部位	检验项目	技术要求	备注
汽车电气设备	密封继电器	全车应无油、水、气泄漏现象，密封良好，电气装置工作可靠，绝缘良好	检视
	前照灯、信号灯、仪表、刮水器、后视镜	稳固、齐全、有效，符合有关规定	检视

（三）汽车电气设备二级维护附加作业项目的确定依据

1）点火系中若检测出触点闭合角不符合规定，则说明点火提前角失准。

2）若点火电压达不到规定值，则说明点火波形失常。

3）分电器重叠角超过技术要求时，应考虑是否由以下故障引起的：

① 分电器调整不当。

② 无触点电子点火系统信号发生器气隙失准。

③ 点火系元件工作性能变差。

④ 分电器轴及凸轮磨损松旷等。

可以检修分电器、霍尔发生器总成，视情况更换故障元件以此达到排除故障的目的。

(四)蓄电池的维护

蓄电池维护的主要内容有:

1)观察蓄电池外壳表面有无电解液漏出。

2)检查蓄电池在车上安装得是否牢靠,导线插头与接线柱的连接是否紧固。

3)经常清除蓄电池盖上的灰尘和泥土,擦去蓄电池顶上的电解液,疏通加液盖上的通气小孔,清除蓄电池接线柱和导线接线头上的氧化物,清洁方法如图4-3所示。

4)紧固蓄电池安装架,电线接线柱与线头应紧固并涂上润滑脂,方法如图4-4所示。

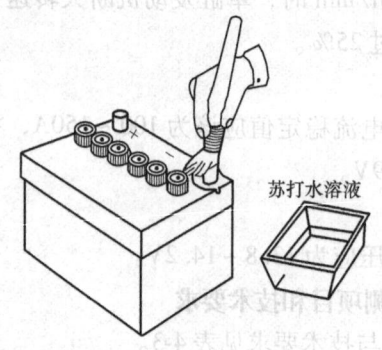

图4-3 清洁蓄电池外表

图4-4 给蓄电池接线柱涂润滑脂
1—接线柱 2—润滑脂(或凡士林)

5)定期检查和调整电解液的相对密度及液位。一般汽车每行驶1000km或冬季行驶10～15天,夏季行驶5～6天后,应检查电解液的液位。橡胶壳蓄电池电解液的液位应高出极板10～15mm,检查方法如图4-5所示。

当蓄电池为塑料外壳时,蓄电池内电解液应呈半透明状,液位应在厂方标明的上下刻线之间。当电解液不足时,应及时添加蒸馏水或补充液,如图4-6所示。

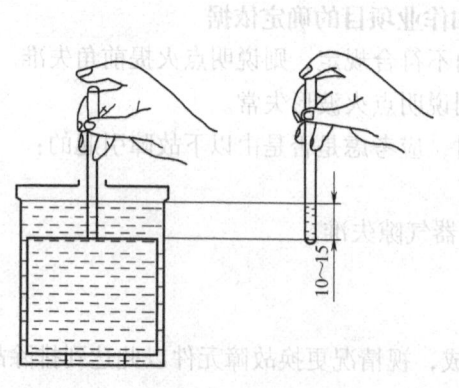

图4-5 检查蓄电池电解液液位

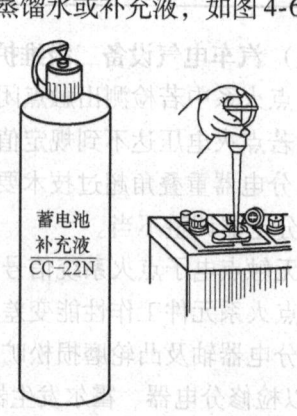

图4-6 添加调整用补充液

当电解液相对密度低于标准值时，应补加稍高于相对密度的电解液（密度一般为1.4g/cm³）并充电调整。测量电解液的相对密度如图4-7所示。

6）经常检查蓄电池的放电程度，当超过规定值时应立即充电。检查普通蓄电池存电量时常用的两种方法是：

① 用单格电池式高率放电计测量单格电压。单格电池式高率放电计由一个3V电压表和一个定值负载电阻组成，如图4-8所示。

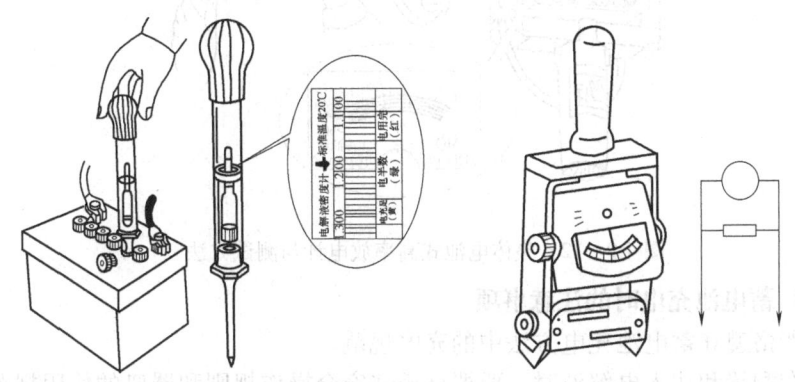

图4-7 测量电解液的相对密度　　图4-8 单格电池式高率放电计

测量时，应将两触针紧压在单格电池正、负极接线柱上进行放电，保持5s左右，查看蓄电池能保持的端电压。一般技术状况良好的蓄电池，单格电压应在1.5V以上，并在5s内保持稳定，若5s内下降至1.7V，则说明存电量充足；若下降到1.6V，则表明单格电压达到放电25%的额定容量；若下降到1.5V，则表明单格电压达到放电50%的额定容量；若5s内电压迅速下降，则说明蓄电池有故障，应进行修理。

② 用高率放电计测试蓄电池电压。图4-9所示为12V整体电池式高率放电计与测试方法。

该放电计可用于新型整体式蓄电池的测试。测试时，用力将放电计触针刺入蓄电池的正、负极，保持15s，若蓄电池电压能保持在9.6V以上，则证明蓄电池电性能良好；若稳定在10.6~11.6V，则说明蓄电池存电量充足；若迅速下降，则说明蓄电池已损坏。

7）蓄电池的防冻防晒。在冬季严寒的条件下，电解液黏度上升，活性物质细孔收缩，化学变化减弱，蓄电池容量减小。另外，在低温条件下，还可能引起电解液结冰，冻坏极板和外壳等现象。因此，在严寒条件下，应做好保温工作。在夏季炎热条件下，应避免蓄电池受阳光暴晒，以减少电解液水分蒸发；应经常查看电解液液位，随时添加蒸馏水。

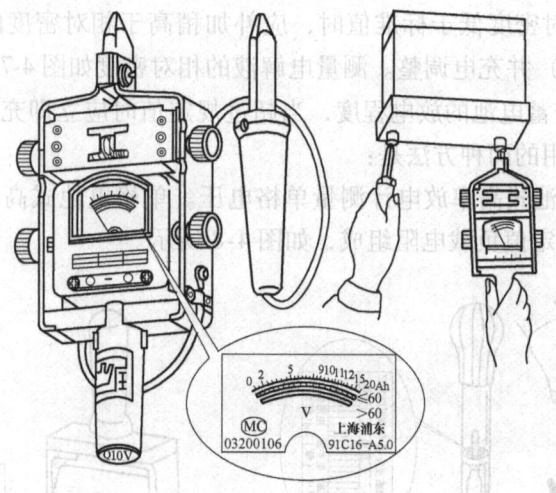

图 4-9　12V 整体电池式高率放电计与测试方法

（五）蓄电池充电时的注意事项

1）严格遵守蓄电池充电方法中的充电规范。

2）在配置和注入电解液时，要严格遵守安全操作规则和器皿的使用规范。

3）充电时接线要可靠，防止产生火花；停止充电时，应先切断充电机的交流电源。

4）充电时应打开蓄电池盖子，保持充电场所通风良好。

5）初次充电工作应连续进行，不可长时间中断。

6）在充电过程中，要注意各单格电池的温升，可采用风冷和水冷的方法控制温度。

7）在充电过程中，要注意各单格电池的电压和相对密度，及时判断充电程度和技术状况。

8）充电室要安装通风设备，严禁用明火取暖，充电机和蓄电池应隔室放置。

❖❖❖ 第二节　汽车二级维护技能训练

• 训练 1　点火提前角的检测

重点掌握：检测、调整点火正时的方法。

1. 训练准备

1）丰田佳美轿车 1 辆。

第四章 汽车二级维护

2）正时灯 1 只。

2. 训练要求

运用点火正时灯检测发动机点火正时。

3. 技术标准

怠速时的点火正时在上止点前 10°。

4. 基本操作步骤

操作步骤描述：检测前的准备→检测点火正时→调整点火正时→整理现场。

步骤 1：检测前的准备

1）起动发动机并使其达到正常的工作温度。

2）将转速表的测试笔与检验插接器的 IG 端连接。

3）使用维修电线连接检验插接器的 T 端和 E1 端。

步骤 2：检测点火正时

使用正时灯，应保证正时盖上的正时记号是对齐的。

步骤 3：调整点火正时

1）如果检测结果不符合上述要求，那么应松开分电器压紧螺栓，转动分电器壳，直到正时记号对齐为止。

2）拧紧分电器螺栓，重新检查点火正时。

步骤 4：整理现场

1）拆下维修电线。

2）用拆下来的维修电线检查怠速时的点火提前角。

3）从发动机上拆下转速表及正时灯。

注意!

1）千万不要让转速表引线与地面接触，因为这将使点火器或线圈损坏。

2）在使用前，一定要弄清楚所使用的电表是否适用于这种点火系统的测试，应查阅仪器的使用说明书。

● 训练 2　发动机功率的测试

重点掌握：发动机功率的测试方法。

1. 训练准备

1）桑塔纳 LX 型轿车 1 辆。

2）便携式无负荷测功仪 1 台。

3）常用工具 1 套。

2. 训练要求

1）用正确的方法测试发动机无负荷时的功率。

2）安全文明操作。

159

3. 技术标准

1) 在用车的发动机功率不得低于原额定功率的 75%。

2) 大修后汽车的发动机功率不得低于原额定功率的 90%。

4. 基本操作步骤

操作步骤描述：仪器自校和预热→预热发动机，安装转速传感器→测试加速时间→重复操作取平均值→判断发动机技术状况。

步骤 1：仪器自校和预热

1) 按使用说明书的要求，先将仪器预热 0.5h，然后进行自校。

2) 把检查旋钮 1 拨向"检查"位置，左边的时间表头指针应 1s 摆动一次。

3) 把检查旋钮 1 拨向"测试"位置，并把检查旋钮 3 拨向"自校"位置，再缓慢旋转"模拟转速"旋钮 2，转速表头指针应慢慢向右偏转（模拟增加转速）。

4) 当指针偏转至起始转速 1000r/min 的位置时，门控指示灯即亮。继续增加模拟转速至 2800r/min 时，时间表即指示出加速时间，以表示模拟速度的快慢。

5) 按下"复零"按钮，仪器表针回零，门控指示灯熄灭，表示仪器调整正常，否则，微调转速电位器。

步骤 2：预热发动机，安装转速传感器

1) 预热发动机至正常的工作温度（85~95℃），并使发动机怠速正常。

2) 将变速器调到空挡，然后把仪器转速传感器两接线卡分别接在分电器低压接线柱和搭铁线路上。

步骤 3：测试加速时间

1) 迅速地把加速踏板踩到底，发动机转速应猛然上升，当时间表指针显示出加速时间（或功率）时，应立即松开加速踏板，切忌发动机长时间高速空转。

2) 记下读数，将仪器复零。

步骤 4：重复上述操作三次，读数，取平均值。

步骤 5：根据测定的结果，对发动机技术状况进行判断。

- 训练 3　气缸压缩压力的检测

重点掌握：检测发动机气缸压缩压力的方法。

1. 训练准备

1) 能运转的发动机 1 台。

2) 火花塞套筒 1 个，气缸压力表 1 块。

2. 训练要求

运用气缸压力表检测发动机气缸压缩压力。

3. 技术标准

汽车发动机的压缩比和气缸压缩压力可以从汽车的使用说明书中查到。当被测气缸的压缩压力比使用说明书中所给定的数值低 15% 以上或该气缸的压缩压力比各气缸的平均压缩压力低 10% 以上时，基本上可以认为该气缸的密封性已经不能达到正常的使用要求了。需要注意的是，所规定的气缸压缩压力仅适用于海拔高度在 500m 以下的地区，当海拔高度超过 1000m 时，每升高 1000m，气缸压缩压力大约下降 0.06MPa。

4. 基本操作步骤

操作步骤描述：检测前的准备→气缸压缩压力的检测→判断气缸压力是否正常。

步骤 1：检测前的准备

1）使发动机运转到正常温度（80～90℃），然后熄火。

2）拆下全部火花塞，使阻风门和节气门全开（将加速踏板踩到底）。

步骤 2：气缸压缩压力的检测

1）手持气缸压力表，把它的锥形橡胶头紧压在火花塞孔上，逐缸测量气缸压缩压力。测量时用起动电机带动发动机转动，转速不应低于 150r/min。

2）为使测量结果更准确，一般每缸应测量 2～3 次，每次测量时应让曲轴旋转 4～6 转。

步骤 3：判断气缸压力是否正常

气缸压力是否正常，要根据具体车型来判断，但在一定情况下，也可以根据发动机的压缩比来估计。

注意！

当某气缸密封性较差时，为了进一步证实该气缸是否还能正常工作，可以用发动机空载停缸测试法来检查和判断。检查时只需一块转速表，检查和判断的方法是：使发动机以 1200r/min 的转速空转，然后用拔下一个气缸火花塞高压线的方法使之断火而停缸，再检查此时发动机的转速，如果此时发动机的转速变化不明显，那么说明该气缸已不能正常产生动力了。

- **训练 4　进气歧管真空度的检测**

重点掌握：检测发动机进气歧管真空度的方法。

1. 训练准备

1）能运转的发动机 1 台。

2）真空表 1 块。

2. 训练要求

运用真空表检测发动机进气歧管的真空度。

3. 技术标准

真空表指示值及其含义见表4-4。

表4-4 真空表指示值及其含义

表针显示	影响参数	故障性质	故障原因	故障分析
急速时,表针在 16～64kPa 之间大幅摆动		大缝隙变量漏气	气缸垫松动、烧毁	工作气压影响着缝隙的变化,漏气量较大,Δp_x 波动大
急速时,表针应在 16kPa 以下		大缝隙定量漏气	进气管垫、化油器垫漏气	气缸外漏气比气缸内漏气对 Δp_x 的影响更大,严重时会熄火
急速时,Δp_x 低于正常值 (64～71kPa),其降低程度取决于进气歧管的磨损程度,快开节气门时,表针应下降为零		大缝隙定量漏气	活塞环、气缸壁磨损,黏结对口,拉缸	活塞的密封性变差,Δp_x 降低,导致功率下降,机油冒烟(蓝、黑烟)
急速时,Δp_x 的跌落值更大		大缝隙定量漏气	液力挺柱顶死	液力挺柱损坏时易顶死气门或加大噪声
急速时,表针跌落值在 6kPa 以上,摆幅不大		小缝隙定量漏气	气门及气门座烧蚀、结胶	气门和气门座不严,导致 Δp_x 降低;进气门回火,排气门放炮
急速时,表针在 47～60kPa 之间摆动	p(气缸压力),Δp_x(进气管真空度)	小缝隙变量漏气	气门导管磨损漏气	气门随机偏摆运动,缝隙变化无常
急速时,表针在 33～74kPa 之间缓慢摆动,且随着转速的升高而摆动		小缝隙变量漏气	气门弹簧弹力不足,关不严	燃烧情况欠佳,发动机功率下降
急速时,表针在 44～57kPa 之间缓慢摆动		—	混合气过浓	燃烧情况欠佳,发动机功率下降
急速时,表针跌落值大于过浓状态,摆幅较大,且不规则		—	混合气过稀或个别气缸工作不良	燃烧情况恶劣,发动机功率下降值大,造成急速游车
急速时,表针在 46～57kPa 之间轻微摆动		—	点火过迟或配气相位滞后	燃烧不及时,功率下降,经调整能恢复正常
急速时,表针在 45.5～57kPa 之间大幅摆动		—	点火过早或配气相位提前	燃气最高压力形成过早,Δp_x 波动大,加速时爆燃,甚至熄火
急速时,表针有时可达 55kPa,但又快速跌落为零或很低		—	排气系统堵塞	排气系统有较大的反向压力,导致 Δp_x 波动较大,且异常

第四章 汽车二级维护

4. 基本操作步骤

操作步骤描述：检测前的准备→检测→判断。

步骤1：检测前的准备

将真空表接在节气门的后方。

步骤2：检测

1）汽油发动机在正常状态下，应按规定的怠速值无负荷运转。

2）拆下空气滤清器，查看真空表的读数和指示状态。

步骤3：判断

根据技术数据，判断所测发动机的技术状况。

注意！

有的真空表的指示值需进行转换。

● 训练5 汽油机燃油压力的检测

重点掌握：电控发动机燃料供给系燃油压力的检测方法。

1. 训练准备

1）装备电控发动机的整车1辆或能运转的电控发动机1台。

2）燃油压力表1块，常用工具1套。

2. 训练要求

运用燃油压力表检测发动机的燃油压力。

3. 技术标准

将点火开关置于"ON"位，燃油压力应为265～304kPa。在汽车怠速时测量燃油压力，应为265～304kPa。

4. 基本操作步骤

操作步骤描述：检测前的准备→检测发动机燃油压力→清理现场。

步骤1：检测前的准备

1）检查电源电压是否高于12V。

2）从蓄电池的负极端拆下电缆。

3）断开冷起动喷射器接头。

4）将适当的容器或擦车布放在冷却起动喷射器管道（2号燃油管）的下面。

5）拆下油管接头螺栓及两个密封垫，从冷起动喷射器上将冷起动喷射器管拆下。

6）用三个新的密封垫及油管接头螺栓将压力表连接在冷起动喷油器上。

7）擦净所有溅出的汽油。

8）使用跨接线连接检查接口的＋B和FP接口。

9）重新接上蓄电池负极电缆。

步骤2：检测发动机燃油压力

1）将点火开关置于"ON"位。

2）测量燃油压力。如果燃油压力偏高，那么更换燃油压力调节器；如果燃油压力偏低，那么检查燃油轮管及接头、燃油泵、燃油滤清器、燃油压力调节器和喷油器。

3）拆下跨接线。

4）起动发动机。

5）从燃油压力调节器中拆下真空检测管，并将管口堵住。

6）在怠速时测量燃油压力。

7）将真空检测管重新接到燃油压力调节器上。

8）在怠速时测量燃油压力。

9）如果压力不符合上述规定，那么检查真空检测管和燃油压力调节器。

10）将发动机熄火，5min后检查燃油压力，看其是否保持在147kPa或更高。

11）如果压力不符合上述规定，那么检查燃油泵、压力调节器或喷油器。

步骤3：清理现场

1）检查油压之后，拆下蓄电池负极电缆，并小心地拆下压力表，以防汽油飞溅出来。

2）用两个新的密封垫和油管接头螺栓将冷起动喷射器（2号管）重新装上。

3）重新接上冷起动喷油器接头。

4）重新接上蓄电池负极电缆。

5）检查有无燃油泄漏现象。

注意！

必须在点火开关转到"LOCK"位置，负极电缆被拆下超过30s后，方可开始作业。

- 训练6 柴油机喷油压力的检测

重点掌握：正确检测喷油器喷油压力的方法。

1. 训练准备

1）喷油器1个。

2）喷油器试验器1台。

3）常用工具1套。

2. 训练要求

1）正确安装喷油器试验器。

2）正确读数。

3. 技术标准

喷油器的喷油压力应符合标准。

4. 基本操作步骤

操作步骤描述：安装喷油器→测量喷油压力→读数。

步骤1：安装喷油器。

步骤2：压动压油手柄，排除留在油管和喷油器内的空气。

步骤3：以60次/min的速度压动压油手柄，同时观察喷油过程中压力表上的读数。

步骤4：如果压力不符合规定，那么可调整喷油器上的喷油压力调节螺钉，调整后拧紧锁止螺母。喷油器试验器的结构如图4-10所示。

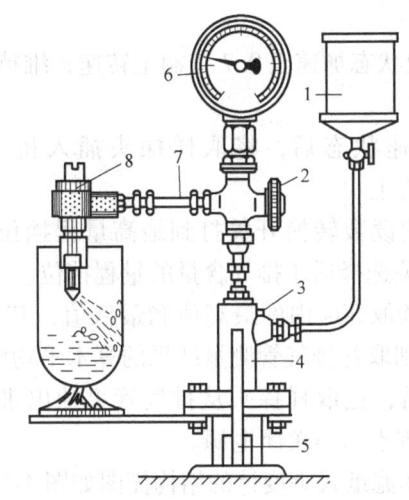

图4-10 喷油器试验器的结构

1—油箱 2—止回阀 3—放气螺钉 4—油泵体
5—压油手柄 6—油压表 7—高压油管 8—喷油压力调节螺钉

● 训练7 发动机尾气排放的检测

重点掌握：正确检测发动机怠速时CO和HC的排放量和烟度的方法。

1. 训练准备

1）汽油发动机1台。

2）柴油发动机1台。

3）汽车尾气分析仪1台。

4）滤纸式烟度计1支。

2. 训练要求

1）正确安装仪器。

2）正确操作仪器。

3）正确读数。

3. 技术标准

1）汽油机 CO 和 HC 的排放量应符合标准。

2）柴油机的烟度应符合要求。

4. 基本操作步骤

操作步骤描述：检测 CO 和 HC 的排放量→检测烟度。

步骤 1：检测 CO 和 HC 的排放量

1）必要时在发动机上安装转速计、点火定时仪、冷却液和机油测温计等测试仪器。

2）将发动机由怠速状态加速至 0.7 倍额定转速，维持 1min 后再降至怠速状态。

3）发动机降至怠速状态后，将取样探头插入排气管中，插入深度为 400mm，并固定于排气管上。

4）先把指示仪表的读数转换开关打到最高量程挡位，再一边观看指示仪表，一边用读数转换开关选择适于排气含量的量程挡位。在发动机于怠速状态下维持 15s 后开始读数，读取 30s 内的最高值和最低值，其平均值即为测量结果。若发动机为多排气管，则取各排气管测量结果的算术平均值。

5）测量工作结束后，把取样探头从排气管里抽出来，让它吸入新鲜空气 5min，待仪器指针回到零点后再关闭电源。

步骤 2：检测烟度（滤纸式烟度计的结构简图如图 4-11 所示）

1）利用加速踏板使发动机急加速 2~3 次，把积存在排气管内的炭渣吹掉。

2）使发动机在怠速状态下运转 5~6s。在此期间，用压缩空气对取样头及导管吹洗 3~4s，并把脚踏开关装到加速踏板上。

3）通过脚踏开关，把加速踏板一踩到底，并维持 4s。

4）松开加速踏板，更换新滤纸，用压缩空气吹洗取样头及导管 3~4s，把吸气泵活塞压缩到准备吸气的位置。

5）把上述 3）、4）项操作重复 3 次。

6）将已吸附黑烟的 3 片滤纸分别放到污染度测量台座上，把污染度测量装置对准各片滤纸污染面，读取仪表指示值。

7）计算 3 片滤纸的污染度的平均值，以此作为实际污染度值。

第四章　汽车二级维护

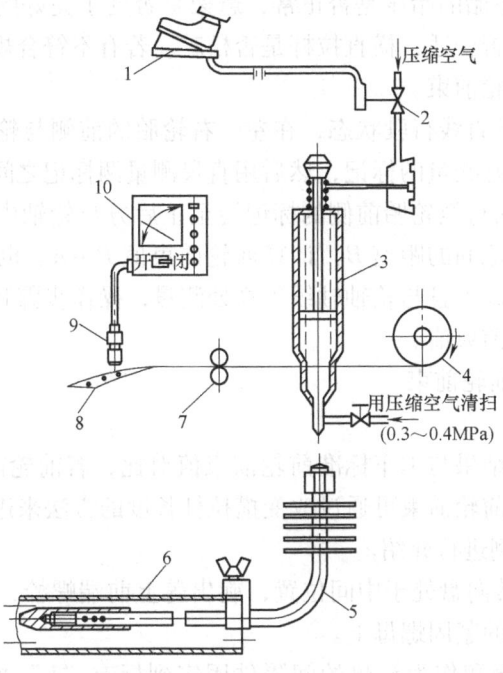

图 4-11　滤纸式烟度计结构简图
1—脚踏开关　2—电磁阀　3—抽气泵　4—滤纸卷　5—取样探头
6—排气管　7—进给机构　8—染黑的滤纸　9—光电传感器　10—指示仪表

● 训练 8　前轮前束的检查和调整

重点掌握：正确检查和调整前轮前束的方法。

1. 训练准备

1）桑塔纳 LX 型轿车 1 辆。

2）汽车维修工具、量具以及专用工具 1 套。

2. 训练要求

1）能够正确检查前轮前束。

2）能够正确调整前轮前束。

3. 技术标准

前轮前束为 -1～-3mm。

4. 基本操作步骤

操作步骤描述：检查前轮前束→调整前轮前束。

步骤 1：检查前轮前束，如图 4-12 所示。

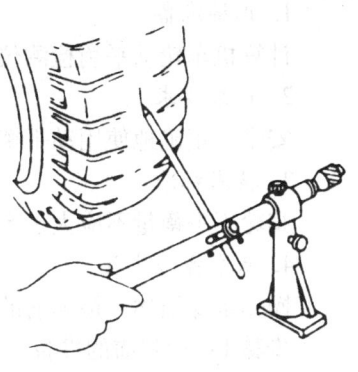

图 4-12　检查前轮前束

167

1) 首先检查轮胎的胎压是否正常,悬架是否处于完好的技术状态,车轮轮毂的轴承预紧度是否合适,横直拉杆是否松旷。若有不符合规定的,必须给予修复,然后再检查前轮前束。

2) 使汽车处于直线行驶状态,在左、右轮胎的前侧与轮轴中心线等高处的胎冠中心用粉笔作好测量的标记,然后用直尺测量两标记之间的距离 A。

3) 使车辆向前行至轮胎前侧的标记转至正后方与轮轴中心线同高,然后停止移动,测量两标记间的距离 B,计算前轮前束值 $B-A$。也可以用前束尺支在轮胎内侧凸出的最高点且与轮轴轴线等高处测量,操作步骤和前面一样,然后从前束尺上读出前轮前束值。

步骤2:调整前轮前束。

注意!

将上面的检测结果与本车标准前轮前束值对比,若前轮前束值不符合规定,则必须进行调整。前轮前束可通过改变横拉杆长度的方法来进行调整。下面以桑塔纳 LX 型轿车为例进行介绍。

1) 使转向器转向盘处于中间位置,旋出盖上前端螺栓,将带钩的专用工具置于左、右横拉杆的紧固螺母上。

2) 将专用螺栓和作为衬垫的间隔件固定到标有"L"标记的转向器孔内。不得使用一般螺栓,否则会因为螺栓太短而损坏转向器的螺纹。

3) 在左、右横拉杆上分别调整前轮前束值(注意使两边横拉杆的长度相等),调好后紧固横拉杆。

● 训练9 车轮动平衡的检测

重点掌握:正确使用动平衡检测仪检测车轮的动平衡及修正车轮不平衡的方法,动平衡测试仪的使用方法及快速清除车轮不平衡量的方法。

1. 训练准备

计算机车轮动平衡检测仪1台,需检测的车轮1副,平衡块若干。

2. 训练要求

安全、正确地使用动平衡测试仪并快速清除车轮的不平衡量。

3. 技术标准

车轮不平衡量不应大于 $5g \cdot cm$。

4. 基本操作步骤

操作步骤描述:检测前的准备→检测车轮不平衡量→修正车轮的不平衡量。

步骤1:检测前的准备

1) 清除被测车轮上的泥土、石子和旧平衡块。

2) 检查轮胎气压。轮胎气压必须符合原厂的规定。

3）根据轮辋中心孔的大小选好锥体，仔细装好车轮，用快速螺母上紧。

步骤2：检测车轮不平衡量

1）打开电源开关，检查指示与控制装置的面板指示内容是否正确。

2）如图4-13所示，用卡尺测量轮辋宽度b和轮辋直径d，用平衡机上的标尺测量轮辋边缘至机箱的距离a，再用键入的方法或选择器旋钮对准测量值的方法将a、b、d值输入到指示与控制装置中去。

3）放下车轮防护罩，按下起动键，使车轮旋转，此时平衡测试开始，并自动采集数据。

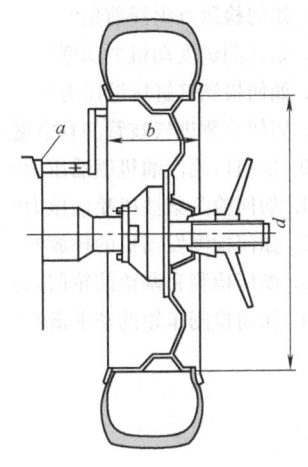

图4-13 车轮在平衡机上的安装

4）当车轮自动停转或听到"嘀"声时，按下停止键并操纵制动装置使车轮停转，然后从指示装置上读取车轮内、外侧不平衡量和不平衡位置。

步骤3：修正车轮的不平衡量

1）抬起车轮防护罩，用手慢慢转动车轮，当指示装置发出指示（音响、指示灯亮、制动显示点阵符号或显示检测数据等）时停止转动，在轮辋的内侧或外侧的上部（12点位置）加装指示装置来显示该侧的平衡块质量。

2）内、外侧的修正要分别进行，平衡块装卡要牢固。安装平衡块后有可能产生新的不平衡，应重新进行平衡试验，直至不平衡量小于5g，指示装置显示"00"或"OK"时为止。当不平衡量相差10g左右时，若能沿轮辋边缘前、后移动平衡块一定角度，则将获得满意的效果。

3）测试结束，关闭电源开关。

注意！

1）要正确安装轮胎，同时要用快速螺母将其锁止住。

2）安全操作轮胎动平衡仪。

复习思考题

1. 汽车二级维护前的检测作业程序有哪些？
2. 汽车二级维护前发动机的检测诊断项目与技术要求有哪些？
3. 汽车二级维护作业前的技术评定目的与方法有哪些？
4. 汽车发动机二级维护竣工检验项目和技术要求有哪些？
5. 汽车发动机二级维护附加作业项目的确定依据是什么？

6. 如何检测点火提前角?
7. 如何测试发动机的功率?
8. 如何检测气缸压缩压力?
9. 如何检测进气歧管的真空度?
10. 如何检测汽油机燃油压力?
11. 如何检测柴油机喷油压力?
12. 如何检测发动机的排放?
13. 如何检测和调整前轮前束?
14. 如何检测车轮的动平衡?

第 五 章

汽车故障诊断与排除

培训学习目标 通过本章的学习，掌握汽车故障诊断的一般原则，掌握发动机、底盘和电器容易出现故障的部位并能对故障进行诊断与排除，为工作中能够解决实际问题打下良好的基础。

◆◆◆ 第一节 汽车故障诊断与排除专业知识

一、汽车故障诊断方法及步骤

1. 汽车故障诊断方法

汽车故障诊断是在整车不解体的情况下，利用现代检测手段，运用汽车理论知识和经验加以分析，以便确定汽车故障的原因和故障部位，从而确定汽车的技术状况。

汽车故障诊断需要通过检查、检测、分析、判断等一系列方法才能完成。其基本方法主要有两种：直观诊断法和仪器设备诊断法。

（1）直观诊断法 这种方法又称为人工经验诊断法，是指诊断人员凭借丰富的实践经验和一定的理论知识，通过询问，借助简单的工具，采取眼看、耳听、手摸等方法，进行检查、分析、试验，查明故障原因和故障部位，以便确定汽车技术状况。

（2）仪器设备诊断法 仪器设备诊断法是在直观诊断法的基础上，借助于现代仪器设备而发展起来的一种故障诊断方法。它是指在汽车不解体的情况下，利用检测仪器、设备和工具，检测整车、总成或相关的参数、曲线以及波形，为分析、判断汽车技术状况提供定量依据。

在生产实践中，上述两种方法经常同时使用，没有严格的界限，故又称为综合诊断法。

2. 汽车故障诊断步骤

1）读取故障码。查阅该车型故障码表，掌握故障码的确切含义，确定故障的产生部位。

2）若无故障码输出（显示正常码），则可以利用故障诊断仪读取相应的数据流和波形图线，也可以从废气分析仪中读取参数，再根据掌握的该车型的相关资料、故障现象，用排除法逐一排除故障部位，最后找出故障所在。

3）根据以上线索，查找故障源。对已确诊的故障应进行调整、测试、维修，排除故障后，清除故障码并试车，验证故障是否排除。

3. 汽车故障诊断原则

（1）先思后行　对汽车的故障现象先进行综合分析，在初步了解故障原因的基础上再进行故障检查，以避免故障诊断的盲目性。

（2）先外后内　当汽车出现故障时，先对故障部位中能够看到的部位予以检查，然后视情况再对系统内的可能故障部位进行检查。

（3）先简后繁　直观检查最为简单的故障部位，可以用看、摸、听等直观检查方法将一些较显露的故障迅速地找出来。

看：用眼睛观察，看线路是否松脱、断裂，油路是否漏油，进气管路是否破损漏气等。

摸：用手摸一摸可疑线路的插接器连接是否松动；摸一摸火花塞的温度，通过喷油器的振动来判断其是否工作；摸一摸线路连接处是否有不正常的高温，以判断该处是否接触不良等。

听：用耳朵或借助于螺钉旋具、听诊器等听汽车是否有漏气声、发动机是否有异响，喷油器是否有规律的"喀喀"声等通过直观检查未能找出的故障。当需借助于仪器仪表或其他专用工具来进行检查时，也应对较易检查的并且能够就车检查的项目先进行检查。

（4）先熟后生　对常见的故障部位先进行检查。汽车某一故障现象可能是以某一个总成或部件的故障最为常见，先对熟悉的部件进行检查，往往可以迅速找到故障，省时省力。

（5）代码优先　一些电控系统有故障自诊断功能，如果出现"检测发动机"等警告灯报警，那么表明故障自诊断系统已诊断出故障，并以代码的形式储存，只要用故障诊断仪将故障码读出来，查找其含义，进行故障排除即可。

（6）积累资料　积累资料是指在检修该车型前，应准备好与该车型有关的检修数据，在维修后进行记录。

二、排除发动机常见故障必备的专业知识

发动机是一个整体结构，只有每个系统协调工作、各司其职，才能产生最大功率，达到最低油耗和最少的排气污染。发动机的故障现象因时间、部位等多种因素的不同而不同，即使是同一现象，也可能是由不同原因引起的。因此，对于发动机综合故障，需要由表及里，由简入繁，由易入难，逐步分析，进而正确判断，及时处理，保证汽车的正常运行。

发动机故障可能出现在发动机的各个系统。处理发动机故障时，首先要判断是机械故障还是供给系和点火系的综合故障，分清故障出在哪个系统后，才能对发动机进行调整并排除故障。

在诊断综合故障之前，应熟悉并掌握油路和电路各单项故障的诊断过程。一般来说，有着火征兆或着火后又熄灭的，一般属于油路故障；毫无着火征兆的，一般属于电路故障。据此可以确定是先查油路还是先查电路。

汽油机使用晶体管点火系以后，点火系故障明显减少，与油路共同的故障概率也大大减小。因此，故障诊断与排除应重点放在油路上。只要晶体管开关放大电路不损坏，脉冲信号发生器正常工作，故障就出在油路上。如果上述两个部件中有一个损坏，那么点火系高压时就会无火，此时发动机将停止工作。用逐缸短路断火法可判断发动机各缸是否无火。也可采用替换法，即替换两者中的一个，若故障排除，则说明被更换的部件有故障，更换此件即可。

在诊断电喷发动机油路故障时，应遵照以下三方面进行分析诊断：

（1）燃油系　燃油箱、燃油泵、喷油器各部件的工作状况及燃油泵的控制电路。

（2）控制系　电子控制单元的工作状态及传感器的工作状态。

（3）进气系　空气滤清器、进气歧管各部位的工作状况及空气吸入状况。

为了能快速、准确地查找出故障原因并排除故障，在故障诊断与排除时应首先进行外部检查，通过外部检查，可以避免走弯路。在检测故障时，观察容易出现故障的部位，能够对排除一般性故障起到关键性作用。

外部检查的内容主要包括：

1）ECU插头是否连接良好。

2）传感器、执行器的插头连接是否良好。

3）线束的连接是否良好。

4）线束是否有断裂或氧化、腐蚀现象。

5）传感器和执行器是否有明显裂痕。

6）ECU、传感器是否受潮、进水。

7）检查真空软管是否有破裂、老化或漏气现象。

8) 检查空气滤清器是否过脏,必要时可更换空气滤清器。

现代的汽车计算机控制系统都具有自诊断功能。当电喷发动机系统出现故障时,"CHECK ENGINE"(发动机检查)灯点亮,同时ECU将故障码存入存储器。在查找故障时,可以从ECU中调出故障码,根据故障码所显示的内容,能够迅速准确地确定故障部位的性质,有针对性地查找故障原因。在将故障排除后,还应当清除存储器所存储的故障码。

三、诊断发动机异响故障必备的专业知识

1. 发动机异响的类型

常见的发动机异响可分为两类:

1) 燃烧时产生的不正常响声,如汽油机的爆燃响声、柴油机的工作粗爆声。此种响声有的可以通过调整来排除(如点火过早或过迟),有的可以通过选用合适的燃料来排除,有的可用清除积炭的方法来排除。

2) 曲柄连杆与配气机构金属的敲击声,是由于某些配合零件自然磨损、润滑不良、紧固松旷或修理调整不当使其配合间隙失准而产生的。

2. 发动机异响的原因及特征

发动机异响常与发动机的转速、负荷、温度和工作循环状况有关,所以应对其进行特性分析,找出每个异响的变化规律。

(1) 异响与发动机转速的关系 大多数异响的出现,取决于发动机的转速状态。与发动机转速有关的异响见表5-1。

表5-1 与发动机转速有关的异响

异响与发动机转速的关系	发响原因
发动机急加速时出现,高速时依然存在	1. 连杆轴承松旷 2. 曲轴轴承松旷 3. 活塞销折断 4. 曲轴折断
维持某转速时,声响紊乱,急加速时相继发出短暂声响	1. 凸轮轴正时齿轮破裂,固定螺母松动 2. 曲轴折断 3. 活塞销衬套松旷 4. 凸轮轴轴向间隙过大或其衬套松旷
异响仅在急速或低速时存在	1. 活塞与气缸壁间隙过大 2. 活塞销装配过紧或连杆轴承装配过紧 3. 凸轮磨损过大

(2) 异响与负荷的关系 发动机的不少异响与其负荷有明显的关系,诊断时

第五章 汽车故障诊断与排除

可采取逐缸解除负荷的方法进行试验。通常采用单缸或双缸断火法解除一缸位或两缸位的负荷,以鉴别异响与负荷的关系。与发动机负荷有关的异响见表5-2。

表5-2 与发动机负荷有关的异响

异响与负荷的关系	发 响 原 因
某缸断火时,异响消失或减轻	1. 连杆轴承松旷 2. 活塞敲缸 3. 活塞销折断 4. 活塞环漏气
某缸断火时,异响反而加重,或原本无异响,反而出现声响	1. 活塞裙部锥度过大 2. 活塞销窜出 3. 活塞销衬套松旷 4. 连杆轴承盖固定螺栓松动
某相邻两缸断火时,异响减轻或消失	曲轴轴承松旷

(3) 异响与温度的关系　与发动机温度有关的异响见表5-3。

表5-3 与发动机温度有关的异响

异响与温度的关系	发 响 原 因
低温发响,温度升高后异响减轻甚至消失	1. 活塞与气缸壁间的间隙过大 2. 活塞润滑不良
温度升高后有响声,温度降低后异响减轻甚至消失	1. 过热引起的早燃 2. 活塞圆度过小 3. 活塞变形 4. 活塞环各间隙过小

3. 发动机异响故障的诊断程序

在众多混杂的发动机运转声响中,应确定哪些是正常的声响;哪些是异响;异响中哪些是尚允许存在的,哪些则是不允许继续存在的,必须予以排除的。这是异响诊断过程中首先应该明确的。

其确定原则是:

1) 若声响在低速运转时显得轻微、单纯,在高速运转时显得轰鸣、平稳、均匀,在加速和减速时显得圆滑过渡,则为正常声响。

2) 若声响中伴随着沉闷的"噌噌"声,清脆的"铛铛"声,短促的"嗒嗒"声,细微的"刷刷"声,强烈的"嘎嘎"声等声响,则表明发动机存在不正常的声响,至于是否允许存在,则可依据以下情况进行判断:

① 若声响仅在急速时存在,在转速提高后即自行消失,在整个使用过程中

声响又无明显的变化,则此类声响属于危害不大的异响,允许暂时存在,应待适当时机再进行修理。

② 若声响在突然加速或突然减速时出现,而且当发动机在中、高速运转时并不消失,同时又会引起机体振抖,则此类声响属于不允许再继续存在的异响,应立即查明原因,予以排除。

③ 若声响是在运转中突然出现的,且又较猛烈,则不应使发动机继续运转或试听诊断,而应立即停机拆检,并且一般是先拆油底壳,再拆气缸盖,最后拆气门室盖(罩)。

四、排除底盘常见故障必备的专业知识

1. 传动系异响的部位

传动系所传递的功率和转矩随着汽车速度和负荷的变化而变化。在这样复杂的工作条件下,传动机件的磨损、变形、松动及平衡不良等,均可导致异响。传动系常产生异响的部位及原因如图5-1所示。

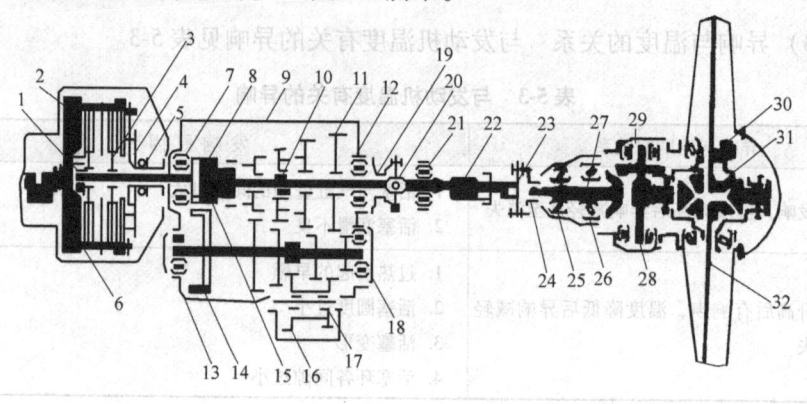

图5-1 传动系常产生异响的部位及原因

1、5、7、10、12、13、15、17、18、21、24、25、26、29—各类型的轴承因磨损而松旷或损坏 2—离合器从动盘摩擦片铆钉松动或外露 3—离合器从动盘花键轴套铆钉松动,钢片破裂,减振弹簧折断或与第一轴花键配合松旷 4—分离杆或其支架销磨损松旷 6—中间主动盘传动销与孔配合松旷 8、11、14、16—各啮合齿轮副啮合不良,间隙过大或过小,第二轴或中间轴弯曲 9—变速器壳变形、几何精度超差 19—第二轴凸缘与第二轴配合松旷 20、23—万向节磨损松旷,凸缘螺母松动 22—传动轴花键配合松旷,两端万向节叉不在同一平面,传动轴弯曲或不平衡 27、28—主、从动锥齿轮啮合不良,间隙过大或过小 30、31—半轴齿轮与半轴花键配合松旷 32—半轴磨损严重

2. 传动系异响部位的区分

传动系各总成连接为一个整体。若其中一个总成有异响,则这种异响便会传导给其他相连的总成,混淆故障的真实部位。所以在诊断传动系异响故障时,应

当首先判明发响部位。传动系异响与发动机异响一样,难以用文字确切地描述。检验时可采取路试或顶起后桥做无负荷运转的方式,根据异响与车速、挡位、负荷的关系等得出结论。

(1) 离合器和变速器异响的区分

1) 使发动机怠速运转,将变速器置空挡,拉紧驻车制动器,若底盘有异响,并且踏下离合器踏板后异响消失,则说明变速器有故障。

2) 在上述情况下,若踏下离合器踏板后异响并不消失,但有变化,则说明离合器与变速器均存在故障。

3) 在上述情况下,若无响声,但在踏下离合器踏板的过程中或将离合器踏板踩到底时出现异响,则是离合器故障。

4) 在上述情况下,若无响声且反复踏动离合器踏板时也无异响,则说明离合器及变速器第一轴和空挡运转的齿轮轴及轴承均良好。

(2) 变速器和传动轴、后桥异响的区分

1) 在离合器和变速器空挡运转良好的情况下,若汽车起步时出现撞击声响,则说明传动轴、万向节或后桥有故障。

2) 若汽车起步无异响,行驶中变速器出现异响,或除直接挡外各挡均有异响,则说明变速器有故障。

(3) 传动轴、万向节和后桥异响的区分

1) 若车速越高异响越明显或伴有转向盘震抖,脱挡滑行时异响更清晰,则说明是万向节、传动轴的故障。若车速越高异响越明显,但脱挡滑行后异响明显减弱或消失,则是后桥故障。

2) 若汽车直线行驶良好,转弯行驶时出现异响,则属于后桥或前驱动桥的故障。

(4) 后桥和车轮异响的区分 行驶中异响随着路面状况的变化而变化,说明车轮有故障,若异响随着脱挡滑行而迅速消失或明显减弱,则多是后桥故障。

(5) 万向节和传动轴异响 万向节、传动轴结构简单且多数机件暴露在外面,其技术状况可进行直观检查和诊断。

检查万向节、传动轴的技术状况时,应先停车将变速器置空挡并放松驻车制动,然后按以下顺序检查:

1) 检查各凸缘与凸缘叉的联接螺栓和中间轴承支架固定螺栓是否松动。

2) 沿径向晃动凸缘叉(或驻车制动盘),检查凸缘螺母锁紧情况。若第二轴径向间隙大,则说明第二轴后轴承损坏或松旷。

3) 径向晃动中间轴凸缘,检查凸缘螺母有无松动。若中间轴径向间隙大,则说明中间轴轴承磨损松旷或垫环磨损松旷。

4) 检查锁片的紧固情况,晃动万向节叉,检查万向节是否松旷。

5) 沿径向晃动传动轴前端，检查万向节滑动叉与传动轴花键是否松旷，目测传动轴是否弯曲，平衡块是否脱落，两端万向节叉是否在一个平面内，三个万向节是否符合等速排列的原则。

6) 径向晃动后凸缘叉，检查凸缘螺母是否松动。若径向间隙及传动轴自由转角过大，则故障在后桥。

当异响部位不易区分时，应将汽车停在地沟上，架起后桥，原地发动，使后桥在各个变速挡位下运转，然后在地沟中查听车子异响，触试发响处，若有与声频吻合的振动，则为故障所在。

3. 诊断转向系故障

转向系的故障不但取决于转向系（包括前桥）本身，而且与行驶系及底盘等有关部分的状况密切相关，主要包括：在保证转向轮稳定的情况下，使汽车保持直线行驶时转向轮定位的状况；悬架导向机构的结构及悬架机构的装置情况；车架的技术状况；轮胎的径向和侧向刚度等。所以，在诊断转向系故障时，不能只局限于转向系本身，应充分注意其他部位的影响。

（1）主销内倾角变化的影响

1) 主销内倾角过大。转向时，车轮在绕主销滚转的同时，还受到较大的路面滑动摩擦阻力的作用，使转向沉重。

2) 主销内倾角过小。由于力矩的增加，使转向变得沉重，而且使汽车稳定直线行驶的能力变差，驾驶人不得不时刻注意掌握转向盘，使精神高度紧张。

3) 前轴两端主销内倾角不等。即左右两轮抗冲击能力不一样，行驶时车辆总向内倾角较小的一边跑偏。

（2）车轮外倾角变化的影响

1) 车轮外倾角过大，造成轮胎外侧偏磨。

2) 车轮外倾角过小或负外倾，使汽车转向沉重，轮胎内侧偏磨。

3) 左右两轮外倾角不等或左右两轮外倾角与主销内倾角之和不等，使汽车直线行驶时容易跑偏。

（3）主销后倾角变化的影响

1) 当主销后倾角过大时，驾驶人只有用较大的力扭转转向盘才能克服稳定力矩，使转向显得沉重。

2) 当主销后倾角过小时，稳定力矩减小，将使行驶不稳定，即一般所说的方向发飘，当汽车高速行驶时，车轮还会振摆。

3) 当两端主销后倾角不等时，汽车在行驶时易向主销后倾角小的一边跑偏。

（4）前束的影响

1) 前束过大，会增加轮胎的滑磨量，使汽车行驶时一会向左，一会向右，显得不稳定。

2）前束过小，消除不了上述车轮外倾产生的影响，既增加轮胎外侧偏磨量，又使汽车行驶不稳定。

4. 诊断制动系故障

汽车的制动系分为行车制动系、驻车制动系和辅助制动系三类。行车制动系包括不同类型的车轮制动器和不同类型的制动传动装置。行车制动传动装置常见的有普通液力式、真空增压液力式、气增压液力式和气压式等。驻车制动形式则有鼓式、盘式和带式等。

汽车制动系能保证行车和驻车安全，当发生故障时，应及时诊断与排除。不论哪种类型的制动系，其故障现象都基本相同。图5-2所示为液压制动系常见故障部位及原因。

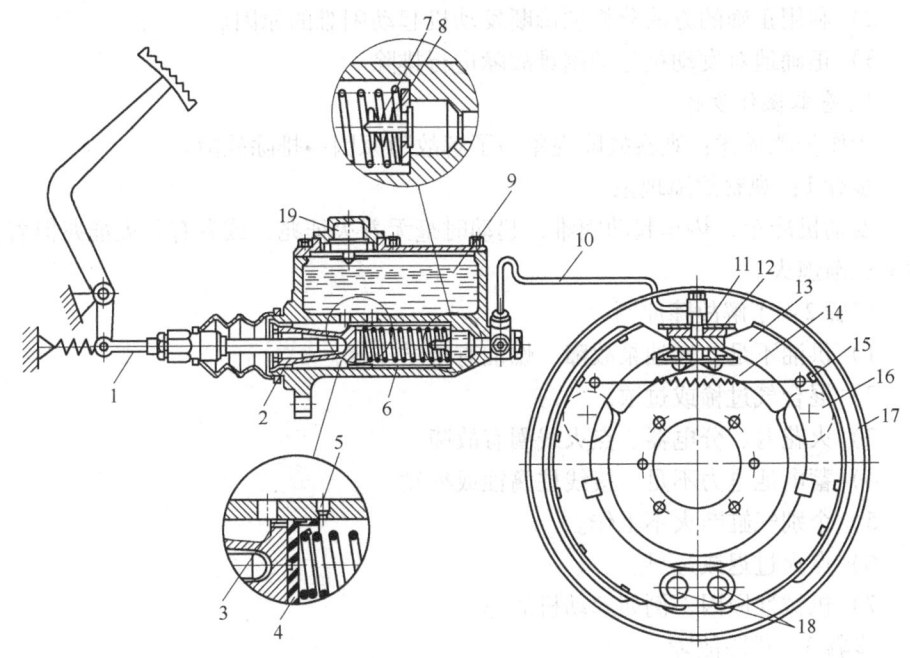

图 5-2 液压制动系常见故障部位及原因

1—活塞推杆调整不当 2、4—皮圈老化或破损 3—活塞与缸壁磨损严重 5—回油孔堵塞
6—回位弹簧过软或长度不足 7—出油阀弹簧过软或折断 8—回油阀密封不良 9—贮液室制动液不足
10—油管凹瘪、破裂，软管老化或管路中渗入空气 11—轮缸活塞回位弹簧过软
12—轮缸活塞与缸壁磨损严重或轮缸皮碗老化、破损 13—制动蹄铁翘曲 14—制动蹄回位弹簧过软或过硬
15—制动蹄摩擦片与制动鼓接触的面积太小或趋于中间部位，或表面油污、硬化、铆钉外露、质量不佳
16—偏心调整不当 17—制动鼓磨损失圆或鼓壁过薄 18—调整销钉调整不当 19—贮液室螺塞通气孔堵塞

第二节 汽车故障诊断与排除技能训练

• 训练1 诊断与排除发动机起动困难故障

重点掌握：发动机起动困难的原因，排除发动机起动困难故障的方法。

1. 训练准备

1）有起动困难故障的发动机1台。

2）齐全、合格和必要的排除故障用的工具、量具以及专用工具1套。

2. 训练要求

1）正确分析发动机起动困难的各种现象。

2）利用正确的方法分析和诊断发动机起动困难的原因。

3）正确地对发动机起动困难故障进行排除。

3. 基本操作步骤

操作步骤描述：观察故障现象→了解故障原因→排除故障。

步骤1：观察故障现象

发动机冷车、热车起动困难，起动时毫无着火征兆，或者有着火征兆但着火后又逐渐熄火。

步骤2：了解故障原因

1）供油不足、燃油泵故障、燃油有杂质或水。

2）混合气过稀或过浓。

3）火花塞、分电器、点火线圈有故障。

4）蓄电池电力不足，接线柱腐蚀或松动。

5）个别气缸断火不工作。

6）点火过迟或过早。

7）机械性原因，例如起动机故障。

步骤3：排除故障

1）检查油路

① 冷车起动困难，主要是混合气过稀所致，应检查油路各部件工作是否正常。

② 热车起动困难，主要是混合气过浓所致，应检查油路各部件工作是否正常。

2）检查电路

① 进行高压线试火试验，若火花弱，则应按次序检查低压电路接触是否松

第五章 汽车故障诊断与排除

动,分电器是否脏污,电容是否失效,点火线圈是否损坏等。

② 进行高压线试火试验,若火花不均匀,个别气缸有断火现象,则应按次序检查火花塞间隙是否一致,瓷芯是否裂损漏电,高压线是否受潮、漏电或松脱,分电器盖是否因裂缝而窜电,高压分火触点是否烧损或磨损,分火头是否漏电。

③ 若通过以上检查仍不能使发动机正常起动,则应检查点火是否正时,按点火过早或过迟分别对故障进行处理。

注意!

1) 在诊断油路、电路综合故障之前,应熟悉并掌握油路和电路各单项故障的诊断方法。

2) 诊断油路、电路综合故障时,应保证发动机不存在其他方面的故障,否则将影响油路、电路综合故障的诊断效果。

3) 在进行高压跳火或单缸点火试验时,一定要远离有燃油的部位。

- 训练2 诊断与排除发动机怠速不稳故障

重点掌握:发动机怠速不稳故障的原因,发动机怠速不稳故障的排除方法。

1. 训练准备

1) 完好的汽车1辆,并按故障设置要求设置故障。

2) 汽车废气分析仪1台,感应式发动机转速表1块,火花塞套筒1个,塞尺1把。

3) 常用工具1套。

2. 训练要求

1) 能根据故障现象分析怠速不稳故障产生的原因。

2) 能确定故障产生的部位。

3) 能排除发动机怠速不稳故障。

3. 基本操作步骤

基本步骤描述:观察故障现象→分析故障原因→排除故障。

步骤1:观察故障现象

发动机起动后,怠速不稳甚至熄火;当发动机高速运转时,工作正常。

步骤2:分析故障原因

1) 进气系统有真空泄漏现象。

2) 燃油压力过低。

3) 怠速设置错误。

4) 点火系有故障。

5) 发动机有机械故障。

步骤3：排除故障

1）若进气系统有真空泄漏现象，则应进行修复。
2）若燃油压力过低，则应进行检修。
3）若怠速设置错误，则应重新调整。
4）若点火系有故障，则应根据具体情况进行排除。
5）若发动机有机械故障，则应根据具体情况进行排除。

● **训练3　诊断与排除发动机爆燃故障**

重点掌握：发动机爆燃故障原因，排除发动机爆燃故障的方法。

1. 训练准备

1）有爆燃故障的发动机1台。
2）齐全、合格和必要的排除故障用的工具、量具以及专用工具1套。

2. 训练要求

1）能正确分析爆燃故障的各种现象。
2）能利用正确的方法分析和诊断爆燃故障的原因。
3）能对爆燃故障进行正确的排除。

3. 基本操作步骤

基本步骤描述：观察故障现象→分析故障原因→排除故障。

步骤1：观察故障现象

1）发动机起动后即有振抖现象，转速越高，振抖越剧烈。
2）发动机发出清脆而有节奏的金属敲击声，急加速时声响更大，排气管冒黑烟。
3）有时发动机也发出无节奏或低沉不清晰的敲击声，并且排气管冒黑烟。

步骤2：分析故障原因

1）抖动原因
① 发动机支架螺栓松动，支架断裂，减振垫老化、破损或脱落。
② 发动机支撑位置不当。

2）敲击和冒烟的原因
① 喷油时间过早或过迟。
② 喷油雾化不良或喷油器滴漏，会出现规律的敲击声，并伴有放炮和冒烟现象。

步骤3：排除故障

1）若发动机抖动，则可先直接查看支架、支架螺栓、软垫是否破损或缺失，再检查发动机安装位置是否准确。
2）若声响是均匀的，则说明各气缸工作情况差不多，可先检查喷油正时是

第五章 汽车故障诊断与排除

否正确。若调整喷油正时的效果不明显，则可进而检查发动机充气是否充分，也可检查空气滤清器是否堵塞，进气胶管是否凹瘪，其内壁有无脱层堵塞。若充气是充分的，则原因可能为燃油牌号不当，应予以查验。

3）若声响是不均匀的，则说明各气缸工作情况不一致，可用单缸停止供油法找出工作不良的气缸，然后用标准（或新的）喷油器替代旧喷油器的方法，诊断故障是否在喷油器，再用减油或停车的方法，可试出是供油量过大还是喷油时间过早。

- 训练4　诊断与排除发动机功率不足故障

重点掌握：发动机功率不足的原因，发动机功率不足故障的排除方法。

1. 训练准备

1）有功率不足故障的发动机 1 台。

2）齐全、合格和必要的排除故障用的工具、量具以及专用工具 1 套。

2. 训练要求

1）能正确分析发动机功率不足故障的各种现象。

2）能利用正确的方法分析和诊断发动机功率不足故障的原因。

3）能对发动机功率不足故障进行正确的排除。

3. 基本操作步骤

基本步骤描述：观察故障现象→分析故障原因→排除故障。

步骤1：观察故障现象

发动机运转无力。

步骤2：分析故障原因

1）点火系方面的原因

① 火花塞间隙不符合标准。

② 分电器分火头损坏。

③ 各气缸点火次序错乱。

④ 点火正时不正确。

⑤ 高压火弱。

⑥ 电子点火器及脉冲信号发生器内部有故障。

2）配气机构的原因

① 气门配气相位失准。

② 气门密封不严。

③ 气门弹簧变弱或变短。

3）燃油供给系的原因

① 燃油管道有尘土阻塞或燃油内有水分。

② 汽油泵有故障。
③ 空气滤清器堵塞。
④ 排放控制系有缺陷或调整不当。
⑤ 排气系阻塞。

4）其他原因。引起发动机功率不足的原因还有气缸盖密封不严、机油品质变差等。

步骤3：排除故障

1）首先检查点火系各气缸火花塞间隙是否在0.7~0.9mm之间，分电器分火头是否损坏，点火正时是否正确，高压线有无漏电现象，点火线圈是否短路等。发现故障后应进行针对性的修理，然后检查电子点火器、霍尔信号发生器工作是否正常，必要时对各损坏部件或不符合要求的零件进行修复、调整或更换，保证点火系工作无误。

2）检查配气相位。检查气门是否有泄漏现象，若有，则应修研或更换；检查气门弹簧弹力是否变小，自由长度是否变短。

3）检查燃油供给系，即检查燃油管道中是否有堵塞或气阻现象，汽油泵工作是否正常，空气滤清器是否堵塞，排气系是否堵塞等。

4）检查发动机机油的品质是否符合要求，若不符合要求，则应予以更换；检查气缸盖垫、进排气歧管垫是否破损，必要时应予以更换。

● **训练5　诊断与排除连杆轴承异响故障**

重点掌握：连杆轴承异响的原因，连杆轴承异响故障的排除方法。

1. 训练准备

1）有连杆轴承异响故障的发动机1台。
2）齐全、合格和必要的排除故障用的工具、量具以及专用工具1套。

2. 训练要求

1）能正确分析连杆轴承异响故障的各种现象。
2）能利用正确的方法分析和诊断连杆轴承异响故障的原因。
3）能对连杆轴承异响故障进行正确的排除。

3. 基本操作步骤

基本步骤描述：观察故障现象→分析故障原因→排除故障。

步骤1：观察故障现象

1）连杆轴承异响是比曲轴轴承敲击响轻缓而短促的"铛铛"声响，怠速时声响较小，中速时声响较为明显，突然加速时，敲击声随之增大。
2）当发动机负荷增加时，声响也会随之增大。
3）当发动机温度发生变化时，声响并不变化。

第五章 汽车故障诊断与排除

4）断火后声响会明显地减弱或消失。

步骤2：分析故障原因

1）连杆轴承与轴颈磨损过量，导致径向间隙过大。

2）连杆轴承盖的紧固螺栓松动或折断。

3）轴承合金烧毁或脱落。

4）连杆轴颈失圆，使轴颈与轴承之间接触不良。

5）曲轴主油道堵塞或润滑系有故障，造成轴承润滑不良。

步骤3：排除故障

1）变换转速试验。使发动机怠速运转，然后由怠速向低速，由低速向中速，再由中速向高速加大节气门开度进行试验，同时结合逐缸断火法和在加机油口处听诊等方法反复进行试验，响声随着转速的升高而增大，抖动节气门时，在加油的瞬间异响突出，响声严重时在任何转速下均可听到，甚至在怠速时也可听到清晰、明显的敲击声。

2）断火试验。在怠速、中速和高速的情况下，逐缸反复进行断火试验。若某气缸断火后响声明显减弱或消失，在复火的瞬间又能立即出现，则可断定为该气缸连杆轴承异响。

3）听诊。用听诊器或简易听诊杆触在机体上听诊，往往不易听清楚，但在加机油口处直接听诊，可清楚地听到连杆轴承敲击声。

4）检查机油压力。诊断中要注意检查机油压力。如果响声严重，又伴随有机油压力降低现象，那么这往往成为区别连杆轴承异响与活塞销响、活塞敲缸响的重要依据。

5）柴油机连杆轴承异响的诊断。与汽油机连杆轴承异响相比，柴油机连杆轴承异响比较钝重，诊断时只有避开着火敲击声的干扰，才能听得清楚。如果随着供油拉杆行程的加大，响声逐渐增强，并在迅速收回供油拉杆，发动机降速之际，能明显听到坚实的"哐哐"敲击声，那么可初步断定为连杆轴承异响。

6）此外，也可在中、高速运转时做抖动供油拉杆试验，若这时出现坚实有力的敲击声，则说明是连杆轴承异响。诊断时可结合从加机油口处听诊、检查机油压力和做单缸断油试验等方法进行。若某缸断油后响声明显减弱或消失，复油后响声又出现，则说明燃烧室积炭严重。这不仅会引起爆燃或早燃，而且会提高压缩比，致使发动机过热。

- **训练6 诊断与排除正时齿轮（或齿带、链条）异响故障**

重点掌握：正时齿轮（或齿带、链条）异响的原因，正时齿轮（或齿带、链条）异响故障的排除方法。

1. 训练准备

1）有正时齿轮（或齿带、链条）异响故障的发动机1台。

2）齐全、合格和必要的排除故障用的工具、量具以及专用工具1套。

2. 训练要求

1）正确分析正时齿轮（或齿带、链条）异响故障的各种现象。

2）利用正确的方法分析和诊断正时齿轮（或齿带、链条）异响故障的原因。

3）对正时齿轮（或齿带、链条）异响故障进行正确的排除。

3. 基本操作步骤

基本步骤描述：观察故障现象→分析故障原因→排除故障。

步骤1：观察故障现象

1）声响比较复杂，有时有节奏，有时无节奏，有时是间断响，有时是连续响。

2）当发动机怠速运转或转速有变化时，正时齿轮室盖处发出杂乱而轻微的噪声；发动机转速提高后噪声消失；急减速时，此噪声尾随出现。

3）有的声响不受温度和单缸断火试验的影响；有的声响受温度影响，温度低时无噪声，温度正常后，才出现噪声。

4）有的声响伴随正时齿轮室盖振动，有的声响不伴随振动。

步骤2：分析故障原因

1）正时齿轮啮合间隙过大或过小。

2）曲轴和凸轮轴中心线不平行，造成齿轮啮合失常。

3）更换曲轴和凸轮轴轴承后，改变了齿轮啮合位置。

4）凸轮轴正时齿轮松动。

5）凸轮轴正时齿轮轮齿折损或径向破裂。

步骤3：排除故障

1）若发动机怠速运转时发出有节奏的轻微"嘎啦、嘎啦"声，并且中速时突出，高速时杂乱，用螺钉旋具触及正时齿轮盖部位听诊时声响更明显，则说明是正时齿轮啮合间隙过大。

2）若声响的大小随着发动机转速变化而变化，且声响类似于呼啸声，则说明正时齿轮啮合不良。

3）若发动机怠速运转时发出有节奏的"哽哽"声响，当发动机转速提高时，声响也随之加大，则说明正时齿轮啮合不均匀。

4）将发动机转速逐渐提高到某一较高转速时，若突然发出强烈而杂乱的声响，并且急减速时会发出一声"嘎"的声响（正时齿轮盖有振动感）然后消失，则为凸轮轴正时齿轮松动。

第五章　汽车故障诊断与排除

5）若新车大修或更换正时齿轮后出现连续不断的"呜呜"声，且发动机转速越高声响越明显，则大多是由正时齿轮啮合间隙过小所致。

● **训练7　诊断与排除气门异响故障**

重点掌握：气门异响的原因，气门异响故障的排除方法。

1. 训练准备

1）有气门异响故障的发动机1台。

2）齐全、合格和必要的排除故障用的工具、量具以及专用工具1套。

2. 训练要求

1）能正确分析气门异响故障的各种现象。

2）能利用正确的方法分析和诊断气门异响故障的原因。

3）能对气门异响故障进行正确的排除。

3. 基本操作步骤

基本步骤描述：观察故障现象→分析故障原因→排除故障。

步骤1：观察故障现象

1）发动机怠速时，发出有节奏的"嗒嗒"声响。

2）当发动机转速增高时，声响也随之增高；当发动机转速达到中速以上时，声响变得模糊嘈杂。

3）当发动机温度变化或进行断火试验时，声响都不随之变化。

步骤2：分析故障原因

1）气门杆端、调整螺钉、摇臂磨损或调整不当，使气门间隙过大，导致顶置式气门的摇臂头部与气门端部碰击。

2）凸轮磨损过量，运转中挺柱产生跳动。

3）气门弹簧座脱落。

4）气门挺柱固定螺母松动或调整螺栓端面不平。

5）气门导管因积炭过多而咬住气门。

步骤3：排除故障

1）在气门室侧或气门罩处听察，若声响随着发动机转速的不同而改变，且高、中、低速时均有异响，同时发动机温度变化或断火试验时声响并不随之变化，则为气门响。

2）拆下气门室盖或气门室罩，使发动机怠速运转，将塞尺插入气门端部与挺柱间隙中，逐个试验。当塞尺插入某个气门间隙中时，声响应减弱或消失。若塞尺插入后，声响减轻，但未消失，则可用螺钉旋具撬住气门杆，如果声响消失，那么说明气门间隙过大，原因是气门杆导管磨损。

187

● 训练8 诊断与排除发动机温度过高故障

重点掌握：发动机温度过高的原因，发动机温度过高故障的排除方法。

1. 训练准备

1）有温度过高故障的发动机1台。

2）齐全、合格和必要的排除故障用的工具、量具以及专用工具1套。

2. 训练要求

1）能正确分析发动机温度过高故障的各种现象。

2）能利用正确的方法分析和诊断发动机温度过高故障的原因。

3）能对发动机温度过高故障进行正确的排除。

3. 基本操作步骤

基本步骤描述：观察故障现象→分析故障原因→排除故障。

步骤1：观察故障现象

1）在交通不畅或长时间怠速时，发动机冷却液温度表显示温度过高；电子风扇高速挡工作时间过长，发动机噪声增大，开空调时故障最为明显。

2）开空调时，发动机怠速不稳且转速上下浮动过大；急加速时发动机无力，有异响。

3）热车熄火十几分钟后，再起动时困难，热车行驶时有时会自动熄火。

4）冷车时空调制冷温度很凉，热车时空调制冷效果不好，而且空调系统内有较大的共振嗡鸣声。

5）热车怠速时，空调压缩机离合器吸断频繁，甚至断开，造成热车空调不制冷。

步骤2：分析故障原因

1）散热器风扇传动带断裂。

2）气缸垫烧坏。

步骤3：排除故障

1）运行中发动机突然过热，应首先注意电流表动态。若加大节气门时电流表不指示充电，指针只是由放电时的3~5A间歇摆回"0"位，则说明风扇传动带断裂。若加大节气门时电流表指示充电，则应使发动机熄火，用手触摸散热器和发动机。如果发动机温度过高而散热器温度低，那么说明水泵轴与叶轮松脱，使冷却液循环中断；如果发动机与散热器温度差别不大，那么应查找冷却系有无严重漏液现象。

2）在发动机起动后不久，若冷却液温度即升高至沸腾，则多为节温器主阀门脱落并横在散热器进水管内，阻碍了冷却液的大循环。因为这种故障能使冷却系内压力迅速升高，当内压达到一定程度时，会突然冲开阻滞的主阀门，使其改

第五章 汽车故障诊断与排除

变方位,迅猛地导通大循环水路。若行驶过程中发现冷却液沸腾,则应立即停车,使发动机低速运转至冷却液温度正常后再熄火检查,而绝对不允许掺温度低的冷却液降温,以防温差变化太大造成有关零件内应力增大而产生裂纹。

3)气缸垫烧坏,有时也能使散热器口向外溢水和排出气泡,呈现出冷却液沸腾的状态。这主要是因为气缸垫烧坏或气缸盖、气缸套出现裂纹,使燃烧室内高压气体窜入水套而冒出水泡。若气缸垫或气缸盖的裂纹与润滑油路相通,则散热器中还会出现油迹。

4)散热器出水管冻结。车辆在冬季行驶不长时间后即发生过热现象,可检查散热器下部至水泵的通水管是否冻结。若用手触试散热器上部时感到很烫,触试下部时感到冰凉,用手捏下部通水软管时感到又硬又凉,则说明该软管已冻结,冷却系大循环已中断。

5)检查水泵的泵水效能。如果不在冬季,或者散热器下部通水管未冻结,那么可检查水泵的泵水效能。检查时用手握住发动机顶部至散热器的通水软管,然后由怠速加速到某一高速,若感到通水软管内水的流速随着发动机转速的增加而加快,则说明水泵工作正常;反之,则说明水泵泵水效能欠佳或丧失。

6)若水泵工作正常,则再检查节温器的工作效能。若用手触试发动机气缸体、气缸盖和小循环通水管时感到温差不大且很烫,或者触试气缸盖至散热器的通水软管和散热器上部时感到不烫,又或者触试散热器下部及下部通水软管时感到温度很低,则说明节温器大循环阀门打不开,造成冷却系大循环中断。

7)若节温器工作正常,则发动机过热的原因可能是冷却系内部的锈污和水垢沉积太厚,或者是分水管锈烂,丧失了分水能力。

8)车辆超载或长时间用低速挡行驶。车辆超载或长时间用低速挡行驶,可导致发动机过热。这是由使用不当造成的,只要恢复正确的使用方法,发动机过热现象自然会消失。

● **训练9 诊断与排除发动机缺火(个别气缸不点火)故障**

重点掌握:发动机缺火(个别气缸不点火)的原因,发动机缺火(个别气缸不点火)故障的排除方法。

1. 训练准备

1)有缺火(个别气缸不点火)故障的发动机1台。
2)齐全、合格和必要的排除故障用的工具、量具以及专用工具1套。

2. 训练要求

1)能正确分析发动机缺火(个别气缸不点火)故障的各种现象。
2)能利用正确的方法分析和诊断发动机缺火(个别气缸不点火)故障的原因。

3) 能对发动机缺火（个别气缸不点火）故障进行正确的排除。

3. 基本操作步骤

基本步骤描述：观察故障现象→分析故障原因→排除故障。

步骤1：观察故障现象

1) 发动机在各种转速运转时，消声器发出有节奏的"突突"声。

2) 发动机运转不稳定，排气管冒黑烟甚至放炮，化油器有时回火，动力性下降。

步骤2：分析故障原因

1) 少数高压分线脱落或漏电。

2) 分电器盖个别旁插孔漏电或窜电。

3) 分电器凸轮磨损不均匀，分电器轴松旷偏摆。

4) 个别火花塞工作不良，如火花塞积炭，电极间隙过大或过小，电极潮湿或有油污，火花塞裙部破裂等。

5) 相邻两高压分线插错。

步骤3：排除故障

1) 检查高压分线是否脱落。

2) 诊断缺火气缸。依次取下各气缸高压分线，若某气缸断火后发动机运转更加不稳定，则说明该气缸工作正常；若发动机运转无变化，则说明该气缸不工作。

3) 取下缺火气缸的高压线，使线端距离气缸盖 4~5mm。在发动机运转时，若该高压线端有强烈的周期性高压火花，则说明该气缸火花塞存在故障；若高压线端无高压火花，则说明该高压线、分电器盖漏电或分电器断电，触点间隙不均匀。

4) 再进一步检查。将高压线与火花塞接好，从分电器上取下另一端，并距离分电器盖插孔 3~5mm。当发动机运转时，若该间隙处有周期性的高压火花产生，则说明该高压线漏电；若该间隙处无高压火花，则说明分电器盖或断电触点间隙有故障。

- **训练10　诊断与排除离合器异响故障**

重点掌握：离合器异响的原因，离合器异响故障的排除方法。

1. 训练准备

1) 有离合器异响故障的汽车 1 辆。

2) 齐全、合格和必要的排除故障用的工具、量具以及专用工具 1 套。

2. 训练要求

1) 能正确分析离合器异响故障的各种现象。

2) 能利用正确的方法分析和诊断离合器异响故障的原因。

3) 能对离合器异响故障进行正确的排除。

第五章 汽车故障诊断与排除

3. 基本操作步骤

基本步骤描述：观察故障现象→分析故障原因→排除故障。

步骤1：观察故障现象

在使用离合器时，有不正常的响声产生。

步骤2：分析故障原因

1) 分离轴承磨损严重或缺油，轴承复位弹簧过软、折断或脱落。

2) 分离杠杆支撑销孔磨损松旷。

3) 从动钢片铆钉松动，钢片碎裂或减振弹簧折断。

4) 离合器踏板复位弹簧过软、脱落或折断。

5) 传动销与孔磨损松旷。

6) 从动盘毂与变速器第一轴花键磨损严重。

步骤3：排除故障

1) 踩下少许离合器踏板，使分离杠杆与分离轴承接触，当听到有"沙沙"的响声时，即为分离轴承响。若加油后响声仍存在，则说明轴承磨损松旷或损坏。检查分离轴承，若轴承损坏或磨损过大，则应换用新的轴承。

2) 踩下或放松离合器踏板时，若出现间断的碰击声，则为分离轴承前后滑动响，应检查分离轴承复位弹簧。若复位弹簧失效，则应予以更换。

3) 若将离合器踏板踩到底时出现响声，放松离合器踏板时响声消失，则为离合器传动销与销孔磨损松旷。

4) 连续踩离合器踏板，若离合器在刚接触或分开时响，则应检查分离杠杆或支架销与孔是否磨损松旷，或检查铆钉是否松动、摩擦片铆钉是否外露，若是，则应予以更换。

5) 若发动机一起动就有响声，将离合器踏板提起后响声消失，则为离合器踏板复位弹簧失效，应更换复位弹簧。

注意！

所有弹簧应同时更换。

● 训练11 诊断与排除变速器异响故障

重点掌握：变速器异响的原因，变速器异响故障的排除方法。

1. 训练准备

1) 有变速器异响故障的汽车1辆。

2) 齐全、合格和必要的排除故障用的工具、量具以及专用工具1套。

2. 训练要求

1) 能正确分析变速器异响故障的各种现象。

2) 能利用正确的方法分析和诊断变速器异响故障的原因。

3）能对变速器异响故障进行正确的排除。

3. 基本操作步骤

基本步骤描述：观察故障现象→分析故障原因→排除故障。

步骤1：观察故障现象

1）空挡发响。发动机怠速运转，当变速器处于空挡位置时有异响，踏下离合器踏板时响声消失。

2）挂挡后发响

① 变速器挂入挡位后发响。

② 当汽车以40km/h以上的车速行驶时，变速器发出一种不正常的声响，且车速越高，声响越大，而当滑行或低速时，响声减小或消失。

步骤2：分析故障原因

1）空挡发响的原因

① 安装变速器与发动机时，曲轴与变速器第一轴中心线不同心或变速器壳变形。

② 第二轴前轴承磨损，积存有污垢，或轴承表面起毛刺。

③ 变速器常啮合齿轮磨损、齿侧间隙过大或个别齿轮牙齿缺损。

④ 未成对更换常啮合齿轮，齿轮啮合不良。

⑤ 轴承松旷、损坏，齿轮轴向间隙大。

⑥ 拨叉与接合套间隙过大。

2）挂挡后发响的原因

① 变速器内齿轮轴弯曲变形，轴的花键与滑动齿轮毂配合松旷。

② 齿轮啮合不当或轴承松旷。

③ 操纵机构各连接处松动，变速叉变形。

④ 主、从动锥齿轮配合间隙过大。

步骤3：排除故障

1）发动机怠速运转，当变速器空挡时有异响，踩下离合器踏板后声响消失，多为常啮合齿轮啮合不良，应进行调整或更换齿轮。

2）变速器各挡均有声响，多为基础件、轴、齿轮、花键磨损导致的几何误差超限，应更换相关零件。

3）挂入某挡时变速器声响严重，说明该挡齿轮磨损严重，应更换齿轮。

4）汽车起动后尚未挂挡就出现响声，且在汽车运行中车速变化时变速器声响变得严重，说明输出轴前后轴承响，应进行调整或更换前后轴承。

- **训练12　诊断与排除转向沉重故障**

重点掌握：转向沉重的原因，转向沉重故障的排除方法。

第五章 汽车故障诊断与排除

1. 训练准备

1）有转向沉重故障的汽车1辆。

2）齐全、合格和必要的排除故障用的工具、量具以及专用工具1套。

2. 训练要求

1）能正确分析转向沉重故障的各种现象。

2）能利用正确的方法分析和诊断转向沉重故障的原因。

3）能对转向沉重故障进行正确的排除。

3. 基本操作步骤

基本步骤描述：观察故障现象→分析故障原因→排除故障。

步骤1：观察故障现象

转向时转向盘沉重。

步骤2：分析故障原因

1）机械式转向系转向沉重的故障原因

① 转向器缺机油，造成转向沉重。

② 前轮轮胎气压不足，造成转向沉重。

③ 前轮定位角不正确，造成转向沉重。

④ 转向器小齿轮与齿条啮合间隙太小，造成转向沉重。

⑤ 转向器或转向柱的轴承损坏，造成转向沉重。

⑥ 转向横拉杆球头销缺油或损坏，造成转向沉重。

2）动力转向系转向沉重的故障原因

① 液压泵的传动带松动。

② 液压油油位低。

③ 转向器与转向柱不对正。

④ 下连接凸缘松转。

⑤ 轮胎充气不当。

⑥ 流量控制阀卡住。

⑦ 液压泵输出压力不够。

⑧ 液压泵内泄漏量过大。

⑨ 转向器内泄漏量过大。

步骤3：排除故障

1）机械式转向系转向沉重故障的排除方法

① 转向器缺机油造成转向沉重的排除方法是按规定向转向器内加注转向机油。

② 前轮轮胎气压不足造成转向沉重的排除方法是按规定气压向前轮轮胎充气。

③ 前轮定位角不正确造成转向沉重的排除方法是正确检查与调整前轮定位角。

④ 转向器小齿轮与齿条啮合间隙太小造成转向沉重的排除方法是调整小齿轮的预紧力。

⑤ 转向器或转向柱的轴承损坏造成转向沉重的排除方法是更换轴承。

⑥ 转向横拉杆球头销缺油或损坏造成转向沉重的排除方法是更换球头销。

2) 动力转向系转向沉重故障的排除方法

① 按规定调整传动带张力。

② 加油到规定油位,若油位过低,则检查所有管路和接头,拧紧松动的接头。

③ 对正转向器和转向管柱。

④ 松开夹紧螺栓,正确地进行装配。

⑤ 按规定压力充气。

● 训练13 诊断与排除制动跑偏故障

重点掌握:制动跑偏的原因,制动跑偏故障的排除方法。

1. 训练准备

1) 东风 EQ1092 型载货汽车 1 辆。

2) 塞尺 1 组,常用拆装工具 1 套。

2. 训练要求

1) 能利用正确的方法查找汽车制动跑偏的原因。

2) 能排除汽车制动跑偏故障。

3. 基本操作步骤

基本步骤描述:观察故障现象→分析故障原因→排除故障。

步骤 1:观察故障现象

两侧车轮不能同时起制动作用,造成车辆制动跑偏或不能沿直线方向停车。

步骤 2:分析故障原因

1) 左、右制动鼓间隙不一致。

2) 个别车轮摩擦片有油污、硬化或铆钉外露现象。

3) 个别制动气室推杆弯曲变形,膜片破裂,气管或接头漏气。

4) 个别车辆的制动凸轮轴被卡住。

5) 车轮制动器回位弹簧拉力不一致。

6) 个别制动鼓失圆。

步骤 3:排除故障

1) 踩住制动踏板,查看各部有无漏气现象,若有,则进行修复。

2）查看制动气室推杆是否弯曲或卡住。

3）测量制动鼓和制动蹄的间隙，不符合要求时进行调整。

4）清除制动蹄片上的油污。

5）检查回位弹簧、制动鼓失圆情况，进行修理或更换。

- **训练14　诊断与排除液压制动失效故障**

重点掌握：液压制动失效的原因，液压制动失效故障的排除方法。

1. 训练准备

1）有制动失效故障的液压制动装置1套。

2）齐全、合格和必要的排除故障用的工具、量具以及专用工具1套。

2. 训练要求

1）能正确分析液压制动失效的各种现象。

2）能利用正确的方法分析和诊断液压制动失效的可能原因。

3）能对液压制动失效故障进行正确的排除。

3. 基本操作步骤

基本步骤描述：观察故障现象→分析故障原因→排除故障。

步骤1：观察故障现象

踩下制动踏板时，汽车不能制动或停车。

步骤2：分析故障原因

1）制动液不足。

2）制动主缸皮碗或制动轮缸皮碗损坏或翻转。

3）制动主缸活塞与气缸壁或轮缸活塞与气缸壁过度磨损，造成松旷漏油；活塞复位弹簧过软或折断。

4）制动管路内有气阻。

5）制动管路被堵塞或制动管路渗漏。

6）车轮制动器磨损严重，制动间隙过大或摩擦片有油污，铆钉外露。

7）制动踏板自由行程过大。

8）某机械连接部位脱开，踩制动踏板时主缸活塞不移动。

步骤3：排除故障

1）踩几次制动踏板，若始终能踩到底且无反力，则检查制动主缸是否缺少制动液，若缺少，则应按规定添加。

2）若制动主缸不缺制动液，则检查管路和接头有无破漏或堵塞现象（见图5-3），若有，则应进行修理或更换。

3）检查制动系统内是否有空气，若有，应进行排气，如图5-4所示。

4）检查各机械连接部位是否脱开，若已脱开，则应予以修复。

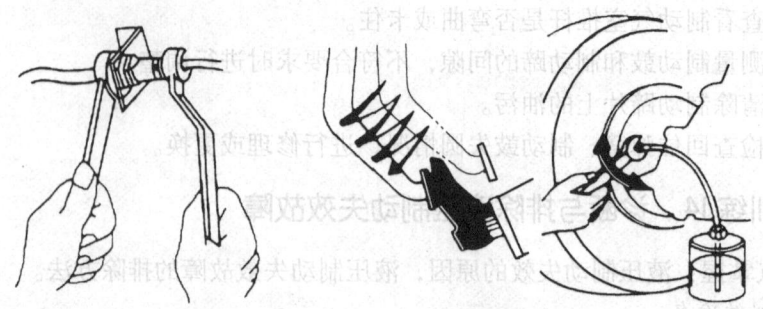

图5-3 检查油管接头　　　图5-4 排除制动系统中的空气

5）若机械连接部位无松脱现象，则应调整制动主缸推杆的自由行程或对制动主缸进行检修，如图5-5所示。

6）若上述检查情况良好，则应检修车轮制动器，如图5-6所示。

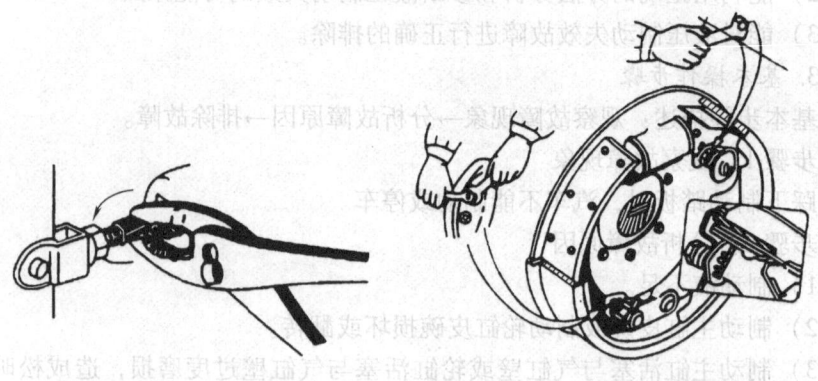

图5-5 调整制动主缸推杆自由行程　　　图5-6 检查调整车轮制动器

● **训练15　诊断与排除由前轮定位引起的轮胎异常磨损故障**

重点掌握：由前轮定位引起的轮胎异常磨损的原因，由前轮定位引起的轮胎异常磨损故障的排除方法。

1. 训练准备

1）有由前轮定位引起的轮胎异常磨损故障的汽车1辆。

2）齐全、合格和必要的排除故障用的工具、量具以及专用工具1套。

2. 训练要求

1）能正确分析由前轮定位引起的轮胎异常磨损故障的各种现象。

2）能利用正确的方法分析和诊断由前轮定位引起的轮胎异常磨损故障的原因。

3）能对由前轮定位引起的轮胎异常磨损故障进行正确的排除。

3. 基本操作步骤

基本步骤描述：观察故障现象→分析故障原因→排除故障。

步骤1：观察故障现象

轮胎出现非正常磨损，如轮胎正面或一侧快速磨损。

步骤2：分析故障原因

1) 前轮外倾角、前轮前束不符合要求。
2) 前轴、车架或转向节变形。
3) 横、直拉杆球头销和球头销座磨损松旷。
4) 钢板弹簧U形螺栓松动。
5) 车轮轮毂轴承磨损松旷。
6) 车轮不平衡量过大。
7) 轮胎气压不正常。
8) 左、右轮胎尺寸规格不一致。

步骤3：排除故障

1) 检查轮胎气压是否正常，按要求对轮胎进行放气或充气。
2) 检查左、右轮胎规格是否一致，若不一致，则应更换规格统一的轮胎。
3) 检查钢板弹簧U形螺栓是否松动，若松动，则应按规定力矩拧紧。
4) 检查前轮外倾角、前轮前束是否符合要求，若不符合要求，则应进行调整。
5) 若上述检查均正常，则应再检查转向节主销与衬套间隙、轮毂轴承间隙是否过大。若间隙过大，则应进行调整或更换磨损的零件。

• 训练16　诊断与排除起动机转动无力故障

重点掌握：起动机转动无力的原因，起动机转动无力故障的排除方法。

1. 训练准备

1) 有起动机转动无力故障的汽车1辆。
2) 齐全、合格和必要的排除故障用的工具、量具以及专用工具1套。

2. 训练要求

1) 能正确分析起动机转动无力故障的各种现象。
2) 能利用正确的方法分析和诊断起动机转动无力故障的原因。
3) 能对起动机转动无力故障进行正确的排除。

3. 基本操作步骤

基本步骤描述：观察故障现象→分析故障原因→排除故障。

步骤1：观察故障现象

1) 起动机运转缓慢无力，不能带动发动机正常运转。
2) 接通起动开关后，起动机只是发出"咔嗒"一声响，而不转动。

步骤2：分析故障原因

1) 蓄电池亏电太多或起动电路接头松动，有脏污而接触不良。
2) 起动机轴承过松或过紧，起动机电枢轴弯曲而与磁极碰擦。
3) 换向器与电刷间有脏污、烧蚀现象，电刷磨损过量，弹簧过软。
4) 电枢绕组或磁场绕组短路。
5) 起动机电磁开关触点烧蚀，电磁开关吸持线圈、保持线圈断路或短路。

步骤3：排除故障

1) 打开前照灯，按电喇叭按钮，判断蓄电池是否亏电较多，若是，则进行充电或更换蓄电池。
2) 检查起动电路各连接导线是否松动或接触不良，若是，则将其拧紧。
3) 短接起动机的两个主接线柱，（见图5-7），若电流很大，运转正常，则表明蓄电池到起动机间的电路良好，故障在电磁开关。若起动机运转仍无力，则故障可能是起动机内部绕组有短路或搭铁处。

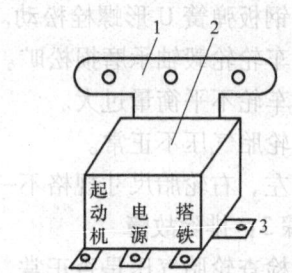

图5-7 起动继电器示意图
1—安装臂 2—起动继电器总成 3—点火锁

● **训练17 诊断与排除高压无火故障**

重点掌握：高压无火的原因，高压无火故障的排除方法。

1. 训练准备

1) 有高压无火故障的汽车1辆。
2) 齐全、合格和必要的排除故障用的工具、量具以及专用工具1套。

2. 训练要求

1) 能正确分析高压无火故障的各种现象。
2) 能利用正确的方法分析和诊断高压无火故障的原因。
3) 能对高压无火故障进行正确的排除。

3. 基本操作步骤

基本步骤描述：观察故障现象→分析故障原因→排除故障。

步骤1：观察故障现象

打开点火开关，起动发动机，电流表动态正常，即电流表指针在5~7A之间间歇摆动，但发动机无着火征兆，不能起动。

步骤2：分析故障原因

第五章 汽车故障诊断与排除

1) 点火线圈次级绕组断路或短路。
2) 分火头漏电。
3) 分电器盖漏电或中心电极脱落。
4) 火花塞工作不良。

步骤3：排除故障

1) 打开点火开关，从分电器盖上拔出中心高压线，使其端头距气缸体5～7mm，拨动触点试火，若无火花，则应检查点火线圈。

2) 中心高压线试火时，若有强烈的火花，可装上分电器盖，起动发动机，对高压分线试火。若有火花，则应检查火花塞；若无火花，则故障应在分火头、分电器盖、高压分线，应逐项进行检查。

3) 检查火花塞是否漏电，电极是否潮湿或积炭过多，间隙是否符合标准。图5-8所示为火花塞间隙的检查与调整。

4) 分火头的检验。若中心高压线末端对分火头跳出火花，则表明分火头已击穿。

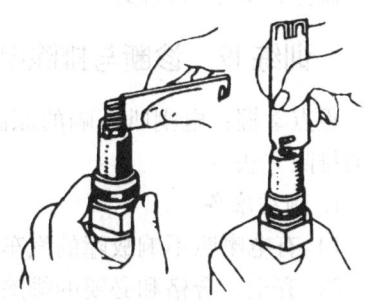

图5-8 火花塞间隙的检查与调整

5) 检查分电器盖中心电极是否完好，分电器盖体是否裂损或窜电。

● 训练18　诊断与排除发电机异响故障

重点掌握：发电机异响的原因，发电机异响故障的排除方法。

1. 训练准备
1) 有发电机异响故障的汽车1辆。
2) 齐全、合格和必要的排除故障用的工具、量具以及专用工具1套。

2. 训练要求
1) 能正确分析发电机异响故障的各种现象。
2) 能利用正确的方法分析和诊断发电机异响故障的原因。
3) 能对发电机异响故障进行正确的排除。

3. 基本操作步骤

基本步骤描述：观察故障现象→分析故障原因→排除故障。

步骤1：观察故障现象

发电机在运转过程中发出连续或断续的噪声。

步骤2：分析故障原因

1) 传动带张紧度调整不当。
2) 发电机轴承润滑不良或损坏。

3) 转子与定子之间碰擦。
4) 发电机风扇或传动带盘与壳体碰撞。
步骤3：排除故障
1) 检查风扇传动带张紧度，如图5-9所示。
2) 观察发电机外部运转动态，看其是否有碰擦现象。
3) 触摸发电机，若温度过高，则表明转子与定子碰擦，应予以检修。

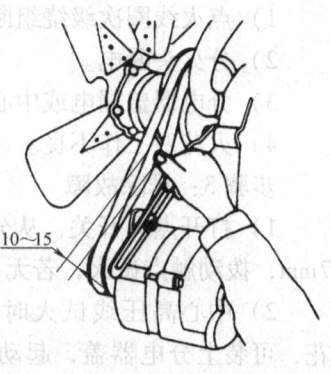

图5-9 检查风扇传动带张紧度

● 训练19　诊断与排除电喇叭不响故障

重点掌握：电喇叭不响的原因，电喇叭不响故障的排除方法。

1. 训练准备
1) 有电喇叭不响故障的汽车1辆。
2) 齐全、合格和必要的排除故障用的工具、量具以及专用工具1套。

2. 训练要求
1) 能正确分析电喇叭不响故障的各种现象。
2) 能利用正确的方法分析和诊断电喇叭不响故障的原因。
3) 能对电喇叭不响故障进行正确的排除。

3. 基本操作步骤
基本步骤描述：观察故障现象→分析故障原因→排除故障。
步骤1：观察故障现象
按下电喇叭按钮后电喇叭不响。
步骤2：分析故障原因
1) 电喇叭电源线路短路。
2) 电喇叭线圈烧坏或有脱焊之处。
3) 继电器触点烧蚀或气隙过大，弹簧过紧。
4) 电喇叭按钮接触不良、搭铁不良或其导线断路。
5) 电喇叭衔铁气隙过大。
步骤3：排除故障
1) 检查相线是否有电。其方法是用螺钉旋具将电喇叭继电器"电池"接线柱与搭铁处刮火，若无火花产生，则说明相线中有断路现象，应检查蓄电池、熔断器、电喇叭继电器"电池"接线柱之间的线路有无断路现象。
2) 若相线有电，则用螺钉旋具将电喇叭继电器"电池"与"喇叭"两接线柱短接。若电喇叭仍不响，则说明是电喇叭有故障；若电喇叭响，则说明是电

第五章 汽车故障诊断与排除

喇叭继电器或按钮有故障。

3）按放电喇叭按钮，倾听继电器内有无声响。若继电器内有"咯嗒"声（触点闭合），但电喇叭不响，则说明继电器触点氧化或烧蚀。若继电器内无"咯嗒"声，则用螺钉旋具将电喇叭按钮接线柱与搭铁处短接。此时，若继电器触点闭合，电喇叭响，则说明是按钮因氧化锈蚀或脏污而接触不良；若继电器触点仍不能闭合，电喇叭依然不响，则说明继电器线圈中有断路现象。

4）按下电喇叭按钮，电喇叭发出"嗒"的一声后就不响了，说明故障在电喇叭内部，可拆下电喇叭盖后再按下电喇叭按钮，观察电喇叭触点是否打开。若电喇叭触点不能打开，则应重新调整；若电喇叭触点能打开，则应检查触点间隙以及电容器或灭弧电阻是否短路。

5）若按下电喇叭按钮后电喇叭不响，检查电路时发现熔断器跳开或熔丝熔断，则首先应检查电路中是否有搭铁等短路故障。其方法是在断开的熔断器两端串上一只试灯（见图5-10），若试灯亮，则说明熔断器到电喇叭继电器这一段电路中有搭铁处；若试灯不亮，则可再按下电喇叭按钮，试灯亮，说明继电器到电喇叭这一段电路中有搭铁处，可再用断路法找到搭铁部位并加以排除。

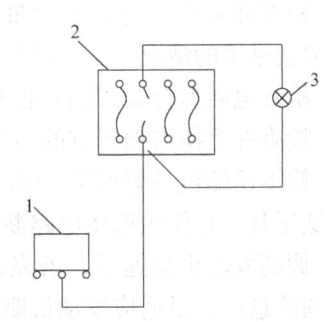

图5-10 用试灯检查电喇叭搭铁故障
1—电喇叭继电器 2—熔断器 3—试灯

● 训练20　诊断与排除空调压缩机不运转故障

重点掌握：空调压缩机不运转的原因，空调压缩机不运转故障的排除方法。

1. 训练准备

1）有空调压缩机不运转故障的汽车1辆。

2）齐全、合格和必要的排除故障用的工具、量具以及专用工具1套。

2. 训练要求

1）能正确分析空调压缩机不运转故障的各种现象。

2）能利用正确的方法分析和诊断空调压缩机不运转故障的原因。

3）能对空调压缩机不运转故障进行正确的排除。

3. 基本操作步骤

基本步骤描述：观察故障现象→分析故障原因→排除故障。

步骤1：观察故障现象

接通空调开关后，制冷压缩机不转动，出风口只出风而无冷气。

步骤2：分析故障原因

1）空调熔丝熔断，电源线路接触不良，电磁离合器线圈烧断。

2）空调系统内无制冷机，造成低压开关或空调怠速安全电路起作用而将电路断开。

3）电磁离合器传动带盘与压力板接合面因磨损严重而打滑。

4）电磁离合器从动压力板连接半圆键松脱。

5）传动带因过松而打滑。

步骤3：排除故障

1）检查空调熔丝是否熔断，若已熔断，则更换熔丝；检查电源线路、插头接触是否良好，若有接触不良处，则重新进行连接。

2）检查并调整离合器传动带的张紧度（方法与发动机风扇传动带相同），检查压缩机轴键的情况，若不符合要求，则进行调整。

3）检查电磁离合器线圈是否断路，若已断路，则进行更换。

4）检查并更换磨损严重的离合器传动带盘和压力板。

5）旋下压缩机检修阀防尘盖，压下气门芯，看有无制冷剂，若无制冷剂，则表明低压开关起作用而将电路断开，应按规定抽真空后添加制冷剂。

6）调高发动机怠速后，若发动机运转正常，则表明怠速安全装置起作用，应重新调整怠速，以适应发动机驱动空调设备的需要。

复习思考题

1. 发动机起动困难故障的现象、原因有哪些？
2. 发动机怠速不稳故障的现象、原因有哪些？
3. 发动机过热故障的现象、原因有哪些？
4、发动机缺火故障的现象、原因有哪些？
5. 爆燃故障的现象、原因有哪些？
6. 发动机功率不足故障的现象、原因有哪些？
7. 连杆主轴承异响故障的现象、原因有哪些？
8. 正时齿轮（或齿带、链条）异响故障的现象、原因有哪些？
9. 离合器异响故障的现象、原因有哪些？
10. 转向沉重故障的现象、原因有哪些？
11. 制动跑偏故障的现象、原因有哪些？
12. 充电电流不稳故障的现象、原因有哪些？
13. 起动机转动无力故障的现象、原因有哪些？
14. 电喇叭工作不良故障的现象、原因有哪些？
15. 空调压缩机不运转故障的现象、原因有哪些？

试 题 库

知识要求试题

一、选择题（将正确答案填入括号内）

1. 四冲程汽油发动机膜片式汽油泵曲轴每转（　　），油泵泵一次油。
   A. 一圈　　　　B. 两圈　　　　C. 三圈　　　　D. 四圈

2. 硅油流入工作室后，把主动部分和从动部分粘在一起，风扇啮合后转速可达（　　）。
   A. 2000～2500r/min　　　　B. 2650～2850r/min
   C. 2850～3000r/min　　　　D. 3000～3500r/min

3. 东风 EQ1090 润滑系中机油压力传感器和机油压力过低传感器装在（　　）。
   A. 油底壳内　　B. 横隔油道上　　C. 主油道上　　D. 旁通阀上

4. 齿轮式机油泵中的主、从动齿轮作（　　）方向的旋转。
   A. 相同　　　　B. 相反　　　　C. 顺时针　　　　D. 逆时针

5. 当发动机工作温度正常时，发动机怠速和高速运转时机油压力应符合规定，若机油压力过低，则应在限压阀弹簧一端（　　）垫片。
   A. 减少　　　　B. 增加　　　　C. 不变　　　　D. 更换

6. 柴油机燃料足够的喷射压力为（　　）。
   A. 6800kPa　　B. 7800kPa　　C. 8800kPa　　D. 9800kPa

7. 喷油泵的作用是将输油泵提供的柴油升到一定压力并根据发动机的负荷需要（　　）地将高压柴油送到喷油器。
   A. 定压　　　　B. 定量　　　　C. 定时、定量　　　　D. 定压、定量

8. 将喷油泵送来的高压柴油以一定行程和分布面积呈雾状喷入燃烧室的工作器件是柴油机的（　　）。

A. 输油泵　　　B. 喷油器　　　C. 调速器　　　D. 喷油泵

9. 在进行柴油机输油泵密封性试验时，顶杆与套配合处（　　）内不得出现漏油现象。

A. 在 0.5min　　B. 在 1min　　C. 在 1.5min　　D. 在 2min

10. 循环球式转向器中有两级传动副，第一级是（　　），第二级是齿条扇传动副。

A. 蜗杆传动副　　　　　　　B. 螺杆螺母传动副
C. 滚球传动副　　　　　　　D. 蜗轮传动副

11. 球面螺杆滚轮式转向器的滚轮有（　　）齿。

A. 五个　　　B. 四个　　　C. 三个　　　D. 两个

12. 齿轮齿条式转向器的齿轮与齿条为（　　）啮合。

A. 有间隙　　B. 过渡　　C. 无间隙　　D. 滑动

13. 蜗杆曲柄销式转向器中，其传动副是（　　）。

A. 蜗杆　　B. 指销　　C. 蜗杆和指销　　D. 蜗杆和顶销

14. 整体式动力转向装置叶轮泵是通过偏心转子和滑阀来产生液压的装置，由（　　）经带轮驱动。

A. 发电机　　B. 转向器　　C. 转向传动机构　　D. 发动机

15. 使汽车行驶的外力是（　　）。

A. 地面对轮胎的反作用力即牵引力
B. 轮胎对地面作用的圆周力
C. 加速能力
D. 发动机最大扭力

16. 摩擦式离合器中的主、从动两元件是利用摩擦片的摩擦作用来传递发动机（　　）的。

A. 高速扭矩　　B. 转速　　C. 输出扭矩　　D. 低速扭矩

17. 膜片弹簧离合器主要由离合器盖、压盘和膜片弹簧三个零件组成，膜片弹簧本身兼起（　　）的作用。

A. 压紧元件　　　　　　　B. 分离杠杆
C. 压紧元件和分离杠杆　　D. 分离轴承

18. 齿轮式变速器中每对齿轮的传动比为（　　）。

A. 从动齿轮与主动齿轮的转速比
B. 主动齿轮与从动齿轮的转速比
C. 主动齿轮齿数与从动齿转齿数的比
D. 主动齿轮转速与齿数乘积同从动齿轮转速与齿数乘积的比

19. 普通十字轴刚性万向节允许相接的两轴交角为（　　）。

A. 15°~20° B. 20°~25° C. 25°~30° D. 30°~35°

20. 球叉式万向节属于等速万向节，结构简单，允许最大交角为32°~33°，工作时只有两个钢球传力，反转时则由（ ）钢球传力。

A. 另两个 B. 四个 C. 前进时两个 D. 两个

21. 驱动桥的作用是将万向传动装置传来的转矩折过90°角，从而改变力的传递方向，并由主减速器（ ）。

A. 分配到两个半轴 B. 减速增力
C. 减速增扭 D. 降低传动轴转速

22. 差速器中左右两侧半轴齿轮的转速之和等于差速器壳转速的（ ）。

A. 两倍 B. 三倍 C. 二分之一 D. 四分之一

23. 断开式独立悬架的特点是每一侧的车轮（ ）地通过弹性悬架挂在车架（或车身）的下面。

A. 全部 B. 单独 C. 断开 D. 不断开

24. 一汽奥迪100型轿车前悬架采用的是（ ）独立悬架。

A. 纵臂式 B. 烛式 C. 横臂式 D. 滑柱式

25. 东风EQ1092型汽车和解放CA1092型车汽车采用的是（ ）车架。

A. 综合式 B. 中梁式 C. 边梁式 D. 无梁式

26. 转向盘转角与转向摇臂摆角之比称为（ ）。

A. 转向系角传动比 B. 转向器角传动比
C. 传动机构角传动比 D. 转向角传动比

27. 车轮是否扭曲，可通过检查辐板平面度进行判断，若辐板平面度误差超过（ ），则应予以校正或更换。

A. 1.5mm B. 1.0mm C. 0.5mm D. 0.3mm

28. 无内胎充气轮胎没有内胎和垫带，空气直接充入外胎内，其密封性由外胎内壁和胎圈外侧的（ ）来保证。

A. 气体压力 B. 弹性密封 C. 橡胶密封层 D. 密封胶涂层

29. 鼓式液压制动系的制动力来自于（ ）。

A. 路面对车轮作用的向后反作用力

B. 车轮对路面作用一个向前的力

C. 汽车的牵引力

D. 地面的摩擦因数

30. 气压制动器的驱动力完全由（ ）产生。

A. 液压 B. 气压 C. 制动踏板 D. 制动蹄

31. 多片全盘式制动器的各制动盘都封闭在壳体中，散热条件较其他盘式制动器（ ）。

A. 好 　　　　B. 相同 　　　　C. 较差 　　　　D. 较好

32. 东风 EQ1090 型汽车气压制动时，主车制动阀的进气阀打开，压缩空气进入主车（　　），使主车制动。

A. 挂车制动气室　　B. 制动气室　　C. 调压器　　D. 贮气筒

33. 双管路双缸制动主缸制动液在制动时，两条管路在（　　）下对汽车实施制动。

A. 相差一倍压力　　　　　　B. 相差两倍压力
C. 等压　　　　　　　　　　D. 不等压

34. 汽车制动时重量前移，造成前后桥的制动力比例发生变化，出现轮胎滑拖。如果前后轮制动时按变化后的前后轮垂直载荷（附着重量）（　　），便能充分利用前后轮的附着力，使车轮不易滑拖。

A. 相等　　　　B. 前重后轻　　C. 前轻后重　　D. 比例分配

35. 蓄电池点火系的组成有（　　）。

A. 蓄电池、发电机、电流表、点火线圈、分电器、火花塞、高低压导线、开关
B. 蓄电池、调节器、发电机、电流表、点火线圈、分电器、火花塞、高低压导线、开关
C. 蓄电池、发电机、调节器、点火线圈、电压表、分电器、火花塞、高压导线
D. 点火线圈、电压表、高低压导线、发电机、蓄电池、分电器、火花塞

36. 分电器主要由（　　）等组成。

A. 断电器、电容器、配电器、点火提前角调节器
B. 断电器、电阻、配电器、点火提前角调节器
C. 断电器、电容器、分配器、点火提前角调节器
D. 断电器、电阻器、配电器、电容器、点火提前角调节器

37. 火花塞电极间隙一般为（　　）mm。

A. 0.3～0.4　　B. 0.6～0.7　　C. 1～1.5　　D. 0.9～1.1

38. 汽车用电容器的电容量一般为（　　）。

A. 0.10～0.15μF　　　　　　B. 0.26～0.28μF
C. 0.25～0.30μF　　　　　　D. 0.15～0.25μF

39. 霍尔无触点电子分电器由（　　）组成。

A. 电路、触发器、永久磁铁
B. 霍尔集成电路、触发器、电磁铁
C. 霍尔集成电路、触发器、永久磁铁
D. 集成电路、触发器、电磁铁

40. 汽车用硅整流发动机主要由（　　）组成。

A. 转子、定子、硅整流器　　　　B. 转子、定子、硅单晶

C. 爪极、定子、晶闸管　　　　　D. 定子、换向器、爪极

41. 起动机全制动试验的目的在于测出全制动时的（　　）与标准值进行比较，不得低于标准转矩的10%，以判断起动机的机械和电气故障。

　　A. 电压和转矩　　B. 电阻和转矩　　C. 电流和转矩　　D. 电流和转速

42. 车速里程表是用来指示汽车（　　）的。

　　A. 行驶速度和累计汽车行驶里程　　B. 行驶速度和汽车行驶里程

　　C. 行驶公里和汽车行驶速度　　　　D. 行驶速率和行驶公里

43. 电容传感器是将被测非电量转变成相应的（　　）的传感器。

　　A. 电容量　　　B. 电感量　　　C. 电流变化量　　　D. 电容变化量

44. 发动机气缸磨损圆柱度误差达到（　　）时要进行大修。

　　A. 0.10～0.20mm　　　　　　　　B. 0.175～0.25mm

　　C. 0.20～0.30mm　　　　　　　　D. 0.15～0.25mm

45. 磨削曲轴的顺序应该是（　　）。

　　A. 先磨主轴颈，后磨连杆轴颈

　　B. 先磨连杆轴颈，后磨主轴颈

　　C. 先磨两端主轴颈，后磨中间主轴颈

　　D. 先磨中间连杆轴颈，后磨两端连杆轴颈

46. 检查气缸体内部有无裂纹时，应采取（　　）。

　　A. 敲击法检查　　　　　　　　B. 水压试验法检查

　　C. 气压试验法检查　　　　　　D. 放射线同位素法检查

47. 气缸盖平面度误差较大时，应采取（　　）进行修正。

　　A. 互研法　　　B. 刮削法　　　C. 锉削法　　　D. 磨削法

48. 手工研磨气门时要求将气门与气门座的工作面磨出一条整齐、灰色、无光的环带时，（　　），再洗去研磨砂，涂上机油研磨几分钟即可。

　　A. 接触面宽度，进气门为1.8～2.2mm，排气门为2～2.3mm

　　B. 接触面宽度，进气门为1.5～2.2mm，排气门为2～2.5mm

　　C. 接触面宽度，进气门为1～1.5mm，排气门为1.5～2.2mm

　　D. 接触面宽度，进气门为0.8～1mm，排气门为1.5～2mm

49. 齿轮式机油泵组装后，主、从动齿轮与泵盖之间的间隙应在（　　）。

　　A. 0.10mm左右，最大不得超过0.15mm

　　B. 0.05mm左右，最大不得超过0.15mm

　　C. 0.05mm左右，最大不得超过0.20mm

　　D. 0.01mm左右，最大不得超过0.25mm

50. 维修汽油泵时，壳与盖结合平面的翘曲是不得大于（　　）。

　　A. 0.20mm　　　B. 0.10mm　　　C. 0.15mm　　　D. 0.05mm

51. 解放 CA141 型汽车双片离合器中压盘锥形弹簧的安装方向是（ ）。
   A. 其小端应朝向中压盘　　　　B. 其小端应朝向飞轮
   C. 朝向任何一方均可　　　　　D. 朝向中压盘

52. 蓄电池电解液液位应高出极板（ ）。
   A. 20mm　　B. 15mm　　C. 5mm　　D. 10mm

53. 发动机运转时，发出清晰的"嗒嗒"声，怠速和中速时响声比较明显；当发动机转速变化时，响声的周期也随着变化；在发动机温度升高后，响声也不减弱；某气缸断火后，响声减弱或消失，当恢复该气缸工作的瞬间，会出现明显的响声或连续两个响声，原因是（ ）。
   A. 活塞环关死　　　　　　　　B. 活塞销与活塞孔配合松旷
   C. 活塞与气缸间隙过大　　　　D. 活塞销紧

54. 汽车行驶时，冷却液沸腾的原因之一是（ ）。
   A. 风扇传动带过紧　　　　　　B. 风扇传动带过松，打滑
   C. 混合比过稀　　　　　　　　D. 点火正时

55. 柴油机怠速运转及无负荷轰车时运转正常，大负荷时无高速的原因是（ ）。
   A. 调速器工作不正常　　　　　B. 低压油路漏气
   C. 柴油滤清器堵死　　　　　　D. 单缸喷油器工作不好

56. 汽车转向时，转动转向盘时感觉沉重费力的原因是（ ）。
   A. 转向器蜗杆上、下轴承过松　B. 转向器蜗杆上、下轴承过紧
   C. 转向器蜗杆上、下轴承间隙合理 D. 转向器油量合乎标准

57. 汽车加速时，发动机转速迅速增高，车速随着发动机转速增高不明显的原因是（ ）。
   A. 离合器动不平衡，造成动力损失
   B. 离合器切不开，结合过紧
   C. 离合器打滑，造成发动机动力传递不出
   D. 离合器分离轴承烧坏

58. 汽车行驶时，自动向一侧跑偏的原因之一是（ ）。
   A. 转向器蜗杆上、下轴承过紧　B. 一侧轮胎压力过低
   C. 轮胎动不平衡　　　　　　　D. 转向盘自由量过大

59. 液压制动汽车制动时一脚不灵，多踩几脚制动踏板后才能制动的原因是（ ）。
   A. 制动间隙大
   B. 制动管路中有气，多踩几脚制动踏板将气体压缩后，制动才有力
   C. 制动间隙小

D. 制动间隙合适

60. ABS 制动系统发挥正常作用是在（　　）。
   A. 制动系统处在任何状况下都能起作用
   B. 制动系统各机构完全正常的情况下起作用
   C. 原制动系统失效也能起作用
   D. 在车轮完全抱死时起作用

61. （　　）传动以油液作为工作介质，依靠油液内部的压力来传递动力。
   A. 液压　　　B. 气压　　　C. 机械　　　D. 电力

62. （　　）回路的作用是使液压系统的某一支路获得低于系统主油路工作压力的液压油。
   A. 调压　　　B. 减压　　　C. 增压　　　D. 换向

63. 节流阀属于（　　）。
   A. 压力阀　　B. 流量阀　　C. 方向阀　　D. 液压辅件

64. 液压传动的传动比（　　）精确。
   A. 很　　　　B. 非常　　　C. 特别　　　D. 不太

65. 拆装发动机火花塞时应用（　　）。
   A. 火花塞套筒　B. 套筒　　　C. 呆扳手　　D. 梅花扳手

66. （　　）平衡机按静平衡原理工作。
   A. 就车式　　B. 离车式　　C. 液压式　　D. A 或 B

67. 解放 CA1092 型汽车的型号中，1 表示（　　）。
   A. 企业名称　　　　　　　B. 车辆类别代号
   C. 载荷　　　　　　　　　D. 自重

68. 汽车变速器（　　）装置用于防止驾驶人误挂倒挡。
   A. 自锁　　　B. 互锁　　　C. 倒挡锁　　D. 中央锁

69. 差速器的作用是在汽车转向时，允许（　　）以不同的转速旋转。
   A. 前、后传动轴　　　　　B. 前、后轮
   C. 左、右半轴　　　　　　D. 变速器一、二轴

70. 能同时实现车轮转向和驱动的车桥称为（　　）。
   A. 转向桥　　B. 驱动桥　　C. 转向驱动桥　D. 支持桥

71. 汽车（　　）能吸收或缓和车轮在不平路面上受到的冲击和振动。
   A. 车架　　　B. 车桥　　　C. 悬架　　　D. 车身

72. 当制动力（　　）附着力时，车轮将被抱死而在路面上滑移。
   A. 大于　　　B. 等于　　　C. 小于　　　D. 不确定

73. 汽车（　　）制动器又称为手制动器。
   A. 行车　　　B. 驻车　　　C. 液压　　　D. 气压

74. 汽车发电机的（　　）是用来产生三相交流电的。
   A. 转子总成　　B. 定子总成　　C. 整流器　　D. 电压调节器
75. 汽车点火系可以将电源供给的（　　）低压电变为15～30kV的高压电。
   A. 12V　　B. 24V　　C. 6V　　D. 3V
76. 温度传感器是（　　）传感器。
   A. 生物　　B. 化学　　C. 生物和化学　　D. 物理
77. 汽车车轮转速传感器安装在（　　）上。
   A. 车轮　　B. 发动机　　C. 变速器　　D. 传动轴
78. 二氧化锆管的内侧（　　）。
   A. 通大气　　B. 排气　　C. 进气　　D. 通冷却液
79. 中央处理器的英文缩写是（　　）。
   A. ECU　　B. CPU　　C. RAM　　D. ROM
80. 若电控发动机爆燃传感器失效，则ECU将点火提前角（　　）。
   A. 提前　　B. 滞后　　C. 不确定　　D. 固定在一适当值
81. （　　）是柴油机排放的主要有害成分之一。
   A. CO　　B. HC　　C. NO_x　　D. 炭烟
82. 汽车半轴套管折断的原因之一是（　　）。
   A. 高速行驶　　　　　　　B. 传动系过载
   C. 严重超载　　　　　　　D. 轮毂轴承润滑不良
83. 发动机气缸径向磨损量最大的位置一般是在进气门（　　）略偏向排气门一侧。
   A. 侧面　　B. 后面　　C. 对面　　D. 下面
84. 汽车后桥壳弯曲校正的方法一般是采用（　　）校正。
   A. 敲击　　B. 热压　　C. 冷压　　D. 火焰
85. 采用液压挺柱后，发动机配气机构气门传动组的冲击和噪声减小或消除了，其主要原因是在此结构中没有了（　　）。
   A. 推杆　　B. 摇臂　　C. 气门间隙　　D. 气门弹簧
86. 膜片弹簧离合器的压盘（　　），热容量大，不易产生过热。
   A. 较大　　B. 较小　　C. 较薄　　D. 较厚
87. 变速器在换挡过程中，只有使即将啮合的一对齿轮的（　　）达到相同，才能顺利地挂上挡。
   A. 角速度　　B. 线速度　　C. 转速　　D. 圆周速度
88. 汽车万向传动装置的十字轴万向节主要由十字轴、万向节叉和（　　）组成。
   A. 套筒　　B. 滚针　　C. 套筒和滚针　　D. 双联叉

89. 单级主减速器（　　）齿轮安装在差速器壳上。
   A. 主动锥　　　　B. 从动锥　　　　C. 行星　　　　D. 半轴

90. 东风 EQ1092 型汽车的转向桥主要由前轴、转向节、主销和（　　）四部分组成。
   A. 轮毂　　　　B. 车轮　　　　C. 转向轴　　　　D. 横拉杆

91. 为避免汽车转向沉重，主销后倾角一般不超过（　　）。
   A. 2°　　　　B. 4°　　　　C. 5°　　　　D. 3°

92. 鼓式制动器可分为非平衡式、平衡式和（　　）三种。
   A. 自动增力式　　B. 单向助势　　C. 双向助势　　D. 双向自动增力式

93. 盘式制动器的制动盘固定在（　　）。
   A. 轮毂上　　　　B. 转向节上　　　　C. 制动鼓上　　　　D. 活塞上

94. 交流发电机的（　　）是用于产生交流电动势的。
   A. 定子　　　　B. 转子　　　　C. 铁　　　　D. 线圈

95. 当汽车发动机需要传递较大转矩且起动机尺寸较大时，应使用（　　）式单向离合器。
   A. 滚柱　　　　B. 摩擦片　　　　C. 弹簧　　　　D. 带式

96. 汽车空调操纵面板上的 A/C 开关是用来控制（　　）系统的。
   A. 采暖　　　　B. 通风　　　　C. 制冷　　　　D. 转换

97. 铝合金发动机气缸盖的水道容易被腐蚀，轻者可用（　　）修复。
   A. 堆焊　　　　B. 镶补　　　　C. 环氧树脂粘补　　　　D. 均可

98. 安装汽油泵时，泵壳体与气缸体间衬垫的厚度要（　　）。
   A. 加厚　　　　B. 减小　　　　C. 适中　　　　D. 均可

99. 蜡式节温器中，使用阀门开闭的部件是（　　）。
   A. 弹簧　　　　B. 石蜡感应体　　　　C. 支架　　　　D. 壳体

100. 离合器传动钢片的主要作用是（　　）。
   A. 将离合器盖的动力传给压盘
   B. 将压盘的动力传给离合器盖
   C. 固定离合器盖和压盘
   D. 减小振动

101. 东风 EQ1092 型汽车变速器共有（　　）个挡位。
   A. 3　　　　B. 4　　　　C. 5　　　　D. 6

102. 桑塔纳 2000 型轿车主减速器主、从动齿轮的啮合间隙为（　　）mm。
   A. 0.15　　　　B. 0.20　　　　C. 0.25　　　　D. 0.30

103. 汽车转向时，其内轮转向角（　　）外轮转向角。
   A. 大于　　　　B. 小于　　　　C. 等于　　　　D. 大于或等于

104. 安装好制动凸轮轴后,应使两轴轴向间隙小于或等于( )mm。
   A. 0.6   B. 0.7   C. 0.65   D. 0.5
105. 中心引线为负极,管壳为正极的二极管是( )。
   A. 负极二极管   B. 励磁二极管   C. 正极二极管   D. 稳压二极管
106. 点火线圈的温度一般不得超过( )。
   A. 60℃   B. 80℃   C. 100℃   D. 120℃
107. 蓄电池电解液的质量浓度应为( )g/L。
   A. 1.84   B. 1.90   C. 2.00   D. 2.8
108. 解放CA1091型汽车采用的是( )驻车制动器。
   A. 盘式   B. 鼓式   C. 带式   D. 后轮
109. 检查汽车空调压缩机性能时,应使发动机转速达到( )r/min。
   A. 1000   B. 1500   C. 1600   D. 2000
110. 桑塔纳2000GLS型轿车JV型发动机活塞油环的端隙为( )mm。
   A. 0.25~0.40   B. 0.30~0.45   C. 0.25~0.50   D. 0.30~0.50
111. 新修发动机的最大功率不得低于原设计标定值的( )%。
   A. 85   B. 90   C. 95   D. 97
112. 桑塔纳2000型轿车变速器支架固定在横梁上的螺栓拧紧力矩为( )N·m。
   A. 20   B. 55   C. 70   D. 110
113. 桑塔纳2000型轿车离合器压盘固定螺栓应按( )的顺序分别拧紧。
   A. 由里向外   B. 由中间向两端   C. 对角线交叉   D. 由外向里
114. 装配制动主缸前,应先用( )清洗缸壁。
   A. 酒精   B. 汽油   C. 柴油   D. 防冻液
115. 解放CA1092型汽车支承销与底板销孔的配合间隙应为( )mm。
   A. 0.02~0.085   B. 0.08~0.08
   C. 0.05~0.10   D. 0.15~0.25
116. 车架按要求分段检查时,各段对角长度差不应大于( )mm。
   A. 1   B. 5   C. 10   D. 15
117. 在检测排放前,应调整好汽油发动机的( )。
   A. 怠速   B. 点火正时   C. 供油量   D. 怠速和点火正时
118. 发动机活塞环敲击响是钝哑的( )声。
   A. 嗒嗒   B. 哗啦   C. 铛铛   D. 啪啪
119. 发动机气门间隙过大造成气门脚异响,可用( )来判断。
   A. 塞尺   B. 撬棍   C. 扳手   D. 卡尺

120. 下列选项中，（　　）不是变速器异响的原因。
   A. 壳体变形　　B. 油少　　C. 轴变形　　D. 密封不良

121. 车速急剧变化时变速器响声加大，而车速相对稳定时响声消失，这说明（　　）。
   A. 齿隙过大　　B. 中间轴弯曲　　C. 第二轴弯曲　　D. 轴承损坏

122. 分离轴承缺少机油，会造成（　　）异响。
   A. 离合器　　B. 变速器　　C. 变速器壳　　D. 驱动桥

123. 已判断分离轴承异响，注机油后再试，响声增大，则为（　　）。
   A. 分离轴承磨损严重　　　　B. 分离轴承损坏
   C. 分离叉损坏　　　　　　　D. 分离杠杆损坏

124. 解放 CA1092 型汽车万向传动装置异响，下列（　　）是其异响现象。
   A. 起步发抖　　　　　　　　B. 车速变化发抖
   C. 高速挡小节气门发抖　　　D. 金属撞击声

125. 当汽车直线行驶时，后桥无异响，转弯时后桥发出异响，可能是（　　）有故障。
   A. 主动锥齿轮　　B. 从动锥齿轮　　C. 后桥内的轴承　　D. 差速器内

126. 主减速器（　　）损坏，可引起汽车在转弯时产生异响，而在直线行驶时没有异响。
   A. 锥齿轮　　B. 行星齿轮　　C. 圆柱齿轮　　D. 轴承

127. 用来检测进气压力的传感器是（　　）传感器。
   A. 进气温度　　B. 进气压力　　C. 曲轴位置　　D. 排气温度

128. 与传统化油器发动机相比，装有电控燃油喷射系统的发动机（　　）性能得以提高。
   A. 综合　　B. 有效　　C. 调速　　D. 负荷

129. 发动机的计算机控制系统主要由信号输入装置、（　　）、执行器等组成。
   A. 传感器　　　　　　　　　B. 电子控制单元（ECU）
   C. 中央处理器（CPU）　　　D. 存储器

130. 发动机起动困难，大多发生在（　　）。
   A. 起动系　　　　　　　　　B. 点火系
   C. 燃料系　　　　　　　　　D. 起动系、点火系和燃料系

131. 起动发动机时，无着火征兆，油路故障是（　　）。
   A. 混合气过浓　　B. 混合气过稀　　C. 不来油　　D. 油路不畅

132. 六缸发动机怠速运转不稳，拔下第二缸高压线后，运转状况无变化，则故障在（　　）。

A. 第二缸　　　　B. 相邻缸　　　　C. 中央高压线　　　D. 化油器

133. 下列选项中，（　　）不是喷油泵的组成部分。

A. 分泵　　　　　B. 调速器　　　　C. 传动机构　　　　D. 泵体

134. 喷油器调压装置由（　　）、垫圈、调压螺钉及推杆等组成。

A. 调压柱塞　　　B. 调压弹簧　　　C. 减压弹簧　　　　D. 减压柱塞

135. 高速发动机普遍采用（　　）火花塞。

A. 标准型　　　　B. 突出型　　　　C. 细电极型　　　　D. 铜心宽热值型

136. 霍尔元件产生的霍尔电压为（　　）级。

A. mV　　　　　 B. V　　　　　　 C. kV　　　　　　 D. μV

137. 电控汽油喷射发动机回火是指汽车在行驶中，发动机有时回火，动力（　　）。

A. 明显下降　　　B. 不变　　　　　C. 有所下降　　　　D. 下降或不变

138. 电控汽油喷射发动机怠速不稳是指发动机在怠速运转时（　　）。

A. 转速过高　　　B. 转速过低　　　C. 转速忽高忽低　　D. 突然熄火

139. 电控发动机可用（　　）检查发动机 ECU 是否有故障。

A. 万用表　　　　　　　　　　　　B. 数字式万用表
C. 模拟式万用表　　　　　　　　　D. 试灯或万用表

140. 用汽车万用表测量空调出风口温度时，应将温度传感器放在（　　）。

A. 驾驶室内　　　B. 驾驶室外　　　C. 高压管路内　　　D. 风道内

141. 桑塔纳 2000GLS 型轿车 JV 型发动机怠速转速在（800±50）r/min 时，点火提前角应为（　　）。

A. 11°~13°　　　B. 11°~12°　　　C. 10°~11°　　　　D. 9°~10°

142. 对于桑塔纳 2000GLS 型轿车 JV 型发动机，用数字万用表的黑表笔搭铁，红表笔搭接电子点火控制端子，查看（　　）大小是否符合技术要求，可判断点火控制器等器件的故障。

A. 电流　　　　　B. 电压　　　　　C. 电阻　　　　　　D. 电流或电压

143. 柴油机喷油器密封性试验，以每次（　　）次的速度均匀地掀动手油泵柄，直到开始喷油。

A. 1　　　　　　　B. 2　　　　　　　C. 3　　　　　　　 D. 4

144. 检测电控燃油喷射发动机燃油压力时，将油压表接在供油管和（　　）之间。

A. 燃油泵　　　　B. 燃油滤清器　　C. 分配油管　　　　D. 喷油器

145. 双腔制动主缸中，前活塞回位弹簧比后活塞回位弹簧的弹力（　　）。

A. 大　　　　　　B. 小　　　　　　C. 相等　　　　　　D. 都可能

146. 若发动机活塞敲缸异响，并且低温时响声大，高温时响声小，则为

（　　）。
 A. 活塞与气缸壁间隙过大　　　B. 活塞质量差
 C. 连杆弯曲变形　　　D. 机油压力低

147. 桑塔纳2000GLS型轿车JV发动机气缸盖螺栓应按次序分3次拧紧，第二次的拧紧力矩为（　　）N·m。
 A. 40　　　B. 50　　　C. 60　　　D. 70

148. 检测柴油机废气时，柴油机首先应（　　），以保证检测的准确性。
 A. 高速怠速动转　　　B. 调整点火正时
 C. 预热　　　D. 加热

149. 喷油器高压装置由（　　）、垫圈、高压螺栓及推杆等组成。
 A. 高压柱塞　　B. 高压弹簧　　C. 减压弹簧　　D. 减压柱塞

150. 汽车起动机（　　）用于接通和切断电动机与蓄电池之间的电路。
 A. 传动机构　　B. 点火开关　　C. 控制装置　　D. 单向离合器

151. 传动轴严重凹陷时，会导致汽车在高速行驶中（　　）。
 A. 有异响　　B. 有振动　　C. 有异响和振动　　D. 车速不稳

152. 起动机的驱动齿轮与止推垫之间的间隙应为（　　）mm。
 A. 1~4　　B. 1~2　　C. 0.5~1　　D. 0.5~0.9

153. 正温度系数热敏电阻的阻值随着温度的升高而（　　）。
 A. 不变　　B. 下降　　C. 上升　　D. 不确定

154. 检测电控发动机燃油泵工作电压时，蓄电池电压、燃油泵熔丝（　　）、燃油滤清器均应正常。
 A. 点火线圈电压　　　B. 燃油泵继电器
 C. 燃油泵　　　D. 发电机电压

155. 电控发动机燃油喷射系统中的怠速旁通阀是（　　）系统的组成部分。
 A. 供气　　B. 供油　　C. 控制　　D. 空调

156. 用（　　）材料制成的零件有隐伤时（如裂纹等），不能用磁力探伤法进行检测。
 A. 铸铁　　B. 高碳钢　　C. 铸铝　　D. 铁镍合金

157. 东风EQ1092型汽车的气压制动装置是（　　）车轮制动器。
 A. 非平衡式　　B. 平衡式　　C. 自动增力式　　D. 双向平衡式

158. 桑塔纳2000型轿车后轮制动器制动蹄新摩擦片的厚度为5mm，磨损极限为（　　）mm。
 A. 0.30　　B. 0.25　　C. 0.35　　D. 0.2

159. 汽车起步或行驶中，始终有明显的异响并伴有振抖，这说明（　　）松动。

A. 中间支架固定螺栓　　　　　　B. 万向节十字轴
C. 联接螺栓　　　　　　　　　　D. 万向节十字轴轴承

160. 汽车重载上坡时，车速不能随着发动机转速提高而改变，同时可嗅到焦臭味，此故障可能是（　　）。
A. 制动拖滞　　　　　　　　　　B. 离合器打滑
C. 离合器分离不彻底　　　　　　D. 变速器脱挡

161. 发动机气缸体上翘曲后，应采用（　　）的方法进行修理。
A. 刨削　　　B. 磨削　　　C. 冷压校正　　　D. 加热校正

162. 解放 CA1092 型汽车制动系统内的气压规定值为（　　）kPa。
A. 800～830　B. 700～740　C. 700～800　D. 800～850

163. 桑塔纳 2000GLS 型轿车 JV 型发动机活塞油环的端隙为（　　）mm。
A. 0.25～0.40　B. 0.30～0.45　C. 0.25～0.30　D. 0.30～0.50

164. 柴油发动机达到额定的转速时，调速器将开始（　　）。
A. 自动增油　B. 自动减油　C. 自动减速　D. 停止供油

165. 电控汽油喷射发动机运转不稳定是指不论发动机处于（　　）情况，发动机运转都不稳定，有抖动现象。
A. 怠速　　　B. 何种　　　C. 中速　　　D. 加速

166. 检查起动机电枢绕组换向器是否断路时，应采用（　　）进行检查。
A. 电流表　　B. 电压表　　C. 欧姆表　　D. 伏安表

167. 为了使风冷却系更有效地利用空气流，加强冷却，一般都装有（　　）。
A. 导流罩　　B. 散热片　　C. 分流板　　D. 鼓风机

168. 适当推迟汽油机点火时间，可使（　　）在排气过程中燃烧掉。
A. CO　　　　B. HC　　　　C. MO　　　　D. 炭烟

169. 正在使汽车的前照灯远光束的发光强度应大于（　　）cd。
A. 1000　　　B. 5000　　　C. 8000　　　D. 10000

170. 目前，除少数重型汽车外，其余多采用（　　）动力转向装置。
A. 常流式　　B. 常压式　　C. 电动式　　D. 其他形式

171. 将电动汽油泵置于汽油箱内部的目的是（　　）。
A. 便于控制　B. 降低噪声　C. 防止气阻　D. 安装方便

172. 检测电控汽车电子元件时要使用数字式万用表，这是因为数字式万用表（　　）。
A. 具有高阻抗　B. 具有低阻抗　C. 测量精确　D. 价格合理

173. 属于质量流量型的空气流量计是（　　）。
A. 叶片式空气流量计　　　　　　B. 热膜式空气流量计
C. 卡门旋涡式　　　　　　　　　D. 卡膜式空气流量计

174. 当结构确定后，电磁喷油器的喷油量主要决定于（　　）。
   A. 喷油脉宽　　　B. 点火提前角　　C. 工作温度　　　C. 储油量

175. 以下哪项通常采用顺序喷射方式？（　　）
   A. 机械式汽油喷射系统　　　　　　B. 电控汽油喷射系统
   C. 节气门体汽油喷射系统　　　　　D. 以上都正确

176. 在起动发动机前，如果点火开关位于"ON"位置，那么电动汽油泵（　　）。
   A. 持续运转　　　　　　　　　　　B. 不运转
   C. 运转10s后停止　　　　　　　　 D. 运转2s后停止

177. 若某汽油喷射系统的汽油压力过高，则（　　）。
   A. 电动汽油泵的电刷接触不良　　　B. 回油管堵塞
   C. 汽油压力调节器密封不严　　　　D. 以上都正确

178. 空气流量计上的怠速调整螺钉，（　　）。
   A. 用来调节汽油喷射器的供油量　　B. 用来调节混合气的浓度
   C. 以上都正确　　　　　　　　　　D. 以上都不正确

179. 汽油喷射发动机的怠速通常是由（　　）控制的。
   A. 自动阻风门　　　　　　　　　　B. 怠速调整螺钉
   C. 步进电动机　　　　　　　　　　D. 继电器

180. 在MPI（多点汽油喷射系统）中，汽油被喷入（　　）。
   A. 燃烧室内　　B. 节气门后部　C. 进气歧管　　D. 进气道

181. 单点喷射系统采用（　　）喷射方式。
   A. 同时喷射　　B. 分组喷射　　C. 顺序喷射　　D. 上述都不对

182. 当进气温度在（　　）℃时，空气密度小，可适当减小喷油时间。
   A. 20　　　　　B. 大于20　　　C. 小于20　　　D. 15

183. 当发动机转动时，霍尔传感器B端子和C端子间输出信号的电压应为（　　）。
   A. 5V　　　　　B. 0V　　　　　C. 0~5V　　　　D. 4V

184. 对喷油量起决定性作用的是（　　）。
   A. 空气流量计　　　　　　　　　　B. 冷却液温度传感器
   C. 氧传感器　　　　　　　　　　　D. 节气门位置传感器

185. 在（　　）式空气流量计中，还装有进气温度传感器和油泵控制触点。
   A. 翼片　　　　B. 卡门旋涡　　C. 热线　　　　D. 热膜

186. 在电容式进气管绝对压力传感器中，电容量与弹簧膜片的位移成（　　），当电容量大时，弹簧膜片的位移（　　）。
   A. 正比……大　B. 反比……大　C. 正比……小　D. 反比……小

187. 在双金属片式辅助空气阀中，双金属片的动作由加热线圈的（　　）或发动机的冷却液温度决定。

　　A. 通电电压　　B. 通电电流　　C. 通电时间　　D. 绕组数

188. 当节气门开度突然加大时，燃油分配管内油压（　　）。

　　A. 升高　　B. 降低　　C. 不变　　D. 先降低再升高

189. 在多点电控汽油喷射系统中，喷油器的喷油量主要取决于喷油器的（　　）。

　　A. 针阀升程　　　　　　B. 喷孔大小
　　C. 内外压力差　　　　　D. 针阀开启的持续时间

190. 丰田公司磁脉冲式曲轴位置传感器一般安装在（　　）。

　　A. 曲轴带轮之后　　　　B. 曲轴带轮之前
　　C. 曲轴靠近飞轮处　　　D. 分电器内部

191. 负温度系数的热敏电阻，其阻值随着温度的升高而（　　）。

　　A. 升高　　B. 降低　　C. 不受影响　　D. 先高后低

192. 微型计算机的作用是根据汽油机运行工况的需要，把各种传感器输送来的信号用（　　）中的处理程序和数据进行运算处理，并把处理结果送到（　　）。

　　A. 中央处理器……A/D 转换器　　B. 内存……A/D 转换器
　　C. 内存……输出通路　　　　　　D. 中央处理器……输出通路

193. ECU 一般至少有（　　）接地线，以确保 ECU 总是有良好的接地。

　　A. 一条　　B. 两条　　C. 三条　　D. 四条

194. 传统点火系与电子点火系最大的区别是（　　）。

　　A. 点火能量的提高　　　　B. 断电器触点被点火控制器取代
　　C. 曲轴位置传感器的应用　D. 点火线圈的改进

195. 电子控制点火系由（　　）直接驱动点火线圈进行点火。

　　A. ECU　　B. 点火控制器　　C. 分电器　　D. 转速信号

196. 一般来说，缺少了（　　）信号，电子点火系将不能点火。

　　A. 进气量　　B. 冷却液温度　　C. 转速　　D. 上止点

197. 点火闭合角主要是通过（　　）加以控制的。

　　A. 通电电流　　B. 通电时间　　C. 通电电压　　D. 通电速度

198. 混合气在气缸内燃烧，当最高压力出现在上止点（　　）左右时，发动机输出功率最大。

　　A. 前 10°　　B. 后 10°　　C. 前 5°　　D. 后 5°

199. 发动机工作时，随着冷却液温度的提高，爆燃倾向（　　）。

　　A. 不变　　B. 增大　　C. 减小　　D. 与温度无关

200. 下列哪个不是怠速稳定修正控制信号？（   ）
   A. 车速传感器   B. 空调开关信号
   C. 冷却液温度信号   D. 节气门位置传感器信号

201. 凸轮轴位置传感器产生两个 G 信号，G1 信号和 G2 信号相隔（   ）曲轴转角。
   A. 180°   B. 90°   C. 270°   D. 360°

202. Ne 信号指发动机（   ）信号。
   A. 凸轮轴转角   B. 车速传感器   C. 曲轴转角   D. 空调开关

203. 起动时点火提前角是固定的，一般为（   ）左右。
   A. 15°   B. 10°   C. 30°   D. 20°

204. 采用电控点火系时，发动机实际点火提前角与理想点火提前角的关系为（   ）。
   A. 大于   B. 等于   C. 小于   D. 接近于

205. 点火线圈初级电路的接通时间取决于（   ）。
   A. 断电器触点的闭合角   B. 发动机转速
   C. A、B 都正确   D. A、B 都不正确

206. 发动机工作时的燃油量是（   ）。
   A. 喷油器的喷油量   B. 燃油泵的供油量
   C. 来自燃油箱的蒸发控制燃油蒸气量
   D. A 和 B

207. 废气再循环的作用是抑制（   ）的产生。
   A. HC   B. CO   C. NO_x D. 有害气体

208. 进入进气歧管的废气量一般控制在（   ）范围内。
   A. 1%～2%   B. 2%～5%   C. 5%～10%   D. 6%～13%

209. 在（   ）时废气再循环控制系统不工作。
   A. 行驶   B. 怠速   C. 高转速   D. 热车

210. 使用三元催化转换器时，必须安装（   ）。
   A. 前氧传感器   B. 后氧传感器
   C. 前、后氧传感器   D. 氧流量计

211. 如果三元催化转换器良好，那么后氧传感器信号波动（   ）。
   A. 频率高   B. 增加   C. 没有   D. 缓慢

212. 发动机过热将使（   ）。
   A. EGR 系统工作不良   B. 燃油蒸发量急剧增多
   C. 三元催化转换器易损坏   D. 曲轴箱窜气量增加

213. 氧化锆只有在（   ）以上的温度中才能正常工作。

A. 90℃   B. 400℃   C. 815℃   D. 500℃

214. 在暖机过程中，ECU根据（　　）按内存的控制性控制控制阀的开度。
   A. 进气温度   B. 节气门开度   C. 冷却液温度   D. 凸轮轴位置

215. 二氧化钛式氧传感器工作时，当废气中的氧浓度高时，二氧化钛的电阻值（　　）。
   A. 增大   B. 减小   C. 不变   D. 不一定

216. 下列哪个工况不是采用开环控制？（　　）
   A. 怠速运转时   B. 发动机起动时
   C. 节气门全开或大负荷时   D. 氧传感器起效应时

217. 下列说明不正确的一项为（　　）。
   A. 发动机起动后，当怠速运转超过预示时间时，开关型怠速控制阀处于关闭状态
   B. 发动机起动工作时或刚刚起动后，开关型怠速控制阀开启
   C. 当怠速触点闭合，且发动机转速下降到规定转速以下时
   D. 发动机起动后怠速运转超过预定时，开关型怠速控制阀关闭

218. 在巡航控制下驱车下坡时，点火提前角应（　　）。
   A. 延迟减小   B. 延迟增大   C. 不变   D. 快速减小

219. 电控燃油喷射发动机燃油系压力，多点喷射系统的一般为（　　）。
   A. 7~103kPa   B. 7~690kPa   C. 62~69kPa   D. 207~275kPa

220. 丰田车系采用普通方式调取故障码时，将点火开关打开，不起动发动机，用专用跨接线短接故障诊断座上的（　　）端子，仪表板上的故障指示灯即闪烁，输出故障码。
   A. TE1与EP   B. TE1与E1   C. VF1与E1   D. TE2与E1

221. 广州本田轿车诊断座位于（　　）。
   A. 仪表盘下方   B. 右前避振器内侧
   C. 发动机舱   D. 点烟器后方

222. 技术员甲说，在进行发动机真空测试时，发动机应预热并在正常怠速状态运转。技术员乙说，应将真空表连接到位于节气门下方的真空源上来测量发动机的真空。谁正确？（　　）
   A. 只有甲正确   B. 只有乙正确   C. 两人均正确   D. 两人均不正确

223. 进行燃油压力检测时，按正确的工序应该首先进行以下哪一步？（　　）
   A. 断开燃油蒸发罐管路
   B. 将燃油压力表连到电控燃油喷射系统的回流管路上
   C. 在将燃油压力表连接到电喷系统上以前，先将管路中的压力卸掉

D. 拆下燃油机（分配器）上的燃油管

224. 技术员甲说，当发动机运行时，可通过观测其真空度来确定排气节流。技术员乙说，可通过用低压测压计测出的排气歧管压力来确定排气节流。谁正确？（ ）
   A. 只有甲正确　　B. 只有乙正确　　C. 两人均正确　　D. 两人均不正确

225. 在速度-密度型的喷油系统中，对喷油器的接通时间或喷油持续期影响最大的传感器是（ ）。
   A. 质量空气流量传感器　　　　B. 进气歧管绝对压力传感器
   C. 氧传感器　　　　　　　　　D. 发动机冷却液温度传感器

226. 技术员甲说，调节发动机怠速的方法是调节发动机上的怠速调节螺钉或怠速电磁阀，以调节节气门的关闭程度。技术员乙说，发动机怠速改变后，节气门怠速开度传感器必须加以调整。谁正确？（ ）
   A. 只有甲正确　　B. 只有乙正确　　C. 两人均正确　　D. 两人均不正确

227. 目前，常用的防冻液多属于（ ），其中多加有防腐剂和染色剂，可以长期使用，所以称为长效防冻液
   A. 酒精-水型　　B. 甘油-水型　　C. 乙二醇-水型　　D. 矿油型

228. 轮胎缓冲层位于胎面和（ ）之间，质软而弹性大。
   A. 帘布层　　B. 胎肩　　C. 胎侧　　D. 胎圈

229. 设计给定的尺寸称为（ ）。
   A. 公称尺寸　　B. 实际尺寸　　C. 极限尺寸　　D. 作用尺寸

230. 发动机大修时，如果更换了（ ），就采用了不完全互换。
   A. 气门弹簧　　　　　　　B. 活塞和活塞销
   C. 气缸盖螺栓　　　　　　D. 火花塞

231. （ ）回路可使工作部件在运动过程中的某一位置上停留一段时间而保持不动。
   A. 换向　　B. 顺序　　C. 锁紧　　D. 减压

232. （ ）时，液压系统不能稳定工作。
   A. 高温　　B. 低温　　C. 常温　　D. 高温或低温

233. 离车式平衡机按（ ）原理工作。
   A. 静平衡　　B. 动平衡　　C. 平衡　　D. A 或 B

234. 汽油机是由曲柄连杆机构、配气机构、燃料供给系、点火系、冷却系、润滑系及（ ）组成的。
   A. 起动机　　B. 配电系　　C. 蓄电池　　D. 起动系

235. 由于柴油机的压缩比大，故在压缩终了时，气体的温度和压力要比汽油机（ ）。

A. 高 B. 低 C. 相等 D. 小

236. 曲柄连杆机构的作用是把（　　）作用在活塞顶上的力转变为曲轴的转矩，并通过曲轴对外输出机械能。

A. 气体 B. 汽油 C. 空气 D. 燃烧气体

237. （　　）用来传递纵向力、侧向力及力矩，并保证汽车车轮相对于车架或车身有一定的运动规律。

A. 弹性元件 B. 导向装置 C. 减振器 D. 车架

238. （　　）的主要作用是提高汽车前轮行驶的安全性。

A. 主销后倾 B. 主销内倾 C. 车轮外倾 D. 前轮前束

239. 转向系的作用是实现汽车（　　）的改变和保持汽车稳定行驶。

A. 速度 B. 动力 C. 行驶方向 D. 加速度

240. 转动汽车转向横拉杆可以调整（　　）。

A. 前轮前束 B. 前轮外侧角 C. 主销内倾 D. 主销后倾

241. 若发动机转速升高时经常发生烧坏用电设备的情况，则可能的原因是（　　）出现故障。

A. 转子总成 B. 定子总成 C. 整流器 D. 电压调节器

242. 发动机怠速时，点火提前角位于（　　）值。

A. 最大 B. 较大 C. 较小 D. 最小

243. 从传感器输出的信号输入 ECU 后，首先通过（　　）。

A. 存储器 B. CPU C. 输入回路 D. A/D 转换器

244. 测量气缸的圆柱度、圆度误差时，首先要确定气缸的（　　），才能校对量缸表。

A. 磨损尺寸 B. 标准尺寸 C. 极限尺寸 D. 修理尺寸

245. 桑塔纳 2000 型轿车的 AFE 发动机装复后，气缸压缩力的极限值为（　　）MPa，各气缸压力差应小于（　　）MPa。

A. 0.70，0.3 B. 0.75，0.25 C. 0.75，0.30 D. 0.70，0.25

246. 差速器内的行星齿轮在左右两侧车轮阻力不同时（　　）。

A. 开始公转 B. 开始自转 C. 开始反转 D. 开始滑动

247. 解放 CA1092 型汽车采用的空气压缩机是（　　）

A. 单缸风冷式 B. 双缸风冷式 C. 单缸水冷式 D. 双缸水冷式

248. 发动机飞轮齿圈一侧磨损后（　　）。

A. 应换新件 B. 可继续使用
C. 换向后，可继续使用 D. 应焊修

249. 点火线圈中央高压线脱落，会造成（　　）现象。

A. 点火错乱 B. 点火过火 C. 高压无火 D. 高压火弱

250. 中心引线为负极，管壳为正极的二极管是（　　）。

    A. 负极二极管　　B. 励磁二极管　　C. 正极二极管　　D. 稳压二极管

251. 东风 EQ1090 型汽车离合器异响的原因有很多，但下列（　　）故障不会造成离合器异响。

    A. 分离轴承损坏　　B. 从动盘松动　　C. 分离轴承缺油　　D. 传动片变形

252. 连续踩动离合器踏板时，离合器在即将分离或结合的瞬间有异响，则为（　　）。

    A. 摩擦片铆钉松动　　　　　　B. 连续松旷
    C. 分离轴承缺油　　　　　　　D. 离合器片花键齿磨损

253. 万向传动装置异响的现象之一是当汽车（　　）时，车身发抖并能听到"嚓啦"的撞击声。

    A. 起步　　　B. 匀速行驶　　C. 低速行驶　　D. 急加速

254. 汽车在行驶中突然改变速度时，出现一种金属撞击声，原因一般是（　　）。

    A. 十字轴轴承松旷　　　　　　B. 联接螺栓松动
    C. 传动轴等速排列破坏　　　　D. 中间支承轴承散架

255. 汽车主减速器主动锥齿轮轴承（　　），会导致后桥有异响，并伴随后桥壳的温度升高。

    A. 损坏　　　B. 过紧　　　C. 过松　　　D. 磨损

256. （　　）不是电控燃油喷射系统中空气供给的组成构件。

    A. 进气管　　B. 空气滤清器　　C. 怠速旁通阀　　D. 进气压力传感器

257. 在电控发动机控制系统中，（　　）内存放了发动机各种工况的最佳喷油时间。

    A. 电控单元　　B. 执行器　　C. 温度传感器　　D. 压力调节器

258. 热车起动困难的主要原因是（　　）。

    A. 供油不足　　　　　　　　　B. 火花塞有故障
    C. 点火过早　　　　　　　　　D. 混合气过浓

259. 变速器自锁装置的主要作用是防止（　　）。

    A. 变速器乱挡　　　　　　　　B. 变速器跳挡
    C. 变速器误挂倒挡　　　　　　D. 挂挡困难

260. 在液压传动系统中，（　　）是动力元件。

    A. 液压泵　　B. 液压缸　　C. 液压控制阀　　D. 液压辅件

261. 汽车采用的液力变矩器属于（　　）液压传动元件。

    A. 动力式　　B. 容积式　　C. 压力式　　D. 体积式

262. 拆卸东风 EQ1092 型汽车转向器轴向调整螺母时，应用（　　）扳手。

A. 内六角 B. 呆 C. 梅花 D. 活动

263. 汽车的前轮前束值一般都小于（　　）mm。

A. 5 B. 6 C. 7 D. 10

264. 汽车转向横拉杆两端的螺纹（　　）。

A. 一端右旋，一端左旋 B. 都是右旋
C. 都是左旋 D. 固定

265. 制动系可使汽车在（　　）的距离内停车。

A. 最短 B. 较短 C. 最长 D. 较长

266. 汽车发动机怠速运转时，（　　）向用电设备供电。

A. 发电机 B. 蓄电池
C. 发电机和蓄电池 D. 发电机调节器

267. 集成电路调节器装于汽车（　　）。

A. 交流发电机外部 B. 交流发电机内部
C. 发动机外部 D. 发动机内部

268. 汽油机点火系可以将电源供给的 12V 低压电变为（　　）的高压电。

A. 220V B. 380V C. 15～30kV D. 60kV

269. 在汽车空调装置中，贮液干燥器的作用是（　　）。

A. 贮液 B. 干燥 C. 过滤 D. 贮液、干燥和过滤

270. 电控发动机进气温度传感器用来检测（　　）温度。

A. 进气 B. 排气 C. 冷却液 D. 机油

271. 从汽车上拆卸蓄电池时，应先拆（　　）。

A. 搭铁电缆 B. 起动机电缆 C. 正极电缆 D. B 或 C

272. 空气中（　　）的体积分数达到 60%～65% 时，会导致人的死亡。

A. CO B. HC C. NO_x D. 炭烟

273. 喷油器未调试前，应做好（　　）的使用准备工作。

A. 喷油泵试验台 B. 喷油器试验器
C. 喷油器清洗器 D. 压力表

274. 汽车离合器压盘及飞轮表面烧蚀的主要原因是离合器（　　）。

A. 打滑 B. 分离不彻底 C. 动平衡破坏 D. 踏板自由行程过大

275. 发动机气缸沿径向的磨损呈不规则的（　　）。

A. 圆形 B. 圆柱形 C. 圆锥形 D. 椭圆形

276. 变速器（　　）刚度不大，经常因受到外载荷的作用而变形。

A. 前壁 B. 后壁 C. 侧面 D. 前后壁

277. 确定发动机曲轴修理尺寸时，除根据测量的圆柱度、圆度进行计算外，还应考虑（　　）对修理尺寸的影响。

A. 裂纹　　　　　B. 弯曲　　　　　C. 连杆　　　　　D. 轴瓦

278. 为防止铸件、焊接件变形或开裂，一般采用（　　）退火工艺进行热处理。

A. 完全　　　　　B. 等温　　　　　C. 去应力　　　　D. 球化

279. 上置式配气机构的曲轴到凸轮轴间的传动可通过（　　）来实现。

A. 齿轮　　　　　B. 链条　　　　　C. 齿形带　　　　D. 链条或齿形带

280. 当膜片弹簧离合器的从动盘磨损，压盘前移时，膜片弹簧对压盘的压力将（　　）。

A. 减小　　　　　B. 增大　　　　　C. 不变　　　　　D. 消失

281. 变速器通过改变不同的传动比啮合副（换挡）来变换转速，以得到不同的（　　），保证汽车克服不同的道路阻力。

A. 转矩　　　　　B. 力矩　　　　　C. 转速　　　　　D. 传动

282. 前驱动轿车的半轴上均安装（　　）万向节。

A. 普通　　　　　B. 十字轴　　　　C. 准等速　　　　D. 等速

283. 主减速器的主要作用是（　　），并改变力的传动方向。

A. 增速增扭　　　B. 增速降扭　　　C. 降速降扭　　　D. 降速增扭

284. 当汽车左转向时，由于差速器的作用，左右两侧的驱动轮转速不同，那么转矩的分配是（　　）。

A. 左轮大于右轮　　　　　　　　　B. 右轮大于左轮
C. 左、右轮相等　　　　　　　　　D. 右轮为零

285. 越野汽车的前桥属于（　　）。

A. 转向桥　　　　B. 驱动桥　　　　C. 转向驱动桥　　D. 支承桥

286. 主销安装到汽车前轴上后，其上端略向内倾斜，称为（　　）。

A. 主销后倾　　　B. 主销内倾　　　C. 主销前倾　　　D. 主销外倾

287. 转动汽车转向横拉杆可以调整（　　）。

A. 前轮前束　　　B. 前轮外倾角　　C. 主销内倾角　　D. 主销后倾角

288. 汽车车轮绕着（　　）摆动。

A. 转向节主销　　B. 万向节　　　　C. 前梁　　　　　D. 车架

289. 汽车的制动装置都是利用（　　）来产生制动作用的。

A. 机械摩擦　　　B. 吸引　　　　　C. 固定　　　　　D. 磨合

290. 汽车驻车制动器又称为（　　）。

A. 行车制动器　　B. 手制动器　　　C. 脚制动器　　　D. 以上答案都不对

291. 底盘是汽车构成的基础，由（　　）、行驶系、转向系和制动系四大部分组成。

A. 变速系　　　　B. 发动机　　　　C. 传动系　　　　D. 减速器

292. 起动发动机时,起动机转速不够的原因是(　　)。
   A. 起动机电枢连电　　　　　B. 蓄电池的电压低于11V
   C. 发动机点火时间过迟　　　D. 发动机点火时间过早

二、判断题（对的画√，错的画×）

1. 离车式硬支承电测式平衡机可以把车轮不平衡作用在平衡机转轴支承装置上的动反力或因此而产生的振动转变成电信号检测出来。(　　)
2. 安装平衡块后可能产生新的不平衡,应重新进行平衡试验,直至不平衡量大于20g并且指示装置显示"OK"时,才算完成。(　　)
3. 电器万能试验台使用时的空气相对湿度不应超过80%。(　　)
4. 冷却系中的节温器被取出后,可使冷却液全部进行大循环。(　　)
5. 硅油风扇离合器以硅油作为传递转矩的介质,以双金属感温器作为温度调节元件。(　　)
6. 汽车柴油机用的调速器有离心式两速调速器和离心式全速调速器两种。(　　)
7. 电控喷射发动机的优点之一是在加减速行驶的过渡运转阶段,空燃比控制系统能迅速响应,反应灵敏。(　　)
8. 电控喷射发动机汽车在不同地区行驶时,对大气压力或外界环境温度变化引起的空气密度变化,可进行适量空燃比修正。(　　)
9. 双作用叶片式油泵中的叶片在叶片槽中往复运动两次,完成两次吸油和排油。(　　)
10. 全轮全驱动传动系的前驱动桥半轴必须分成两段。(　　)
11. 越野汽车的前桥为支持桥。(　　)
12. 自动增力式车轮制动器的两制动蹄提供的摩擦力是相等的。(　　)
13. 辅助制动装置的制动形式主要有排气制动、液力制动、电力制动和空气动力制动等。(　　)
14. 点火线圈是将蓄电池或发动机提供的12V低压电升高到能可靠点燃可燃混合气的15~20kV高压电的主要机件之一。(　　)
15. 汽车照明系统由灯、开关及熔断器等组成。(　　)
16. 发动机大修竣工后,各气缸压力应符合该机型标准要求,各气缸压力差不应超过其平均值的5%。(　　)
17. 柴油车废气检测是在怠速工况下进行的。(　　)
18. 对于气制动式汽车,在其行驶时将制动踏板踩到底,仍无制效果的原因之一是制动系中无气压。(　　)
19. 柴油发动机喷油提前角过大有利于发动机起动。(　　)

20. 液压泵吸油管或吸油滤网堵塞，油的黏度过高及油箱内油位过低，都可能是引起油泵不工作的原因。（　　）

21. 无内胎轮胎近年来应用日益广泛，它没有内胎和垫带，空气直接压入外胎中，其密封性是由外胎和轮辋来保证的。（　　）

22. 液压式动力转向装置按液流形式可分为常流式和常压式两种。（　　）

23. 转向系的作用是保持汽车以稳定的路线行驶，也就是使汽车直线行驶。
（　　）

24. 电控发动机空气流量计是测量发动机进气量的装置。（　　）

25. 搬动蓄电池时，不可歪斜。（　　）

26. 试验发动机时，不得在车下工作。（　　）

27. 解放 CA1092 型汽车采用串联双腔膜片式制动控制阀。（　　）

28. 制动主缸的作用是将由制动踏板输入的机械推力转变成制动力。（　　）

29. 桑塔纳 2000GLS 型轿车 JV 型发动机气缸垫无上下面之分。（　　）

30. 直拉杆应无明显变形，横拉杆的直线度公差应为 1.5mm。（　　）

31. 可通过空转试验检查发电机是否有故障。（　　）

32. 柴油车废气检测是在怠速的情况下进行的。（　　）

33. 传动轴万向节叉等速排列不当，必然使万向传动装置有异响。（　　）

34. 在进行东风 EQ1090 型汽车起动机空转试验时，车速不应低于 1000r/min，电流不应大于 100A，电压为 13V。（　　）

35. 汽油车废气排放的检测应采用自由加速的方法。（　　）

36. 电控发动机燃油泵工作电压应用模拟万用表进行检测。（　　）

37. 用数字式万用表的欧姆挡测量点火控制端子的电压，可检查电子点火控制器的故障。（　　）

38. 所有的汽车诊断仪都配备外置试卡。（　　）

39. 变速器壳体变形是导致变速器异响的一个重要原因。（　　）

40. 发动机气缸壁间隙过小，会导致连杆弯曲和拉伤气缸壁。（　　）

41. 抬起离合器踏板后，若在离合器后端有异响，则说明离合器有异响。
（　　）

42. 汽车转向传动机构将转向器输出的动力传给后轮。（　　）

43. 发动机的异响是由曲柄连杆机构和配气机构磨损造成松旷以及调整不当引起的。（　　）

44. 曲轴轴承异响是一种沉重发闷的金属敲击声，当转速或负荷突然变化时，响声明显，发动机本身有明显振动。（　　）

45. 发动机活塞环敲击异响与转速有很大关系。（　　）

46. 发动机活塞销发出异响，若急加速时声响尖锐，进行断火试验时声响减弱,则原因为活塞销折断。

47. 壳体变形是变速器异响的一个重要原因。 (　　)
48. 变速器在直接挡时无异响,而在其他挡位时均有异响,说明第一轴轴承损坏。 (　　)
49. 汽车离合器在分离、结合或起步时发生异响是可能的。 (　　)
50. 汽车离合器盖与压盘松动不会有异响发生。 (　　)
51. 汽车半轴齿轮与行星齿轮不匹配,会导致后桥异响。 (　　)
52. 汽车后桥壳内的齿轮油不足,不会导致后桥异响。 (　　)
53. 汽车后桥的异响必须通过仪器来诊断。 (　　)
54. 汽车差速器的响声只有在转弯时才能听到。 (　　)
55. 电控单元是电控发动机电子控制系统的重要组成部分。 (　　)
56. 若发动机有熄火征兆或着火后又逐渐熄火,则一般是汽油发动机电路出现故障。 (　　)
57. 汽车故障诊断仪就是解码仪。 (　　)
58. 磁力探伤是一种简单、迅速、较准确的探伤方式,因此所有的金属材料均可采用此方法检测隐伤。 (　　)
59. 等速万向节只能用于转向驱动桥的半轴上。 (　　)
60. 单级主减速器的常啮合锥齿轮不使用直齿齿轮。 (　　)
61. 差速器可保证两侧的驱动轮在任何道路条件下均能保持纯滚动和等角速转动。 (　　)
62. 当汽车在平坦的公路上直线行驶时,差速器的行星齿轮只能公转而不能自转。 (　　)
63. 制动主缸的作用是将制动踏板输入的机械推力转变成制动力。 (　　)
64. 离合器主、从动盘之间的摩擦面积越大,所传递的转矩就越大。 (　　)
65. 汽车后桥壳变形会使轮胎磨损加快。 (　　)
66. 蓄电池上的通气孔应经常保持清洁。 (　　)
67. 汽车空调温度控制器也称为温度调节器、恒温器等。 (　　)
68. 根据作用不同,车桥可分为整体式和断开式两种。 (　　)
69. 离合器摩擦片沾油或磨损严重,均会引起离合器打滑。 (　　)
70. 手动变速器操纵机构没有倒挡装置。 (　　)

技能要求试题

试题1　检测与调整发动机点火提前角

检测与调整发动机点火提前角的评分标准见表1。

表1　检测与调整发动机点火提前角的评分标准

序号	作业项目	考核内容	配分	评分标准	评分记录	扣分	得分
1	检查	在飞轮或曲轴前端做上正确的点火提前角标记	14	操作方法不正确扣3分			
				操作不熟练扣1分			
		将点火正时灯连接到汽车上并起动发动机进行检查		操作方法不正确扣3分			
				检查方法不正确扣3分			
		判断点火提前角的大小		判断错误扣4分			
2	调整	调整点火提前角	12	调整方法不正确扣3分			
				调整结果不正确扣3分			
		调整完毕，再次检查点火提前角		检查方法不正确扣3分			
				检查结果不正确扣3分			
3	安全文明生产	遵守安全操作规程，正确使用工具、量具，操作现场整洁	4	不符合要求，每项扣1分，扣完为止			
		安全用电，防火，无人身、设备事故		因违规操作发生重大人身和设备事故，此题按0分计			
4	分数总计		30				

试题2　检测发动机气缸压缩压力

检测发动机气缸压缩压力的评分标准见表2。

表2 检测发动机气缸压缩压力的评分标准

序号	作业项目	考核内容	配分	评分标准	评分记录	扣分	得分
1	测量	拆除全部火花塞或喷油器及空气滤清器	3	操作方法不正确扣2分			
				操作不熟练扣1分			
		检验气缸压力表	3	检验方法不正确扣3分			
		逐缸测量气缸压力	12	测量方法不正确扣4分			
				读取不正确每次扣1分,共4分			
				每漏测一个扣1分,共4分			
2	复检	测完一次后,再复检一次,取其平均值	8	检查方法不正确扣4分			
				每漏检一个扣1分,共4分			
3	安全文明生产	遵守安全操作规程,正确使用工具、量具,操作现场整洁	4	不符合要求,每项扣1分,扣完为止			
		安全用电、防火,无人身、设备事故		因违规操作发生重大人身和设备事故,此题按0分计			
4	分数总计		30				

试题3 检测发动机进气管真空度

检测发动机进气管真空度的评分标准见表3。

表3 检测发动机进气管真空度的评分标准

序号	作业项目	考核内容	配分	评分标准	评分记录	扣分	得分
1	准备	安装真空表	8	安装方法不正确扣8分			
2	检测	使发动机按规定怠速运转	8	方法不正确扣8分			
3	判断	根据技术数据,判断所测发动机的技术状况	10	根据判断情况进行酌情扣分,扣完为止			
4	安全文明生产	遵守安全操作规程,正确使用工具、量具,操作现场整洁	4	不符合要求,每项扣1分,扣完为止			
		安全用电、防火,无人身、设备事故		因违规操作发生重大人身和设备事故,此题按0分计			
5	分数总计		30				

试题 4　检测电控发动机燃料供给系燃油压力

检测电控发动机燃料供给系燃油压力的评分标准见表4。

表4　检测电控发动机燃料供给系燃油压力的评分标准

序号	作业项目	考核内容	配分	评分标准	评分记录	扣分	得分
1	准备	检查电源电压，从蓄电池的负极端拆下电缆，断开冷起动喷油器接头	2	操作方法不正确扣2分			
		拆下油管接头螺栓，从冷起动喷油器上将冷起动喷油器管拆下	2	操作方法不正确扣2分			
		将压力表连接在冷起动喷油器上，使用跨接线连接检查接口的+B和FP接口，重新接上蓄电池负极电缆	2	操作方法不正确扣2分			
2	检测	正确测量燃油压力	6	测量方法不正确扣6分			
		正确检查燃油管及接头、燃油泵、燃油滤清器、燃油压力调节器、喷油器	6	每检查一项不正确扣1分，扣完为止			
		正确更换燃油压力调节器	6	更换方法不正确扣6分			
3	清理现场	接上冷起动喷油器、负极电缆，恢复发动机原样	2	不能正确清理现场扣2分			
4	安全文明生产	遵守安全操作规程，正确使用工具、量具，操作现场整洁	4	不符合要求，每项扣1分，扣完为止			
		安全用电，防火，无人身、设备事故		因违规操作发生重大人身和设备事故，此题按0分计			
5	分数总计		30				

试题 5　检测与调整柴油发动机喷油提前角

检测与调整柴油发动机喷油提前角的评分标准见表5。

表5　检测与调整柴油发动机喷油提前角的评分标准

序号	作业项目	考核内容	配分	评分标准	评分记录	扣分	得分
1	检测	从喷油泵上拆下第一缸的高压油管,在出油阀座上安装测试用的玻璃管	16	操作方法不正确扣4分			
				操作不熟练扣1分			
		转动曲轴,使喷油泵供油,直至玻璃管中能看到油面		操作方法不正确扣4分			
		慢慢转动曲轴,仔细观察玻璃管油面,当油面刚刚发生波动开始上升的瞬间,即停止转动		操作方法不正确扣4分			
		检查正时记号是否对正,以判定喷油提前角		检查方法不正确扣2分			
				判断错误扣1分			
2	调整	调整喷油提前角	10	调整方法不正确扣3分			
				调整结果不正确扣3分			
		调整完毕,再次检查喷油提前角		检查方法不正确扣2分			
				检查结果不正确扣2分			
3	安全文明生产	遵守安全操作规程,正确使用工具、量具,操作现场整洁	4	不符合要求,每项扣1分,扣完为止			
		安全用电,防火,无人身、设备事故		因违规操作发生重大人身和设备事故,此题按0分计			
4	分数总计		30				

试题6　检查柴油发动机喷油压力

检查柴油发动机喷油压力的评分标准见表6。

表6　检查柴油发动机喷油压力的评分标准

序号	作业项目	考核内容	配分	评分标准	评分记录	扣分	得分
1	检测	压动压油手柄,排除留在油管和喷油器内的空气	16	操作方法不正确扣10分			
		正确压动压油手柄,正确读数		操作方法不正酌情扣分			

(续)

序号	作业项目	考核内容	配分	评分标准	评分记录	扣分	得分
2	调整	调整喷油压力	10	调整方法不正确扣3分			
				调整结果不正确扣3分			
		调整完毕,再次检查喷油压力		检查方法不正确扣2分			
				检查结果不正确扣2分			
3	安全文明生产	遵守安全操作规程,正确使用工具、量具,操作现场整洁	4	不符合要求,每项扣1分,扣完为止			
		安全用电,防火,无人身、设备事故		因违规操作发生重大人身和设备事故,此题按0分计			
4	分数总计		30				

试题 7 检测发动机怠速工况 CO、HC 的排放量和烟度

检测发动机怠速工况 CO、HC 的排放量和烟度的评分标准见表7。

表7 检测发动机怠速工况 CO、HC 的排放量和烟度的评分标准

序号	作业项目	考核内容	配分	评分标准	评分记录	扣分	得分
1	检测	发动机能怠速运转、正常运转	2	操作方法不正确扣2分			
		将取样探头插入排气管中,深度为400mm,并固定于排气管上	8	操作方法不正确扣8分			
		调整仪器,进行读数	8	调整仪器不正确扣4分			
				读数不准扣4分			
2	计算结果	将最高值和最低值相加取平均值	2	计算结果不正确扣1分			
3	清理现场	把取样探头从排气管里抽出来,让它吸入新鲜空气5min,待仪器指针回到零点后再关闭电源	6	操作方法不正确扣6分			
4	安全文明生产	遵守安全操作规程,正确使用工具、量具,操作现场整洁	4	不符合要求,每项扣1分,扣完为止			
		安全用电,防火,无人身、设备事故		因违规操作发生重大人身和设备事故,此题按0分计			
5	分数总计		30				

试题 8 发动机怠速工况烟度的检测

检测发动机怠速工况烟度的评分标准见表 8。

表 8 检测发动机怠速工况烟度的评分标准

序号	作业项目	考核内容	配分	评分标准	评分记录	扣分	得分
1	仪器准备	检查仪表指针零点、烟样、滤纸及各种机构	4	少检查一个扣1分,扣完为止			
		检查空气压缩压力	3	不检查扣3分			
2	车辆准备	起动、预热发动机到规定的热状态	3	没到规定热状态扣3分			
		检查燃油	2	没检查扣2分			
		将取样探头插入排气管内	3	插入不合格扣3分			
3	检测	吹掉炭渣	4	没有做扣4分			
		检测	4	检测程序不对扣4分			
		计算结果	3	计算结果不对扣3分			
4	安全文明生产	遵守安全操作规程,正确使用工具、量具,操作现场整洁	4	不符合要求,每项扣1分,扣完为止			
		安全用电,防火,无人身、设备事故		因违规操作发生重大人身和设备事故,此题按0分计			
5	分数总计		30				

试题 9 检查与调整连杆轴承间隙

检查与调整连杆轴承间隙的评分标准见表 9。

表 9 检查与调整连杆轴承间隙的评分标准

序号	作业项目	考核内容	配分	评分标准	评分记录	扣分	得分
1	仪器准备	拆下被检查的某轴承盖,擦净曲轴及轴承上的机油	2	操作方法不正确扣1分			
				操作不熟练扣1分			
		根据轴径长度剪下一段专用的熔丝,按与曲轴轴线平行的方向放在轴承盖上	6	操作方法不正确扣4分			
				操作不熟练扣2分			
		装上轴承盖,并按规定力矩拧紧	6	操作方法不正确扣4分			
				操作不熟练扣2分			
		拆下轴承盖,测量尺寸,读取间隙值	6	测量方法不正确扣3分			
				测量结果不正确扣3分			

(续)

序号	作业项目	考核内容	配分	评分标准	评分记录	扣分	得分
2	调整	正确调整间隙	6	调整错误扣6分			
3	安全文明生产	遵守安全操作规程，正确使用工具、量具，操作现场整洁	4	不符合要求，每项扣1分，扣完为止			
		安全用电，防火，无人身、设备事故		因违规操作发生重大人身和设备事故，此题按0分计			
4	分数总计		30				

试题10 拆卸发动机总成

拆卸发动机总成的评分标准见表10。

表10 拆卸发动机总成的评分标准

序号	作业项目	考核内容	配分	评分标准	评分记录	扣分	得分
1	发动机总成的拆卸	将发动机总成从车上拆卸下来	10	操作方法不正确酌情扣分			
2	发动机的分解	将发动机分解成零部件，并正确摆放	26	分解方法不正确酌情扣分			
3	安全文明生产	遵守安全操作规程，正确使用工具、量具，操作现场整洁	4	不符合要求，每项扣1分，扣完为止			
		安全用电，防火，无人身、设备事故		因违规操作发生重大人身和设备事故，此题按0分计			
4	分数总计		40				

试题11 检测发动机曲轴几何误差

检测发动机曲轴几何误差的评分标准见表11。

表11 检测发动机曲轴几何误差的评分标准

序号	作业项目	考核内容	配分	评分标准	评分记录	扣分	得分
1	曲轴支撑	曲轴支撑位置，调平方法和调平质量	4	支撑位置错误扣2分 调整方法错误扣1分 调整有误差扣1分			

235

(续)

序号	作业项目	考核内容	配分	评分标准	评分记录	扣分	得分
2	测量轴颈并确定修理尺寸	测量轴颈,并判断是否需要修磨,确定修理尺寸	10	测量一处错误扣2分,共4分			
				结论错误扣3分			
				修理尺寸确定错误扣3分			
3	检测弯曲程度	测量径向圆跳动和轴向圆跳动的方法和测量结果	6	测量方法一处错误扣1分,共3分			
				测量结果一处错误扣1分,共3分			
4	检测扭曲程度	测量方法和测量结果	6	测量方法一处错误扣1分,共3分			
				测量结果一处错误扣1分,共3分			
5	测量曲柄半径	测量方法和测量结果	6	测量方法错误扣3分			
				测量结果错误扣3分			
6	结论	判断曲轴能否继续使用	4	判断一处错误扣1分,共4分			
7	安全文明生产	遵守安全操作规程,正确使用工具、量具,操作现场整洁	4	不符合要求,每项扣1分,扣完为止			
		安全用电、防火、无人身、设备事故		因违规操作发生重大人身或设备事故,此题按0分计			
8	分数总计		40				

试题12　检测发动机凸轮轴几何误差

检测发动机凸轮轴几何误差的评分标准见表12。

表12　检测发动机凸轮轴几何误差的评分标准

序号	作业项目	考核内容	配分	评分标准	考核记录	扣分	得分
1	凸轮轴支撑	凸轮轴支撑位置,调平方法和调平质量	4	支撑位置错误扣2分			
				调整方法错误扣1分			
				调整有误差扣1分			
2	安装百分表和表座	检验百分表、表座和安装百分表	10	检验百分表错误扣3分			
				检验表座错误扣3分			
				安装百分表错误扣4分			
3	测量	测量径向圆跳动和轴向圆跳动的方法	16	测量方法一处错误扣8分,共16分			

(续)

序号	作业项目	考核内容	配分	评分标准	考核记录	扣分	得分
4	计算	测量结果	6	测量方法一处错误扣3分，共6分			
5	安全文明生产	遵守安全操作规程，正确使用工具、量具，操作现场整洁	4	不符合要求，每项扣1分，扣完为止			
		安全用电，防火，无人身、设备事故		因违规操作发生重大人身或设备事故，此题按0分计			
6	分数总计		40				

试题 13　检测气缸磨损程度及圆度、圆柱度误差

检测气缸磨损程度及圆度、圆柱度误差的评分标准见表13。

表13　检测气缸磨损程度及圆度、圆柱度误差的评分标准

序号	作业项目	考核内容	配分	评分标准	考核记录	扣分	得分
1	校表	能够将表校准到被测气缸的标准尺寸	4	校准错误扣4分			
2	测量	测量圆度和圆柱度	14	测量圆度方法错误扣6分			
				测量圆柱度方法错误扣6分			
				测量位置错误扣2分			
3	计算	计算圆度和圆柱度	6	计算圆度错误扣3分			
				计算圆柱度错误扣3分			
4	确定修理尺寸	能够确定修理尺寸	12	公式计算错误扣4分			
				镗磨余量选择错误扣4分			
				不能确定最终结果扣4分			
5	安全文明生产	遵守安全操作规程，正确使用工具、量具，操作现场整洁	4	不符合要求，每项扣1分，扣完为止			
		安全用电，防火，无人身、设备事故		因违规操作发生重大人身或设备事故，此题按0分计			
6	分数总计		40				

试题 14　检测气缸盖平面度误差

检测气缸盖平面度误差的评分标准见表14。

表14 检测气缸盖平面度误差的评分标准

序号	作业项目	考核内容	配分	评分标准	考核记录	扣分	得分
1	清洁并校验平台	清洁并校验平台	4	没有清洁平台扣2分			
				没有校验平台扣2分			
2	放置气缸盖	正确放置气缸盖,没有磕碰	8	放置粗暴,根据情况酌情扣分,扣完为止			
3	测量	能够测量平面度	20	放置直尺不正确扣8分			
				不会使用塞尺扣8分			
				不能测出结果扣4分			
4	整理工量具		4	公式计算错误扣3分			
				镗磨余量选择错误扣3分			
				不能确定最终结果扣3分			
5	安全文明生产	遵守安全操作规程,正确使用工具、量具,操作现场整洁	4	不符合要求,每项扣1分,扣完为止			
		安全用电、防火,无人身、设备事故		因违规操作发生重大人身或设备事故,此题按0分计			
6	分数总计		40				

试题15 装配与调整气缸盖

装配与调整气缸盖的评分标准见表15。

表15 装配与调整气缸盖的评分标准

序号	作业项目	考核内容	配分	评分标准	考核记录	扣分	得分
1	装配气缸盖总成	安装各气门油封、液压挺柱总成、凸轮轴油封	12	安装各气门油封不正确扣4分			
				安装液压挺柱总成不正确扣4分			
				安装凸轮轴油封不正确扣4分			
2	将气缸盖安装到气缸体上	安装气缸盖衬垫、气缸盖及气缸盖螺栓,并拧紧	16	安装气缸盖错误扣8分			
				拧紧螺栓顺序、力矩错误扣8分			
3	安装其他零件	安装机油反射罩、气门罩盖衬垫及其他附件	8	根据安装情况酌情扣分,扣完为止			

(续)

序号	作业项目	考核内容	配分	评分标准	考核记录	扣分	得分
4	安全文明生产	遵守安全操作规程，正确使用工具、量具，操作现场整洁	4	不符合要求，每项扣1分，扣完为止			
		安全用电，防火，无人身、设备事故		因违规操作发生重大人身或设备事故，此题按0分计			
5	分数总计		40				

试题16　检测、选配活塞

检测、选配活塞的评分标准见表16。

表16　检测、选配活塞的评分标准

序号	作业项目	考核内容	配分	评分标准	考核记录	扣分	得分
1	清洁活塞	清除活塞环槽内的积炭	5	没有清洁扣5分，清洁不彻底酌情扣分			
2	检测活塞	测量活塞裙部直径	16	测量位置错误扣10分			
				测量不准确扣6分			
3	选配活塞	根据活塞修理尺寸级别选配活塞	15	不清楚活塞修理尺寸级别扣10分			
				选配活塞错误扣5分			
4	安全文明生产	遵守安全操作规程，正确使用工具、量具，操作现场整洁	4	不符合要求，每项扣1分，扣完为止			
		安全用电，防火，无人身、设备事故		因违规操作发生重大人身或设备事故，此题按0分计			
5	分数总计		40				

试题17　检验电控燃油发动机执行器

检验电控燃油发动机执行器的评分标准见表17。

表17 检验电控燃油发动机执行器的评分标准

序号	作业项目	考核内容	配分	评分标准	考核记录	扣分	得分
1	喷油器的检验	测量喷油器电阻值、喷油量,检查喷油质量和泄漏情况,判断能否继续使用	12	电阻值测量错误扣2分			
				检查喷油器喷油量和喷油质量错误扣6分			
				检查泄漏方法错误扣2分			
				判断结果错误扣2分			
2	电动燃油泵的检验	测量燃油泵电阻值和供油压力,并判断能否继续使用	12	电阻测量错误扣4分			
				供油压力测量错误扣6分			
				判断结果错误扣2分			
3	怠速控制阀的检验	检查怠速控制阀是否工作,测量其线圈电阻值,检查其工作情况	12	线圈电阻值测量错误扣4分			
				检查怠速控制阀方法错误扣6分			
				判断结果错误扣2分			
4	安全文明生产	遵守安全操作规程,正确使用工具、量具,操作现场整洁	4	不符合要求,每项扣1分,扣完为止			
		安全用电,防火,无人身、设备事故		因违规操作发生重大人身或设备事故,此题按0分计			
5	分数总计		40				

试题18 检测电控燃油喷射发动机传感器

检测电控燃油喷射发动机传感器的评分标准见表18。

表18 检测电控燃油喷射发动机传感器的评分标准

序号	作业项目	考核内容	配分	评分标准	考核记录	扣分	得分
1	节气门位置传感器的检测	测量方法、测量结果和结论	12	测量方法错误扣6分			
				测量结果错误扣3分			
				结论错误扣3分			
2	空气流量传感器或进气压力传感器的检测	测量方法、测量结果和结论	12	测量方法错误扣6分			
				测量结果错误扣3分			
				结论错误扣3分			

试 题 库

(续)

序号	作业项目	考核内容	配分	评分标准	考核记录	扣分	得分
3	曲轴位置传感器的检测	测量方法、测量结果和结论	12	测量方法错误扣6分			
				测量结果错误扣3分			
				结论错误扣3分			
4	安全文明生产	遵守安全操作规程,正确使用工具、量具,操作现场整洁	4	不符合要求,每项扣1分,扣完为止			
		安全用电、防火,无人身、设备事故		因违规操作发生重大人身或设备事故,此题按0分计			
5	分数总计		40				

试题19　检测前轮前束

检测前轮前束的评分标准见表19。

表19　检测前轮前束的评分标准

序号	作业项目	考核内容	配分	评分标准	评分记录	扣分	得分
1	检查	在每一前轮轴线的胎面中心做记号	2	操作方法不正确扣2分			
		测量前轮前束值	8	测量方法不正确扣6分			
				测量结果不正确扣2分			
2	调整	调整前轮前束	10	调整方法不正确扣6分			
				调整结果不正确扣4分			
		调整完毕,再次检查前轮前束值	6	检查方法不正确扣4分			
				检查结果不正确扣2分			
3	安全文明生产	遵守安全操作规程,正确使用工具、量具,操作现场整洁	4	不符合要求,每项扣1分,扣完为止			
		安全用电、防火,无人身、设备事故		因违规操作发生重大人身和设备事故,此题按0分计			
4	分数总计		30				

试题20　检查并调整离合器踏板自由行程

检查并调整离合器踏板自由行程的评分标准见表20。

241

表 20　检查并调整离合器踏板自由行程的评分标准

序号	作业项目	考核内容	配分	评分标准	评分记录	扣分	得分
1	检查	量出离合器踏板完全放松时,踏板至底板的距离	3	测量方法不正确扣2分 测量结果不正确扣1分			
		量出用手轻推离合器踏板感到稍有阻力时,踏板至底板的距离	5	测量方法不正确扣3分 测量结果不正确扣2分			
		计算离合器踏板自由行程	1	计算结果错误扣1分			
2	调整	调整离合器踏板自由行程	12	调整方法不正确扣8分 调整结果不正确扣4分			
		调整完毕,再次检查离合器踏板自由行程	5	检查方法不正确扣3分 未检查扣5分			
3	安全文明生产	遵守安全操作规程,正确使用工具、量具,操作现场整洁	4	不符合要求,每项扣1分,扣完为止			
		安全用电,防火,无人身、设备事故		因违规操作发生重大人身或设备事故,此题按0分计			
4	分数总计		30				

试题 21　检修膜片弹簧式离合器

检修膜片弹簧式离合器的评分标准见表 21。

表 21　检修膜片弹簧式离合器的评分标准

序号	作业项目	考核内容	配分	评分标准	评分记录	扣分	得分
1	拆卸离合器	从发动机上拆下离合器总成并分解	5	拆卸时未做装配标记扣2分 每出现一处操作错误扣2分,扣完为止			
2	离合器主要零件的检修(修理方法可口述)	从动盘的检修	16	检验方法不正确扣1分 检验结果不正确扣1分 修理不符合技术要求扣2分			
		压盘的检修		检验方法不正确扣1分 检验结果不正确扣1分 修理不符合技术要求扣2分			
		压紧机件的检修		检验方法不正确扣1分 检验结果不正确扣1分 修理不符合技术要求扣2分			
		离合器盖的检修		检验方法不正确扣1分 检验结果不正确扣1分 修理不符合技术要求扣2分			

（续）

序号	作业项目	考核内容	配分	评分标准	评分记录	扣分	得分
3	离合器的安装	将离合器总成安装到发动机后端的飞轮上	15	从动盘安装方向不正确扣6分			
				未按记号进行装配扣6分			
				未用离合器轴对从动盘进行正确定位扣3分			
4	安全文明生产	遵守安全操作规程，正确使用工具、量具，操作现场整洁	4	不符合要求，每项扣1分，扣完为止			
		安全用电、防火，无人身、设备事故		因违规操作发生重大人身和设备事故，此题按0分计			
5	分数总计		40				

试题22　检修万向传动装置

检修万向传动装置的评分标准见表22。

表22　检修万向传动装置的评分标准

序号	作业项目	考核内容	配分	评分标准	评分记录	扣分	得分
1	万向传动装置的解体	解体工艺	7	每出现一处操作错误扣2分，扣完为止			
2	万向传动装置主要机件的检修（修复方法可口述）	传动轴的检修	20	检验方法不正确扣6分			
				检验结果不正确扣2分			
				修复方法不正确扣2分			
		万向节的检修		检验方法不正确扣6分			
				检验结果不正确扣2分			
				修复方法不正确扣2分			
3	万向传动装置的组装	组装工艺和质量	9	万向节安装方向不正确扣5分			
				传动轴未按记号装配扣3分			
				出现其他错误扣1分			
4	安全文明生产	遵守安全操作规程，正确使用工具、量具，操作现场整洁	4	不符合要求，每项扣1分，扣完为止			
		安全用电、防火，无人身、设备事故		因违规操作发生重大人身和设备事故，此题按0分计			
5	分数总计		40				

试题 23 检修转向器

检修转向器的评分标准见表 23。

表 23 检修转向器的评分标准

序号	作业项目	考核内容	配分	评分标准	评分记录	扣分	得分
1	转向器的解体	解体工艺	4	每出现一次操作错误扣1分,扣完为止			
2	转向器主要零件的检修(修复方法可口述)	转向器壳体的检修	20	检验方法不正确扣4分			
				检验结果不正确扣1分			
				修理方法不正确扣1分			
		螺杆、螺母(或蜗杆)的检修		检验方法不正确扣4分			
				检验结果不正确扣1分			
				修理方法不正确扣1分			
		摇臂轴及齿扇(或指销)的检修		检验方法不正确扣3分			
				检验结果不正确扣1分			
				修理方法不正确扣1分			
		其他机件的检修		检验方法不正确扣1分			
				检验结果不正确扣1分			
				修理方法不正确扣1分			
3	转向器的装配与调整	装配、调整方法及质量	12	装配方法不正确扣3分			
				调整方法不正确扣3分			
				调整结果不符合技术要求扣6分			
4	安全文明生产	遵守安全操作规程,正确使用工具、量具,操作现场整洁	4	不符合要求,每项扣1分,扣完为止			
		安全用电,防火,无人身、设备事故		因违规操作发生重大人身和设备事故,此题按0分计			
5	分数总计		40				

试题 24 检修起动机

检修起动机的评分标准见表 24。

表 24　检修起动机的评分标准

序号	作业项目	考核内容	配分	评分标准	评分记录	扣分	得分
1	解体起动机	解体操作	4	每出现一次操作错误扣2分,扣完为止			
2	检修起动机各主要零件(零件修复可口述)	转子总成的检修	18	检验方法不正确扣3分			
				检验结果不正确扣1分			
				修理方法不正确扣1分			
		定子绕组的检验		检验方法不正确扣2分			
				检验结果不正确扣1分			
		电刷总成的检修		检验方法不正确扣2分			
				检验结果不正确扣1分			
				修理方法不正确扣1分			
		单向离合器的检验		检验方法不正确扣2分			
				检验结果不正确扣1分			
		电磁开关的检验		检验方法不正确扣2分			
				检验结果不正确扣1分			
3	组装起动机	组装工艺和方法	6	每出现一处操作错误扣3分,扣完为止			
4	检验起动机的工作性能	用电器万能试验台检验起动机的工作性能	8	检验方法不正确扣4分			
				检验结果不正确扣4分			
5	安全文明生产	遵守安全操作规程,正确使用工具、量具,操作现场整洁	4	不符合要求,每项扣1分,扣完为止			
		安全用电、防火、无人身、设备事故		因违规操作发生重大人身和设备事故,此题按0分计			
6	分数总计		40				

试题 25　诊断与排除汽车发动机怠速不稳故障

诊断与排除汽车发动机怠速不稳故障的评分标准见表 25。

表 25　诊断与排除汽车发动机怠速不稳故障的评分标准

序号	考核内容	配分	评分标准	考核记录	扣分	得分
1	正确使用工作仪器	4	使用错误扣4分			
			使用不当酌情扣分			

(续)

序号	考核内容	配分	评分标准	考核记录	扣分	得分
2	确定故障原因	8	检查方法错误扣4分 检查程序错误扣2分 判断原因错误扣2分			
3	明确故障部位（口述）	4	确定故障扣4分			
4	排除故障	10	不能排除故障扣10分 自制一处错误扣4分 不能将故障完全排除酌情扣分			
5	遵守安全操作规程，正确使用工具、量具，操作现场整洁	4	不符合要求，每项扣1分，扣完为止			
	安全用电，防火，无人身、设备事故		因违规操作发生重大人身和设备事故，此题按0分计			
6	分数总计	30				

试题26　诊断与排除发动机功率不足故障

诊断与排除发动机功率不足故障的评分标准参见表25。

试题27　诊断与排除发动机起动困难故障

诊断与排除发动机起动困难故障的评分标准参见表25。

试题28　诊断与排除发动机缺火（个别气缸不点火）故障

诊断与排除发动机缺火（个别气缸不点火）故障的评分标准参见表25。

试题29　诊断与排除离合器异响故障

诊断与排除离合器异响故障的评分标准参见表25。

试题30　诊断与排除转向沉重故障

诊断与排除转向沉重故障的评分标准参见表25。

试题31　诊断与排除液压制动失效故障

诊断与排除液压制动失效故障的评分标准参见表25。

试题 32　诊断与排除起动机转动无力故障

诊断与排除起动机转动无力故障的评分标准参见表25。

试题 33　诊断与排除高压无火故障

诊断与排除高压无火故障的评分标准参见表25。

试题 34　诊断与排除电喇叭不响故障

诊断与排除电喇叭不响故障的评分标准参见表25。

试题 35　诊断与排除空调压缩机不运转故障

诊断与排除空调压缩机不运转故障的评分标准参见表25。

模拟试卷样例
汽车修理工（中级）理论知识试卷

注意事项

1. 考试时间：120min。
2. 请首先按要求在试卷的标封处填写您的姓名、准考证号和所在单位的名称。
3. 请仔细阅读各种题目的回答要求，在规定的位置填写您的答案。
4. 不要在试卷上乱写乱画，不要在标封区填写无关的内容。

	一	二	总 分
得 分			

得 分	
评分人	

一、选择题（第1题~第160题。选择一个正确的答案，将相应的字母填入题内的括号中。每题0.5分，满分80分）

1. 在企业的经营活动中，（　　）不是职业道德功能的表现。
   A. 激励作用　　　B. 决策能力　　　C. 规范行为　　　D. 遵纪守法
2. 为了促进企业的规范化发展，需要发挥企业文化的（　　）功能。
   A. 娱乐　　　　　B. 主导　　　　　C. 决策　　　　　D. 自律
3. 职业道德通过（　　），起着增强企业凝聚力的作用。
   A. 协调员工之间的关系　　　　　　B. 增加职工福利
   C. 为员工创造发展空间　　　　　　D. 调节企业与社会的关系
4. 正确阐述职业道德与人的事业的关系的选项是（　　）。
   A. 没有职业道德的人不会获得成功
   B. 要取得事业的成功，前提条件是要有职业道德
   C. 事业成功的人往往并不需要较高的职业道德
   D. 职业道德是人获得事业成功的重要条件
5. 对待职业和岗位，（　　）并不是爱岗敬业所要求的。

A. 树立职业理想　　　　　　　　B. 干一行、爱一行、专一行
C. 遵守企业的规章制度　　　　　D. 一职定终身，不改行

6. 职工对企业诚实守信应该做到的是（　　）。

A. 忠诚所属企业，无论何种情况都始终把企业利益放在第一位

B. 维护企业信誉，树立质量意识和服务意识

C. 扩大企业影响，多对外谈论企业之事

D. 完成本职工作即可，谋划企业发展由有见识的人来做

7. 下列关于勤劳节俭的论述中，正确的选项是（　　）。

A. 勤劳一定能使人致富　　　　　B. 勤劳节俭有利于企业持续发展
C. 新时代需要巧干，不需要勤劳　D. 新时代需要创造，不需要节俭

8. 在企业生产经营活动中，要求员工遵纪守法是（　　）。

A. 约束人的体现

B. 由保证经济活动正常进行所决定的

C. 领导者人为的规定

D. 追求利益的体现

9. 在企业生产经营活动中，（　　）不符合平等尊重的要求。

A. 根据员工技术专长进行分工

B. 对待不同服务对象，采取一视同仁的态度

C. 师徒之间要平等和互相尊重

D. 取消员工之间的一切差别

10. （　　）扳手适用于拆装位置狭小、特别隐蔽的螺母或螺栓。

A. 呆　　　　　B. 梅花　　　　　C. 套筒　　　　　D. 活

11. 平面錾削时，每次的錾削厚度为（　　）mm。

A. 0.5～1　　　B. 1～1.5　　　　C. 1.5～2　　　　D. 2～2.5

12. 金属熔化后的流动性和冷凝时的收缩性称为（　　）。

A. 铸造性能　　B. 锻造性能　　　C. 焊接性能　　　D. 切削性能

13. 40Cr 钢是一种调质钢，用于制作水泵轴，为获得良好的综合力学性能，它的最终热处理方法是（　　）。

A. 淬火＋低温回火　　　　　　　B. 淬火＋中温回火
C. 淬火＋高温回火　　　　　　　D. 表面淬火

14. 机油牌号中，在数字后面带"W"字母的表示（　　）。

A. 低温系列　　B. 普通系列　　　C. 四季通用　　　D. 多级油

15. 润滑脂是按照（　　）的大小来编号的。

A. 滴点　　　　B. 针入度　　　　C. 黏度　　　　　D. 100℃运动黏度

16. M16×1 表示（　　）。

A. 普通粗螺纹　　　　B. 普通细螺纹　　　　C. 短螺纹　　　　D. 梯形螺纹

17. （　　）是从前向后观察物体所得到的图形。

A. 左视图　　　　　　B. 主视图　　　　　　C. 俯视图　　　　D. 右视图

18. 零件图的标题栏应包括零件的名称、材料、数量、图号和（　　）等内容。

A. 公差　　　　　　　B. 比例　　　　　　　C. 热处理　　　　D. 表面粗糙度

19. 三视图中，主视图和左视图（　　）。

A. 圆相反　　　　　　B. 高平齐　　　　　　C. 长对正　　　　D. 宽相等

20. 设计给定的尺寸称为（　　）。

A. 公称尺寸　　　　　B. 实际尺寸　　　　　C. 极限尺寸　　　D. 作用尺寸

21. 互换性就是指同一规格的零部件在装配或更换时，（　　）经过挑选或修配便可装到机器上去并能满足机器的性能要求。

A、必须　　　　　　　B. 无须　　　　　　　C. 可以　　　　　D. 允许

22. 基轴制的轴称为基准轴，其基本偏差代号为h，孔的基本偏差在（　　）之间为过盈配合。

A. A～H　　　　　　　B. J～N　　　　　　　C. P～ZC　　　　D. A～ZC

23. 关于零件草图，下面说法中，正确的是（　　）。

A. 零件草图用徒手目测绘制而成

B. 零件草图的尺寸标准不必齐全

C. 一个零件的表达方式，其确定原则是读图方便

D. 零件的破损缺陷必须在草图上画出

24. 下列叙述正确的是（　　）。

A. 功率越大的电器电流作功越多

B. 加在电阻上的电压增大到原来的 2 倍，则其消耗的功率增大到原来的 4 倍

C. 功率大的用电器一定比功率小的用电器消耗的能量多

D. 大小不同的负载，消耗功率大者电流必定也大

25. 铁磁性物质的相对磁导率（　　）。

A. 大于 1　　　　　　B. 小于 1　　　　　　C. 远大于 1　　　D. 远小于 1

26. 下列物理量中，与媒介质的磁导率无关的是（　　）。

A. B　　　　　　　　B. Φ　　　　　　　C. H　　　　　　D. Rm

27. 标有"220V，40W"的灯泡，其中 220V 是指交流电压的（　　）。

A. 有效值　　　　　　B. 瞬时值　　　　　　C. 最大值　　　　D. 平均值

28. 三相绕组的 3 个空间位置间隔（　　）。

A. 30°　　　　　　　　B. 60°　　　　　　　　C. 90°　　　　　　D. 120°

29. 晶体管发射极和集电极均处于反向偏置是（ ）状态。
    A. 放大   B. 截止
    C. 饱和   D. 以上答案都不对

30. 穿透电流（ ），管子的稳定性越好，工作越稳定。
    A. 越大   B. 越小   C. 不变   D. 等于零

31. （ ）传动以油液作为工作介质，依靠油液内部的压力来传递动力。
    A. 液压   B. 气压   C. 机械   D. 电力

32. （ ）回路的作用是使液压系统的某一支路获得低于系统主油路工作压力的液压油。
    A. 调压   B. 减压   C. 增压   D. 换向

33. 节流阀属于（ ）。
    A、压力阀   B. 流量阀   C. 方向阀   D. 液压辅件

34. 液压传动的传动比（ ）精确。
    A. 很   B. 非常   C. 特别   D. 不很

35. 双柱托举式举升器属于（ ）举升器。
    A. 车下顶举式   B. 局部   C. 车侧托举式   D. 车上顶举式

36. 拆装发动机火花塞时应用（ ）。
    A. 火花塞套筒   B. 套筒   C. 呆扳手   D. 梅花扳手

37. 一般清洗用的化学溶液可采用（ ）与热水的混合溶液。
    A. 酸   B. 碱   C. 中性肥皂   D. 酒精

38. （ ）平衡机按静平衡原理工作。
    A. 就车式   B. 离车式   C. 液压式   D. A 或 B

39. 解放 CA1092 型汽车型号中的 1 表示（ ）。
    A. 企业名称   B. 车辆类别代号   C. 载荷   D. 自重

40. 汽车变速器（ ）装置用于防止驾驶人误挂倒挡。
    A. 自锁   B. 互锁   C. 倒挡锁   D. 中央锁

41. 差速器的作用是在汽车转向时，允许（ ）以不同的转速旋转。
    A. 前、后传动轴   B. 前、后轮
    C. 左、右半轴   D. 变速器一、二轴

42. 能同时实现车轮转向和驱动的车桥称为（ ）。
    A. 转向桥   B. 驱动桥   C. 转向驱动桥   D. 支持桥

43. 汽车（ ）吸收或缓和车轮在不平路面上受到的冲击和振动。
    A. 车架   B. 车桥   C. 悬架   D. 车身

44. 当制动力（ ）附着力时，车轮将被抱死而在路面上滑移。
    A. 大于   B. 等于   C. 小于   D. 不确定

45. 汽车（　　）制动器又称为手制动器。
   A. 行车　　　　　B. 驻车　　　　　C. 液压　　　　　D. 气压
46. 汽车发电机的（　　）是用来产生三相交流电的。
   A. 转子总成　　　B. 定子总成　　　C. 整流器　　　　D. 电压调节器
47. 汽车点火系可以将电源供给的（　　）低压电变为15～30kV的高压电。
   A. 12V　　　　　B. 24V　　　　　C. 6V　　　　　　D. 3V
48. 由电力驱动的汽车车窗玻璃升降器称为（　　）。
   A. 电动车窗　　　B. 电动窗　　　　C. 电动天窗　　　D. 电动天线
49. 汽车安全气囊从开始膨胀到瘪气的时间约（　　）s。
   A. 1　　　　　　B. 2　　　　　　C. 3　　　　　　D. 0.1
50. 在（　　）的情况下，汽车防盗系统起作用。
   A. 用钥匙开启前门　　　　　　　　B. 用门锁无线控制系统开启车门
   C. 开启后门　　　　　　　　　　　D. 防盗编码输入正确
51. 能把微弱的电信号放大，转换成较强的电信号的电路称为（　　）。
   A. 放大电路　　　B. 滤波电路　　　C. 稳压电路　　　D. 整流电路
52. 一个电阻值为2Ω的导体，通过它的电流是4A，则在1min内电流作的功是（　　）J。
   A. 8　　　　　　B. 32　　　　　　C. 480　　　　　　D. 1920
53. 温度传感器是（　　）传感器。
   A. 生物　　　　　B. 化学　　　　　C. 生物和化学　　D. 物理
54. 汽车车轮转速传感器安装在（　　）上。
   A. 车轮　　　　　B. 发动机　　　　C. 变速器　　　　D. 传动轴
55. 二氧化锆管的内侧通（　　）。
   A. 大气　　　　　B. 排气　　　　　C. 进气　　　　　D. 冷却液
56. 中央处理器的英文缩写是（　　）。
   A. ECU　　　　　B. CPU　　　　　C. RAM　　　　　D. ROM
57. 若电控发动机爆燃传感器失效，则ECU将点火提前角（　　）。
   A. 提前　　　　　B. 滞后　　　　　C. 不确定　　　　D. 固定在一适当值
58. 锯削钢件时应使用（　　）冷却。
   A. 机油　　　　　B. 齿轮油　　　　C. 冷却液　　　　D. 酒精
59. 全面企业管理是指对（　　）进行全方位管理。
   A. 员工　　　　　B. 企业　　　　　C. 部门　　　　　D. 设备
60. 在全面质量管理中的四个环节中，D是指（　　）。
   A. 计划　　　　　B. 执行　　　　　C. 检查　　　　　D. 处理
61. （　　）决定了相关总成、部件和汽车的工作平衡程度。

A. 振动 B. 噪声
C. 总成清洁度 D. 动、静平衡程度

62. 汽车转向轮的横向滑移量不应大于（ ）m/km。
A. 5 B. 7 C. 2 D. 9

63. （ ）是柴油机排放的主要有害成分之一。
A. CO B. HC C. NO_x D. 炭烟

64. 柴油车自由加速时，烟度排放不应大于（ ）（FSN）。
A. 3.0 B. 2.0 C. 1.0 D. 5.0。

65. 以下废物中，属于特种垃圾的是（ ）。
A. 电线 B. 废钢铁 C. 离合器片 D. 废机油

66. 中华人民共和国（ ）有休息的权利。
A. 公民 B. 人民 C. 劳动者 D. 工作阶级

67. 从事技术工种的劳动者上岗前必须经过（ ）。
A. 培训 B. 训练 C. 培养 D. 教育

68. 零件加工后，需要测量或检验其几何量，以确定它们是否符合（ ）。
A. 形状要求 B. 工艺要求 C. 技术要求 D. 尺寸要求

69. 游标卡尺是（ ）的测量器具之一。
A. 标准 B. 专用 C. 通用 D. 长度

70. 在检测汽车零件时，不常用的测量方法是（ ）测量法。
A. 直接 B. 间接 C. 绝对 D. 接触

71. 甲、乙二人在相同的温度中用同一测量器具测量同一零件，结果是甲、乙二人所测得的值不同，那么甲、乙之间的测量误差属于（ ）误差。
A. 环境 B. 方法 C. 人为 D. 测量器具

72. 荧光探伤时，一般用（ ）灯光照射。
A. 白炽灯 B. 红外线 C. 紫外线 D. X射线

73. 汽车半轴套管折断的原因之一是（ ）。
A. 高速行驶 B. 传动系过载
C. 严重超载 D. 轮毂轴承润滑不良

74. 发动机气缸径向磨损量最大的位置一般是在进气门（ ）略偏向排气门一侧。
A. 侧面 B. 后面 C. 对面 D. 下面

75. 汽车后桥壳弯曲校正的方法一般采用（ ）校正。
A. 敲击 B. 热压 C. 冷压 D. 火焰

76. 热处理可使钢材内部（ ）改变从而改变其性能。
A. 性能 B. 强度 C. 组织结构 D. 化学成分

77. 为降低工具钢的硬度，提高其切削加工性能，一般采取（　　）退火处理。

　　A. 完全退火　　　B. 不完全　　　C. 球化　　　D. 去应力

78. （　　）是最常使用的淬火冷却介质。

　　A. 油　　　B. 空气　　　C. 盐水　　　D. 水

79. 奥迪100型轿车发动机曲轴的轴向间隙为（　　）mm。

　　A. 0.05～0.07　　　　　　　　B. 0.07～0.10

　　C. 0.07～10.15　　　　　　　D. 0.07～0.19

80. 采用液压挺柱后，发动机配气机构气门传动组的冲击和噪声减小或消除了，其主要原因是在此结构中没有了（　　）。

　　A. 推杆　　　B. 摇臂　　　C. 气门间隙　　　D. 气门弹簧

81. 膜片弹簧离合器的压盘（　　），热容量大，不易产生过热。

　　A. 较大　　　B. 较小　　　C. 较薄　　　D. 较厚

82. 变速器在换挡过程中，只有使即将啮合的一对齿轮的（　　）达到相同，才能顺利地挂上挡。

　　A. 角速度　　　B. 线速度　　　C. 转速　　　D. 圆周速度

83. 汽车万向传动装置的十字轴万向节主要由十字轴、万向节叉和（　　）组成。

　　A. 套筒　　　B. 滚针　　　C. 套筒和滚针　　　D. 双联叉

84. 单级主减速器（　　）齿轮安装在差速器壳上。

　　A. 主动锥　　　B. 从动锥　　　C. 行星　　　D. 半轴

85. 东风EQ1092型汽车的转向桥主要由前轴、万向节、主销和（　　）四部分组成。

　　A. 轮毂　　　B. 车轮　　　C. 转向轴　　　D. 横拉杆

86. 轮胎的尺寸34×7，其中×表示（　　）。

　　A、低压胎　　　B. 高压胎　　　C. 超低压胎　　　D. 超高压胎

87. 为避免汽车转向沉重，主销后倾角一般不超过（　　）。

　　A. 2°　　　B. 4°　　　C. 5°　　　D. 3°

88. 鼓式制动器可分为非平衡式、平衡式和（　　）三种。

　　A. 自动增力式　　　　　　　B. 单向助势

　　C. 双向助势　　　　　　　　D. 双向自动增力式

89. 盘式制动器的制动盘固定在（　　）。

　　A. 轮毂上　　　B. 万向节上　　　C. 制动鼓上　　　D. 活塞上

90. 东风EQ1092型汽车的制动气压为（　　）kPa。

　　A. 700～740　　　B. 700　　　C. 750　　　D. 800

91. 交流发电机的（　　）是用于产生交流电动势的。
   A. 定子　　　　　B. 转子　　　　　C. 铁心　　　　　D. 线圈
92. 汽车发动机需要传递较大转矩且起动机尺寸较大时，应使用（　　）式单向离合器。
   A. 滚柱　　　　　B. 摩擦片　　　　C. 弹簧　　　　　D. 带
93. 汽车空调操纵面板上的 A/C 开关是用来控制（　　）系统的。
   A. 采暖　　　　　B. 通风　　　　　C. 制冷　　　　　D. 转换
94. 铝合金发动机气缸盖的水道容易被腐蚀，轻者可通过（　　）进行修复。
   A. 堆焊　　　　　B. 镶补　　　　　C. 环氧树脂粘补　D. 均可
95. 在安装发动机新凸轮轴油封时，应先涂一层（　　）。
   A. 密封胶　　　　B. 机油　　　　　C. 凡士林　　　　D. 齿轮油
96. 在调整 EQH105B 型化油器供油装置时，可将主配剂针拧到底，再退回（　　）圈。
   A. 1.5~2　　　　B. 2.5~3　　　　C. 3.5~4　　　　D. 4~5
97. 安装汽油泵时，泵壳体与气缸体间的衬垫厚度要（　　）。
   A. 加厚　　　　　B. 减小　　　　　C. 适当　　　　　D. 均可
98. 在传统的点火系中，分电器的电容器容量一般在（　　）范围内。
   A. 0.15~0.25μF　　　　　　　　　B. 0.15~0.25μF
   C. 0.15~0.25F　　　　　　　　　　D. 0.15~0.25mF
99. 蜡式节温器中，使用阀门开闭的部件是（　　）。
   A. 弹簧　　　　　B. 石蜡感应体　　C. 支架　　　　　D. 壳体
100. 离合器传动钢片的主要作用是（　　）。
   A. 将离合器盖的动力传给压盘　　　B. 将压盘的动力传给离合器盖
   C. 固定离合器盖和压盘　　　　　　D. 减小振动
101. 东风 EQ1092 型汽车变速器共有（　　）个挡位。
   A. 3　　　　　　　B. 4　　　　　　　C. 5　　　　　　　D. 6
102. 桑塔纳 2000 型轿车主减速器主、从动齿轮的啮合间隙为（　　）mm。
   A. 0.15　　　　　B. 0.20　　　　　C. 0.25　　　　　D. 0.30
103. 汽车转向时，其内轮转向角（　　）外轮转向角。
   A. 大于　　　　　B. 小于　　　　　C. 等于　　　　　D. 大于或等于
104. 安装好制动凸轮轴后，应使两轴轴向间隙小于或等于（　　）mm。
   A. 0.6　　　　　B. 0.7　　　　　C. 0.65　　　　　D. 0.5
105. 中心引线为负极，管壳为正极的二极管是（　　）。
   A. 负极二极管　　B. 励磁二极管　　C. 正极二极管　　D. 稳压二极管

106. 点火线圈的温度一般不得超过（　　）。
　　A. 60℃　　　　B. 80℃　　　　C. 100℃　　　　D. 120℃

107. 蓄电池电解液的质量浓度应为（　　）g/L。
　　A. 1.84　　　　B. 1.90　　　　C. 2.00　　　　D. 2.8

108. 解放CA1091型汽车采用的是（　　）驻车制动器。
　　A. 盘式　　　　B. 鼓式　　　　C. 带式　　　　D. 后轮

109. 检查汽车空调压缩机性能时，应使发动机转速达到（　　）r/min。
　　A. 1000　　　　B. 1500　　　　C. 1600　　　　D. 2000

110. 桑塔纳2000GLS型轿车JV型发动机主轴承瓦第（　　）号瓦上、下均有油槽。
　　A. 1　　　　　B. 2　　　　　C. 4　　　　　D. 5

111. 桑塔纳2000GLS型轿车JV型发动机活塞油环的端隙为（　　）mm。
　　A. 0.25～0.40　B. 0.30～0.45　C. 0.25～0.50　D. 0.30～0.50

112. 桑塔纳2000GLI型轿车发动机排气歧管衬垫翻边的一侧（　　）。
　　A. 朝向排气歧管　B. 朝向气缸盖　C. 背向气缸盖　D. 朝向气缸体

113. 新修发动机的最大功率不得低于原设计标定值的（　　）%。
　　A. 85　　　　　B. 90　　　　　C. 95　　　　　D. 97

114. 桑塔纳2000型轿车变速器支架固定在横梁上的螺栓拧紧力矩为（　　）N·m。
　　A. 20　　　　　B. 55　　　　　C. 70　　　　　D. 110

115. 桑塔纳2000型轿车离合器压盘固定螺栓应按（　　）的顺序分别拧紧。
　　A. 由里向外　　B. 由中间向两端　C. 对角线交叉　D. 由外向里

116. 装配制动主缸前，应先用（　　）清洗缸壁。
　　A. 酒精　　　　B. 汽油　　　　C. 柴油　　　　D. 防冻液

117. 解放CA1092型汽车支承销与底板销孔的配合间隙应为（　　）mm。
　　A. 0.02～0.085　　　　　　　B. 0.08～0.08
　　C. 0.05～0.10　　　　　　　 D. 0.15～0.25

118. 桑塔纳2000型轿车安装后桥时，应先将（　　）敷设在排气管上面，再将后桥装到车身上。
　　A. 驻车制动拉索　　　　　　B. 排气管吊环
　　C. 减振器支座　　　　　　　D. 制动软管

119. 气缸套上端面不应低于气缸体上平面，也不得高出（　　）mm。
　　A. 0.10　　　　B. 0.075　　　C. 0.05　　　　D. 0.25

120. 汽车发动机飞轮凸缘的径向圆跳动公差为（　　）mm。

A. 0.02　　　　B. 0.04　　　　C. 0.06　　　　D. 0.08

121. 汽车发动机凸轮轴中间各轴颈的径向圆跳动公差为（　　）mm。
A. 0.015　　　B. 0.020　　　C. 0.025　　　D. 0.030

122. 车架按要求分段检查时，各段对角长度差不应大于（　　）mm。
A. 1　　　　　B. 5　　　　　C. 10　　　　　D. 15

123. 汽车变速器变速叉端面对变速叉轴孔轴线的垂直度公差应为（　　）mm。
A. 0.20　　　　B. 0.15　　　　C. 0.10　　　　D. 0.08

124. 汽车驱动桥主动锥齿轮与凸缘键槽的侧隙不应大于（　　）mm。
A. 0.10　　　　B. 0.20　　　　C. 0.25　　　　D. 0.30

125. 当车用汽油机机油中酸值增加值大于（　　）mgKOH/g 时，应更换机油。
A. 1.0　　　　B. 1.5　　　　C. 2.0　　　　D. 2.5

126. 1995 年 7 月 10 日后生产的在用轻型汽油车（四冲程）的 HC 排放应小于（　　）ppm（1ppm = 10^{-6}）。
A. 600　　　　B. 700　　　　C. 900　　　　D. 1200

127. 在检测排放前，应调整好汽油发动机的（　　）。
A. 怠速　　　　B. 点火正时　　　C. 供油量　　　D. 怠速和点火正时

128. 发动机活塞环敲击响是钝哑的（　　）声。
A. 嗒嗒　　　　B. 哗啦　　　　C. 铛铛　　　　D. 啪啪

129. 发动机气门间隙过大造成气门脚异响，可用（　　）来判断。
A. 塞尺　　　　B. 撬棍　　　　C. 扳手　　　　D. 卡尺

130. 下列选项中，（　　）不是变速器异响的原因。
A. 壳体变形　　B. 油少　　　　C. 轴变形　　　D. 密封不良

131. 车速急剧变化时变速器响声加大，而车速相对稳定时响声消失，这说明（　　）。
A. 齿隙过大　　B. 中间轴弯曲　C. 第二轴弯曲　D. 轴承损坏

132. 分离轴承缺少机油，造成（　　）异响。
A. 离合器　　　B. 变速器　　　C. 变速器壳　　D. 驱动桥

133. 已判断分离轴承异响，注机油后再试，响声增大，则为（　　）。
A. 分离轴承磨损严重　　　　　　B. 分离轴承损坏
C. 分离叉损坏　　　　　　　　　D. 分离杠杆损坏

134. 解放 CA1092 型汽车万向传动装置异响，下列（　　）是其异响现象。
A. 起步发抖　　　　　　　　　　B. 车速变化发抖
C. 高速挡小节气门发抖　　　　　D. 金属撞击声

135. 当汽车直线行驶时，后桥无异响，转弯时后桥发出异响，可能是（　　）有故障。
   A. 主动锥齿轮　　　　　　　　　B. 从动锥齿轮
   C. 后桥内的轴承　　　　　　　　D. 差速器内

136. 主减速器（　　）损坏，可引起汽车在转弯时产生异响，而在直线行驶时没有异响。
   A. 锥齿轮　　B. 行星齿轮　　C. 圆柱齿轮　　D. 轴承

137. （　　）不是电控燃油喷射系统中空气供给系的组成构件。
   A. 进气管　　　　　　　　　　　B. 空气滤清器
   C. 怠速旁通阀　　　　　　　　　D. 进气压力传感器

138. 用来检测进气压力的传感器是（　　）传感器。
   A. 进气温度　　B. 进气压力　　C. 曲轴位置　　D. 排气温度

139. 与传统化油器发动机相比，装有电控燃油喷射系统的发动机（　　）性能得以提高。
   A. 综合　　B. 有效　　C. 调速　　D. 负荷

140. 发动机的计算机控制系统主要由信号输入装置、（　　）、执行器等组成。
   A. 传感器　　　　　　　　　　　B. 电子控制单元（ECU）
   C. 中央处理器（CPU）　　　　　D. 存储器

141. 发动机起动困难，大多发生在（　　）。
   A. 起动系　　　　　　　　　　　B. 点火系
   C. 燃料系　　　　　　　　　　　D. 起动系、点火系和燃料系

142. 起动发动机时，无着火征兆，油路故障是（　　）。
   A. 混合气过浓　　B. 混合气过稀　　C. 不来油　　D. 油路不畅

143. 六缸发动机怠速运转不稳，拔下第二缸高压线后，运转状况无变化，故障在（　　）。
   A. 第二缸　　B. 相邻缸　　C. 中央高压线　　D. 化油器

144. 下列选项中，（　　）不是喷油泵的组成部分。
   A. 分泵　　B. 调速器　　C. 传动机构　　D. 泵体

145. 喷油器调压装置由（　　）、垫圈、调压螺钉及推杆等组成。
   A. 调压柱塞　　B. 调压弹簧　　C. 减压弹簧　　D. 减压柱塞

146. YC6100Q型柴油机采用（　　）式输油泵。
   A. 膜片　　B. 齿轮　　C. 叶片　　D. 活塞

147. 高速发动机普遍采用（　　）火花塞。
   A. 标准型　　B. 突出型　　C. 细电极型　　D. 铜心宽热值型

148. 霍尔元件产生的霍尔电压为（　　）级。
   A. mV   B. V   C. kV   D. μV

149. 下列选项中，（　　）是汽车发动机不能起动的主要原因。
   A. 油路不过油   B. 混合气过稀或过浓
   C. 点火过迟   D. 点火过早

150. 柴油发动机运转不稳，往往伴随着排气管排出（　　）。
   A. 白烟而产生敲击声   B. 白烟而不产生敲击声
   C. 黑烟而产生敲击声   D. 黑烟而不产生敲击声

151. 柴油发动机动力不足，可在发动机运转过程中，运用（　　）法，观察和察听发动机转速变化，找出故障气缸。
   A. 多缸断油   B. 单缸断油   C. 多缸断火   D. 单缸断火

152. 电控汽油喷射发动机回火是指汽车在行驶中，发动机有时回火，动力（　　）。
   A. 明显下降   B. 不变   C. 有所下降   D. 下降或不变

153. 电控汽油喷射发动机怠速不稳是指发动机在怠速运转时（　　）。
   A. 转速过高   B. 转速过低
   C. 转速忽高忽低   D. 突然熄火

154. 电控发动机可用（　　）检查发动机 ECU 是否有故障。
   A. 万用表   B. 数字式万用表
   C. 模拟式万用表   D. 试灯或万用表

155. 用汽车万用表测量空调出风口温度时，应将温度传感器放在（　　）。
   A. 驾驶室内   B. 驾驶室外   C. 高压管路内   D. 风道内

156. 桑塔纳 2000GLS 型轿车 JV 型发动机怠速转速在（800±50）r/min 时，点火提前角应为（　　）。
   A. 11°～13°   B. 11°～12°   C. 10°～11°   D. 9°～10°

157. 对于桑塔纳 2000GLS 型轿车 JV 型发动机，用数字万用表的黑表笔搭铁，红表笔搭接电子点火控制端子，查看（　　）大小是否符合技术要求，可判断点火控制器等故障。
   A. 电流   B. 电压   C. 电阻   D. 电流或电压

158. 柴油机喷油器密封性试验，以每次（　　）次的速度均匀地掀动手油泵柄，直到开始喷油。
   A. 1   B. 2   C. 3   D. 4

159. 检测电控燃油喷射发动机燃油压力时，将油压表接在供油管和（　　）之间。
   A. 燃油泵   B. 燃油滤清器   C. 分配油管   D. 喷油器

160. 检测电控发动机燃油泵工作电压时，蓄电池电压、燃油泵熔丝、(　　)和燃油滤清器均应正常。
   A. 点火线圈电压　　　　　　　B. 燃油泵继电器
   C. 燃油泵　　　　　　　　　　D. 发电机电压

得　分	
评分人	

二、判断题（第161题~第200题。将判断结果填入括号中。正确的填"√"，错误的填"×"。每题0.5分，满分20分）

(　　) 161. 职业道德具有自愿性的特点。

(　　) 162. 职业道德活动中做到表情冷漠、严肃待客是符合职业道德规范要求的。

(　　) 163. 办事公道是指从业人员在进行职业活动时要做到助人为乐、有求必应。

(　　) 164. 服务也需要创新。

(　　) 165. 游标卡尺的精度有0.10mm、0.05mm和0.02mm三种。

(　　) 166. 刮削工件边缘处时，不能用力过猛，避免刮刀打滑，发生事故。

(　　) 167. 无内胎轮胎近年来应用日益广泛，它没有内胎和垫带，空气直接压入外胎中，其密封性是由外胎和轮辋来保证的。

(　　) 168. 标准按管理级别分为国家标准、部颁标准和企业标准。

(　　) 169. 几何公差包括形状公差和位置公差。

(　　) 170. 通过导体的电流方向与自由电子移动方向相同。

(　　) 171. 电阻串联后，电阻值越高，其两端分得的电压就越高。

(　　) 172. 在任一回路中，电压降的代数和恒等于零。

(　　) 173. ─▷├─代表二极管。

(　　) 174. ⎕ 表示液压缸。

(　　) 175. 液压式动力转向装置按液流形式可分为常流式和常压式两种。

(　　) 176. 转向系的作用是保持汽车以稳定的路线行驶，也就是使汽车直线行驶。

(　　) 177. 集成电路调节器装于汽车发电机内部。

(　　) 178. 发动机分电器内的配电器周期性地接通和切断低压电路。

(　　) 179. 东风EQ1090E型汽车装用的DQ125型点火线圈本身不带附加

电阻。

(　　) 180. 电控发动机空气流量计是测量发动机进气量的装置。

(　　) 181. 搬动蓄电池时,不可歪斜。

(　　) 182. 试验发动机时,不得在车下工作。

(　　) 183. 工作质量就是对与产品质量有关工作的保证程度。

(　　) 184. 汽车装用蒸发污染控制系统收集汽油蒸气。

(　　) 185. 零件产生疲劳的原因是承受了突然的交变载荷,使其力学性能发生了突然的变化。

(　　) 186. 润滑剂中含有少量的酸类物质,因此润滑好的摩擦表面易受到腐蚀。

(　　) 187. 解放 CA1092 型汽车采用串联双腔膜片式制动控制阀。

(　　) 188. 制动主缸的作用是将由制动踏板输入的机械推力转变成制动力。

(　　) 189. 桑塔纳 2000GLS 型轿车 JV 型发动机气缸垫无上下面之分。

(　　) 190. 直拉杆应无明显变形,横拉杆的直线度公差应为 1.5mm。

(　　) 191. 变速器在验收时,各挡均不允许有噪声。

(　　) 192. 发电机通过空转试验可检查其是否有故障。

(　　) 193. 在进行东风 EQ1090 型汽车起动机空转试验时,转速不应低于 5000r/min,电流不应大于 90A,电压为 12V。

(　　) 194. 柴油车废气检测是在怠速的工况下进行的。

(　　) 195. 传动轴万向节叉等速排列不当,必然使万向传动装置有异响。

(　　) 196. 全速调速器自动控制发动机怠速和高速时的供油量,以保证发动机稳定工作。

(　　) 197. 所有的汽车诊断仪都配备外置测试卡。

(　　) 198. 用试灯可以检查点火线圈是否有故障。

(　　) 199. 当模拟触发叶轮叶片在气隙中动作时,如果高压线端部跳火,那么说明霍尔发生器有故障。

(　　) 200. 将柴油机喷油泵供油自动提前角向右旋转,可以减小供油提前角。

汽车修理工（中级）操作技能试卷
操作技能考核准备通知单

一、考场准备

1. 操作场地应光线充足，整洁无干扰，具有安全防火措施。
2. 操作场地应具有地沟和车辆举升机。
3. 考评员与考生比例为1:5。

二、车辆、设备、工具、量具、辅助准备

（一）维护

1. 桑塔纳 LX 型轿车1辆。
2. 前束尺1只。
3. 呆扳手、梅花扳手、套筒扳手、鲤鱼钳各1把。
4. 棉纱若干。

（二）修理

1. 东风 EQ1092 型载货汽车 EQ6100 型发动机气缸盖1个。
2. 钢直尺、塞尺各1把。
3. 平台1个，量杯、注射器各1只，玻璃板1块。

（三）故障诊断与排除

1. 完好的东风 EQ1092 型载货汽车1辆，并按本模块故障设置要求设置故障。
2. 汽车废气分析仪1台，感应式发动机转速表1块，火花塞套筒1只，塞尺1把。
3. 常用工具1套。
4. 故障设置及选取原则：

序号	故障设置	选取原则
1	个别气缸工作不良	
2	点火时间过早	在所列故障设置中任选两项
3	气门间隙过大或过小	
4	怠速调整不当	

操作技能考核试卷

考生姓名：_____ 准考证号：_____ 工作单位：_____

一、说明

1. 本试卷的编制命题是从实际出发，以可行性、技术性和通用性为原则。
2. 本试卷依据《中华人民共和国职业技能鉴定规范》编制。
3. 本试卷适用于考核中级汽车修理工。
4. 本试卷无地域限制。
5. 本试卷含维护、修理、故障诊断与排除试题各一道。
6. 维护试题配分为 30 分，修理试题配分为 40 分，故障诊断与排除试题配分为 30 分，试卷满分为 100 分。

二、试题

（一）维护

检查与调整桑塔纳 LX 型轿车前轮前束。

考核要求：

1. 按正确的操作规程检查前轮前束。
2. 调整前轮前束，使之符合技术标准。

考核时间：30min

（二）修理

检修 EQ6100 型发动机气缸盖。

考核要求：

1. 检查气缸盖各平面的平面度、燃烧室容积。
2. 口述各平面和燃烧室修理的方法和技术标准。

考核时间：30min

（三）故障诊断与排除

诊断与排除东风 EQ1092 型载货汽车发动机怠速不稳故障。

考核要求：

1. 根据发动机怠速不稳故障的现象找出故障部位。
2. 排除发动机怠速不稳故障。

考核时间：50min

操作技能考核评分记录表

考生姓名：_____ 准考证号：_____ 工作单位：_____

（一）维护

检查与调整桑塔纳 LX 型轿车前轮前束的评分记录表

序号	作业项目	考核内容	配分	评分标准	评分记录	扣分	得分
1	检查	在每一前轮轴线的胎面中心做记号	2	操作方法不正确扣 2 分			
		测量前轮前束值	8	测量方法不正确扣 6 分			
				测量结果不正确扣 2 分			
2	调整	调整前轮前束	10	调整方法不正确扣 6 分			
				调整结果不正确扣 4 分			
		调整完毕，再次检查前轮前束值	6	检查方法不正确扣 4 分			
				检查结果不正确扣 2 分			
3	安全文明生产	遵守安全操作规程，正确使用工具、量具，操作现场整洁	4	不符合要求，每项扣 1 分，扣完为止			
		安全用电，防火，无人身、设备事故		因违规操作发生重大人身和设备事故，此题按 0 分计			
4	分数总计		30				

技术标准：前轮前束值为 -1 ~ -3mm。

评分人： 年 月 日 核分人： 年 月 日

（二）修理

检修 EQ6100 型发动机气缸盖的评分记录表

序号	作业项目	考核内容	配分	评分标准	评分记录	扣分	得分
1	检验气缸盖下平面的平面度	检验气缸盖下平面的平面度	16	检验方法不正确扣 6 分			
				检验结果不正确扣 2 分			
		检验气缸盖侧平面的平面度		检验方法不正确扣 6 分			
				检验结果不正确扣 2 分			

(续)

序号	作业项目	考核内容	配分	评分标准	评分记录	扣分	得分
2	修理气缸盖结合面（口述）	下平面及侧平面的修理	6	修理方法不正确扣3分			
				技术要求叙述错误扣3分			
3	检查调整燃烧室容积	燃烧室容积的检查	14	检查方法不正确扣5分			
				检查结果不正确扣2分			
		燃烧室容积的调整（口述）		调整方法不正确扣5分			
				技术要求叙述错误扣2分			
4	安全文明生产	遵守安全操作规程，正确使用工具、量具，操作现场整洁	4	不符合要求，每项扣1分，扣完为止			
		安全用电，防火，无人身、设备事故		因违规操作发生重大人身和设备事故，此题按0分计			
5	分数总计		40				

技术标准：

1. 结合面的平面度误差小于或等于0.10mm。
2. 修理后燃烧室容积大于或等于公称的95%。
3. 同一台发动机各气缸燃烧室容积相差小于或等于平均值的4%。

评分人：　　　　　年　月　日　　　　核分人：　　　　　年　月　日

（三）故障诊断与排除

诊断与排除东风EQ1092型载货汽车发动机怠速不稳故障的评分记录表

序号	考核内容	配分	评分标准	考核记录	扣分	得分
1	正确使用工作仪器	2	使用错误扣2分			
			使用不当酌情扣分			
2	根据怠速不稳故障的现象，确定故障性质	8	确定错误扣8分			
3	确定故障原因	10	检查方法错误扣4分			
			检查程序错误扣4分			
			判断原因错误扣4分			
4	排除发动机怠速不稳故障	6	不能排除故障扣6分			
			自制一处错误扣4分			
			不能将故障完全排除酌情扣分			

(续)

序号	考核内容	配分	评分标准	考核记录	扣分	得分
5	遵守安全操作规程，正确使用工具、量具，操作现场整洁	4	不符合要求，每项扣1分，扣完为止			
	安全用电，防火，无人身、设备事故		因违规操作发生重大人身和设备事故，此题按0分计			
6	分数总计	30				

技术标准：

1. 发动机气门间隙：冷态时，进气门为 0.45～0.50mm，排气门为 0.55～0.60mm；热态时，进气门为 0.20～0.25mm，排气门为 0.25～0.28mm。
2. 火花塞间隙为 0.60～0.70mm。
3. 发动机点火提前角为 6°。
4. 发动机怠速时，污染物排放应符合以下标准：

项目 车别	CO（%）		HC/ppm			
			四冲程		二冲程	
	轻型车	重型车	轻型车	重型车	轻型车	重型车
1995年7月1日以前的定型汽车	3.5	4.0	900	1200	6500	7000
1995年7月1日以前的新生产汽车	4.0	4.5	1000	1500	7000	7800
1995年7月1日以前的在用汽车	4.5	5.0	1200	2000	8000	9000
1995年7月1日起的定型汽车	3.0	3.5	600	900	6000	6500
1995年7月1日起的新生产汽车	3.5	4.0	700	1000	6500	7000
1995年7月1日起的在用汽车	4.5	4.5	900	1200	7500	8000

注：1. HC浓度值按乙烷当量计。
　　2. 1ppm = 10^{-6}。

评分人：　　　　　年　月　日　　　　　核分人：　　　　　年　月　日

答案部分

知识要求试题答案

一、选择题

1. B 2. B 3. C 4. B 5. B 6. D 7. C 8. B 9. B
10. D 11. C 12. C 13. C 14. D 15. A 16. C 17. C 18. B
19. A 20. A 21. C 22. A 23. B 24. A 25. C 26. B 27. C
28. C 29. A 30. B 31. C 32. B 33. C 34. D 35. A 36. A
37. B 38. D 39. C 40. A 41. C 42. A 43. D 44. B 45. A
46. B 47. D 48. B 49. B 50. B 51. B 52. B 53. C 54. B
55. B 56. B 57. C 58. B 59. B 60. B 61. A 62. B 63. B
64. D 65. A 66. A 67. B 68. C 69. C 70. C 71. C 72. B
73. B 74. B 75. A 76. D 77. A 78. A 79. B 80. D 81. D
82. C 83. C 84. B 85. C 86. D 87. D 88. C 89. B 90. A
91. D 92. A 93. A 94. A 95. B 96. C 97. C 98. C 99. B
100. A 101. D 102. A 103. A 104. B 105. A 106. B 107. A 108. A
109. B 110. C 111. B 112. C 113. C 114. A 115. A 116. B 117. D
118. D 119. A 120. D 121. B 122. A 123. A 124. D 125. C 126. B
127. B 128. B 129. B 130. D 131. C 132. B 133. B 134. C 135. D
136. A 137. A 138. C 139. B 140. D 141. A 142. B 143. C 144. C
145. A 146. B 147. C 148. C 149. B 150. C 151. C 152. B 153. C
154. B 155. A 156. C 157. A 158. B 159. C 160. B 161. B 162. A
163. C 164. B 165. B 166. C 167. C 168. B 169. D 170. A 171. C
172. A 173. A 174. A 175. B 176. D 177. C 178. B 179. C 180. D
181. C 182. B 183. C 184. A 185. A 186. A 187. C 188. B 189. D

190. D 191. B 192. C 193. B 194. A 195. B 196. C 197. B 198. A
199. B 200. C 201. D 202. C 203. B 204. D 205. C 206. D 207. C
208. D 209. B 210. C 211. D 212. B 213. B 214. C 215. A 216. C
217. D 218. A 219. D 220. B 221. D 222. C 223. D 224. C 225. B
226. A 227. C 228. A 229. A 230. A 231. D 232. D 233. B 234. D
235. A 236. D 237. B 238. C 239. C 240. A 241. D 242. D 243. C
244. B 245. C 246. B 247. B 248. C 249. C 250. A 251. D 252. A
253. A 254. A 255. B 256. D 257. A 258. D 259. B 260. A 261. A
262. A 263. D 264. A 265. D 266. B 267. B 268. B 269. D 270. A
271. A 272. C 273. B 274. B 275. D 276. D 277. B 278. C 279. D
280. A 281. A 282. D 283. D 284. C 285. C 286. B 287. A 288. A
289. A 290. B 291. C 292. B

二、判断题

1. √ 2. × 3. √ 4. × 5. × 6. √ 7. √ 8. × 9. √
10. √ 11. √ 12. × 13. √ 14. √ 15. √ 16. √ 17. × 18. √
19. × 20. √ 21. √ 22. √ 23. √ 24. × 25. √ 26. √ 27. √
28. × 29. × 30. × 31. √ 32. B 33. × 34. × 35. √ 36. ×
37. × 38. √ 39. √ 40. √ 41. √ 42. √ 43. × 44. √ 45. √
46. √ 47. √ 48. × 49. √ 50. × 51. √ 52. × 53. √ 54. ×
55. √ 56. × 57. × 58. √ 59. √ 60. √ 61. √ 62. √ 63. √
64. √ 65. √ 66. √ 67. √ 68. × 69. √ 70. ×

答案部分

模拟试卷样例答案

一、单项选择

1. B 2. D 3. A 4. D 5. D 6. B 7. B 8. B 9. D
10. A 11. A 12. A 13. C 14. A 15. B 16. B 17. B 18. B
19. B 20. A 21. B 22. C 23. A 24. B 25. C 26. C 27. A
28. D 29. B 30. B 31. A 32. B 33. C 34. D 35. C 36. A
37. C 38. A 39. B 40. C 41. C 42. C 43. C 44. B 45. B
46. B 47. A 48. A 49. D 50. C 51. A 52. D 53. D 54. A
55. A 56. B 57. D 58. C 59. B 60. B 61. D 62. A 63. D
64. D 65. D 66. C 67. A 68. C 69. C 70. B 71. C 72. C
73. C 74. C 75. B 76. C 77. C 78. D 79. D 80. C 81. D
82. D 83. C 84. B 85. A 86. B 87. D 88. A 89. A 90. A
91. A 92. B 93. C 94. C 95. A 96. B 97. C 98. B 99. B
100. A 101. D 102. A 103. A 104. B 105. A 106. B 107. A 108. A
109. B 110. C 111. C 112. B 113. B 114. C 115. C 116. A 117. A
118. A 119. A 120. B 121. C 122. B 123. A 124. B 125. C 126. C
127. D 128. D 129. A 130. D 131. A 132. A 133. A 134. D 135. D
136. B 137. D 138. B 139. A 140. B 141. D 142. C 143. A 144. B
145. B 146. D 147. D 148. A 149. A 150. C 151. B 152. A 153. C
154. B 155. D 156. A 157. B 158. C 159. C 160. B

二、判断题

161. × 162. × 163. × 164. ✓ 165. ✓ 166. ✓ 167. ✓
168. ✓ 169. ✓ 170. × 171. ✓ 172. ✓ 173. ✓ 174. ×
175. ✓ 176. × 177. ✓ 178. × 179. ✓ 180. ✓ 181. ✓
182. ✓ 183. ✓ 184. ✓ 185. × 186. × 187. ✓ 188. ×
189. × 190. ✓ 191. × 192. ✓ 193. ✓ 194. × 195. ×
196. × 197. × 198. ✓ 199. × 200. ×

参 考 文 献

[1] 祖国海. 汽车修理工（中级）鉴定培训教材 [M]. 北京：机械工业出版社，2011.
[2] 张吉国. 汽车修理工（中级）[M]. 北京：机械工业出版社，2006.
[3] 高宏伟. 汽车修理工（中级）考前辅导 [M]. 北京：机械工业出版社，2009.
[4] 卜显平. 汽车修理工（中级）[M]. 2版. 北京：中国劳动社会保障出版社，2008.

国家职业资格培训教材

丛书介绍： 深受读者喜爱的经典培训教材，依据最新国家职业标准，按初级、中级、高级、技师（含高级技师）分册编写，以技能培训为主线，理论与技能有机结合，书末有配套的试题库和答案。所有教材均免费提供PPT电子教案，部分教材配有VCD实景操作光盘（注：标注★的图书配有VCD实景操作光盘）。

读者对象： 本套教材是各级职业技能鉴定培训机构、企业培训部门、再就业和农民工培训机构的理想教材，也可作为技工学校、职业高中、各种短训班的专业课教材。

- ◆ 机械识图
- ◆ 机械制图
- ◆ 金属材料及热处理知识
- ◆ 公差配合与测量
- ◆ 机械基础（初级、中级、高级）
- ◆ 液气压传动
- ◆ 数控技术与 AutoCAD 应用
- ◆ 机床夹具设计与制造
- ◆ 测量与机械零件测绘
- ◆ 管理与论文写作
- ◆ 钳工常识
- ◆ 电工常识
- ◆ 电工识图
- ◆ 电工基础
- ◆ 电子技术基础
- ◆ 建筑识图
- ◆ 建筑装饰材料
- ◆ 车工（初级★、中级、高级、技师和高级技师）
- ◆ 铣工（初级★、中级、高级、技师和高级技师）
- ◆ 磨工（初级、中级、高级、技师和高级技师）
- ◆ 钳工（初级★、中级、高级、技师和高级技师）
- ◆ 机修钳工（初级、中级、高级、技师和高级技师）
- ◆ 锻造工（初级、中级、高级、技师和高级技师）
- ◆ 模具工（中级、高级、技师和高级技师）
- ◆ 数控车工（中级★、高级★、技师和高级技师）
- ◆ 数控铣工/加工中心操作工（中级★、高级★、技师和高级技师）
- ◆ 铸造工（初级、中级、高级、技师和高级技师）
- ◆ 冷作钣金工（初级、中级、高级、技师和高级技师）
- ◆ 焊工（初级★、中级★、高级★、技师和高级技师★）
- ◆ 热处理工（初级、中级、高级、技师和高级技师）
- ◆ 涂装工（初级、中级、高级、技师和高级技师）
- ◆ 电镀工（初级、中级、高级、技师

和高级技师）
- 锅炉操作工（初级、中级、高级、技师和高级技师）
- 数控机床维修工（中级、高级和技师）
- 汽车驾驶员（初级、中级、高级、技师）
- 汽车修理工（初级★、中级、高级、技师和高级技师）
- 摩托车维修工（初级、中级、高级）
- 制冷设备维修工（初级、中级、高级、技师和高级技师）
- 电气设备安装工（初级、中级、高级、技师和高级技师）
- 值班电工（初级、中级、高级、技师和高级技师）
- 维修电工（初级★、中级★、高级、技师和高级技师）
- 家用电器产品维修工（初级、中级、高级）
- 家用电子产品维修工（初级、中级、高级、技师和高级技师）
- 可编程序控制系统设计师（一级、二级、三级、四级）
- 无损检测员（基础知识、超声波探伤、射线探伤、磁粉探伤）
- 化学检验工（初级、中级、高级、技师和高级技师）
- 食品检验工（初级、中级、高级、

技师和高级技师）
- 制图员（土建）
- 起重工（初级、中级、高级、技师）
- 测量放线工（初级、中级、高级、技师和高级技师）
- 架子工（初级、中级、高级）
- 混凝土工（初级、中级、高级）
- 钢筋工（初级、中级、高级、技师）
- 管工（初级、中级、高级、技师和高级技师）
- 木工（初级、中级、高级、技师）
- 砌筑工（初级、中级、高级、技师）
- 中央空调系统操作员（初级、中级、高级、技师）
- 物业管理员（物业管理基础、物业管理员、助理物业管理师、物业管理师）
- 物流师（助理物流师、物流师、高级物流师）
- 室内装饰设计员（室内装饰设计员、室内装饰设计师、高级室内装饰设计师）
- 电切削工（初级、中级、高级、技师和高级技师）
- 汽车装配工
- 电梯安装工
- 电梯维修工

变压器行业特有工种国家职业资格培训教程

丛书介绍：由相关国家职业标准的制定者——机械工业职业技能鉴定指导中心组织编写，是配套用于国家职业技能鉴定的指定教材，覆盖变压器行业5个特有工种，共 10 种。

读者对象：可作为相关企业培训部门、各级职业技能鉴定培训机构的鉴定培训教材，也可作为变压器行业从业人员学习、考证用书，还可作为技工学校、职业高中、各种短训班的教材。

- ◆ 变压器基础知识
- ◆ 绕组制造工（基础知识）
- ◆ 绕组制造工（初级 中级 高级技能）
- ◆ 绕组制造工（技师 高级技师技能）
- ◆ 干式变压器装配工（初级、中级、高级技能）
- ◆ 变压器装配工（初级、中级、高级、技师、高级技师技能）
- ◆ 变压器试验工（初级、中级、高级、技师、高级技师技能）
- ◆ 互感器装配工（初级、中级、高级、技师、高级技师技能）
- ◆ 绝缘制品件装配工（初级、中级、高级、技师、高级技师技能）
- ◆ 铁心叠装工（初级、中级、高级、技师、高级技师技能）

国家职业资格培训教材——理论鉴定培训系列

丛书介绍：以国家职业技能标准为依据，按机电行业主要职业（工种）的中级、高级理论鉴定考核要求编写，着眼于理论知识的培训。

读者对象：可作为各级职业技能鉴定培训机构、企业培训部门的培训教材，也可作为职业技术院校、技工院校、各种短训班的专业课教材，还可作为个人的学习用书。

- ◆ 车工（中级）鉴定培训教材
- ◆ 车工（高级）鉴定培训教材
- ◆ 铣工（中级）鉴定培训教材
- ◆ 铣工（高级）鉴定培训教材
- ◆ 磨工（中级）鉴定培训教材
- ◆ 磨工（高级）鉴定培训教材
- ◆ 钳工（中级）鉴定培训教材
- ◆ 钳工（高级）鉴定培训教材
- ◆ 机修钳工（中级）鉴定培训教材
- ◆ 机修钳工（高级）鉴定培训教材
- ◆ 焊工（中级）鉴定培训教材
- ◆ 焊工（高级）鉴定培训教材
- ◆ 热处理工（中级）鉴定培训教材
- ◆ 热处理工（高级）鉴定培训教材
- ◆ 铸造工（中级）鉴定培训教材
- ◆ 铸造工（高级）鉴定培训教材
- ◆ 电镀工（中级）鉴定培训教材
- ◆ 电镀工（高级）鉴定培训教材
- ◆ 维修电工（中级）鉴定培训教材
- ◆ 维修电工（高级）鉴定培训教材
- ◆ 汽车修理工（中级）鉴定培训教材
- ◆ 汽车修理工（高级）鉴定培训教材
- ◆ 涂装工（中级）鉴定培训教材
- ◆ 涂装工（高级）鉴定培训教材

- 制冷设备维修工（中级）鉴定培训教材
- 制冷设备维修工（高级）鉴定培训教材

国家职业资格培训教材——操作技能鉴定实战详解系列

丛书介绍：用于国家职业技能鉴定操作技能考试前的强化训练。特色：
- 重点突出，具有针对性——依据技能考核鉴定点设计，目的明确。
- 内容全面，具有典型性——图样、评分表、准备清单，完整齐全。
- 解析详细，具有实用性——工艺分析、操作步骤和重点解析详细。
- 练考结合，具有实战性——单项训练题、综合训练题，步步提升。

读者对象：可作为各级职业技能鉴定培训机构、企业培训部门的考前培训教材，也可供职业技能鉴定部门在鉴定命题时参考，也可作为读者考前复习和自测使用的复习用书，还可作为职业技术院校、技工院校、各种短训班的专业课教材。

- 车工（中级）操作技能鉴定实战详解
- 车工（高级）操作技能鉴定实战详解
- 车工（技师、高级技师）操作技能鉴定实战详解
- 铣工（中级）操作技能鉴定实战详解
- 铣工（高级）操作技能鉴定实战详解
- 钳工（中级）操作技能鉴定实战详解
- 钳工（高级）操作技能鉴定实战详解
- 钳工（技师、高级技师）操作技能鉴定实战详解
- 数控车工（中级）操作技能鉴定实战详解
- 数控车工（高级）操作技能鉴定实战详解
- 数控车工（技师、高级技师）操作技能鉴定实战详解
- 数控铣工/加工中心操作工（中级）操作技能鉴定实战详解
- 数控铣工/加工中心操作工（高级）操作技能鉴定实战详解
- 数控铣工/加工中心操作工（技师、高级技师）操作技能鉴定实战详解
- 焊工（中级）操作技能鉴定实战详解
- 焊工（高级）操作技能鉴定实战详解
- 焊工（技师、高级技师）操作技能鉴定实战详解
- 维修电工（中级）操作技能鉴定实战详解
- 维修电工（高级）操作技能鉴定实战详解
- 维修电工（技师、高级技师）操作技能鉴定实战详解

- ◆ 汽车修理工（中级）操作技能鉴定实战详解
- ◆ 汽车修理工（高级）操作技能鉴定实战详解

技能鉴定考核试题库

丛书介绍：根据各职业（工种）鉴定考核要求分级编写，试题针对性、通用性、实用性强。

读者对象：可作为企业培训部门、各级职业技能鉴定机构、再就业培训机构培训考核用书，也可供技工学校、职业高中、各种短训班培训考核使用，还可作为个人读者学习自测用书。

- ◆ 机械识图与制图鉴定考核试题库
- ◆ 机械基础技能鉴定考核试题库
- ◆ 电工基础技能鉴定考核试题库
- ◆ 车工职业技能鉴定考核试题库
- ◆ 铣工职业技能鉴定考核试题库
- ◆ 磨工职业技能鉴定考核试题库
- ◆ 数控车工职业技能鉴定考核试题库
- ◆ 数控铣工/加工中心操作工职业技能鉴定考核试题库
- ◆ 模具工职业技能鉴定考核试题库
- ◆ 钳工职业技能鉴定考核试题库
- ◆ 机修钳工职业技能鉴定考核试题库
- ◆ 汽车修理工职业技能鉴定考核试题库
- ◆ 制冷设备维修工职业技能鉴定考核试题库
- ◆ 维修电工职业技能鉴定考核试题库
- ◆ 铸造工职业技能鉴定考核试题库
- ◆ 焊工职业技能鉴定考核试题库
- ◆ 冷作钣金工职业技能鉴定考核试题库
- ◆ 热处理工职业技能鉴定考核试题库
- ◆ 涂装工职业技能鉴定考核试题库

机电类技师培训教材

丛书介绍：以国家职业标准中对各工种技师的要求为依据，以便于培训为前提，紧扣职业技能鉴定培训要求编写。加强了高难度生产加工，复杂设备的安装、调试和维修，技术质量难题的分析和解决，复杂工艺的编制，故障诊断与排除以及论文写作和答辩的内容。书中均配有培训目标、复习思考题、培训内容、试题库、答案、技能鉴定模拟试卷样例。

读者对象：可作为职业技能鉴定培训机构、企业培训部门、技师学院培训鉴定教材，也可供读者自学及考前复习和自测使用。

- ◆ 公共基础知识
- ◆ 电工与电子技术

- 机械制图与零件测绘
- 金属材料与加工工艺
- 机械基础与现代制造技术
- 技师论文写作、点评、答辩指导
- 车工技师鉴定培训教材
- 铣工技师鉴定培训教材
- 钳工技师鉴定培训教材
- 焊工技师鉴定培训教材
- 电工技师鉴定培训教材
- 铸造工技师鉴定培训教材
- 涂装工技师鉴定培训教材
- 模具工技师鉴定培训教材
- 机修钳工技师鉴定培训教材
- 热处理工技师鉴定培训教材
- 维修电工技师鉴定培训教材
- 数控车工技师鉴定培训教材
- 数控铣工技师鉴定培训教材
- 冷作钣金工技师鉴定培训教材
- 汽车修理工技师鉴定培训教材
- 制冷设备维修工技师鉴定培训教材

特种作业人员安全技术培训考核教材

丛书介绍： 依据《特种作业人员安全技术培训大纲及考核标准》编写，内容包含法律法规、安全培训、案例分析、考核复习题及答案。

读者对象： 可用作各级各类安全生产培训部门、企业培训部门、培训机构安全生产培训和考核的教材，也可作为各类企事业单位安全管理和相关技术人员的参考书。

- 起重机司索指挥作业
- 企业内机动车辆驾驶员
- 起重机司机
- 金属焊接与切割作业
- 电工作业
- 压力容器操作
- 锅炉司炉作业
- 电梯作业
- 制冷与空调作业
- 登高作业

读者信息反馈表

感谢您购买《汽车修理工（中级）第2版》一书。为了更好地为您服务，有针对性地为您提供图书信息，方便您选购合适图书，我们希望了解您的需求和对我们教材的意见和建议，愿这小小的表格为我们架起一座沟通的桥梁。

姓　名		所在单位名称	
性　别		所从事工作（或专业）	
通信地址		邮　编	
办公电话		移动电话	
E-mail			
1. 您选择图书时主要考虑的因素（在相应项前面画√）： （　）出版社　（　）内容　（　）价格　（　）封面设计　（　）其他 2. 您选择我们图书的途径（在相应项前面画√）： （　）书目　（　）书店　（　）网站　（　）朋友推介　（　）其他			
希望我们与您经常保持联系的方式： 　　　　　　　　　□电子邮件信息　　□定期邮寄书目 　　　　　　　　　□通过编辑联络　　□定期电话咨询			
您关注（或需要）哪些类图书和教材：			
您对我社图书出版有哪些意见和建议（可从内容、质量、设计、需求等方面谈）：			
您今后是否准备出版相应的教材、图书或专著（请写出出版的专业方向、准备出版的时间、出版社的选择等）：			

非常感谢您能抽出宝贵的时间完成这张调查表的填写并回寄给我们，我们愿以真诚的服务回报您对机械工业出版社技能教育分社的关心和支持。

请联系我们——

地址　北京市西城区百万庄大街22号　机械工业出版社技能教育分社

邮编　100037

社长电话　（010）88379083　88379080　68329397（带传真）

E-mail　jnfs@cmpbook.com